U0132369

本書編寫人員

習近平　　王滬寧　　蔡　奇　　丁薛祥

（以下按姓氏簡體字筆畫為序）

丁國文	于培偉	馬　慧	豐勇軍	王　江
王　鋒	王　毅	王小洪	王文水	王文軒
王文濤	王克強	王善成	石泰峰	田培炎
曲青山	劉　鵬	劉自成	劉國中	江金權
孫金龍	陰和俊	紀偉昕	杜官印	李幹傑
李書磊	李鴻忠	楊正位	肖自立	吳漢聖
何　源	何立峰	何金定	余　錯	沈春耀
懷進鵬	張　禹	張　強	張又俠	張玉卓
張國清	張福海	陳文清	陳啟清	陳隆迪
羅　文	金壯龍	周新群	鄭柵潔	鄭炳林
孟祥鋒	鍾紹軍	祝衛東	祝丹濤	賀小榮
顧廷海	郭　沛	唐方裕	唐在富	閆　柏
陶　玲	黃　強	黃守宏	黃坤明	韓文秀
舒啟明	謝春濤	雷海潮	解　敏	蔡　昉
譚鑫炎	穆　虹			

《中共中央關於進一步全面深化改革、推進中國式現代化的決定》

輔 導 讀 本

中國共產黨第二十屆中央委員會
第三次全體會議公報

（2024 年 7 月 18 日中國共產黨第二十屆中央委員會
第三次全體會議通過）

中國共產黨第二十屆中央委員會第三次全體會議，於 2024 年 7 月 15 日至 18 日在北京舉行。

出席這次全會的有，中央委員 199 人，候補中央委員 165 人。中央紀律檢查委員會常務委員會委員和有關方面負責同志列席會議。黨的二十大代表中部分基層同志和專家學者也列席了會議。

全會由中央政治局主持。中央委員會總書記習近平作了重要講話。

全會聽取和討論了習近平受中央政治局委託所作的工作報告，審議通過了《中共中央關於進一步全面深化改革、推進中國式現代化的決定》。習近平就《決定（討論稿）》向全會作了說明。

全會充分肯定黨的二十屆二中全會以來中央政治局的工作。一致認為，面對嚴峻複雜的國際環境和艱巨繁重的國內改革發展穩定任務，中央政治局認真落實黨的二十大和二十屆一中、二中全會精神，完整準確全面貫徹新發展理念，堅持穩中求進工作總基調，統籌推進"五位一體"總體佈局、協調推進"四個全面"戰略佈局，統籌國內國際兩個大局，統籌發展和安全，著力推動高質量發展，進一步推動和謀劃全面深化改革，扎實推進社會主義民主法治建設，不斷加強宣傳思想文化工作，切實抓好民生保障和生態環境保護，堅決維護國家安全和社會穩定，有力推進國防和軍隊建設，繼續推進港澳工作和對台工作，深入推進中國特色大國外交，一以貫之推進全面從嚴治黨，實現經濟回升向好，全面建設社會主義現代化國家邁出堅實步伐。

全會高度評價新時代以來全面深化改革的成功實踐和偉大成就，研究了進一步全面深化改革、推進中國式現代化問題，認為當前和今後一個時期是以中國式現代化全面推進強國建設、民族復興偉業的關鍵時期。中國式現代化是在改革開放中不斷推進的，也必將在改革開放中開闢廣闊前景。面對紛繁複雜的國際國內形勢，面對新一輪科技革命和產業變革，面對人民群眾新期待，必須自覺把改革擺在更加突出位置，緊緊圍繞推進中國式現代化進一步全面深化改革。

全會強調，進一步全面深化改革，必須堅持馬克思列寧主義、毛澤東思想、鄧小平理論、“三個代表”重要思想、科學發展觀，全面貫徹習近平新時代中國特色社會主義思想，深入學習貫徹習近平總書記關於全面深化改革的一系列新思想、新觀點、新論斷，完整準確全面貫徹新發展理念，堅持穩中求進工作總基調，堅持解放思想、實事求是、與時俱進、求真務實，進一步解放和發展社會生產力、激發和增強社會活力，統籌國內國際兩個大局，統籌推進“五位一體”總體佈局，協調推進“四個全面”戰略佈局，以經濟體制改革為牽引，以促進社會公平正義、增進人民福祉為出發點和落腳點，更加注重系統集成，更加注重突出重點，更加注重改革實效，推動生產關係和生產力、上層建築和經濟基礎、國家治理和社會發展更好相適應，為中國式現代化提供強大動力和制度保障。

全會指出，進一步全面深化改革的總目標是繼續完善和發展中國特色社會主義制度，推進國家治理體系和治理能力現代化。到二〇三五年，全面建成高水平社會主義市場經濟體制，中國特色社會主義制度更加完善，基本實現國家治理體系和治理能力現代化，基本實現社會主義現代化，為到本世紀中葉全面建成社會主義現代化強國奠定堅實基礎。要聚焦構建高水平社會主義市場經濟體制，聚焦發展全過程人民民主，聚焦建設社會主義文化強國，聚焦提高人民生活品質，聚焦建設美麗中國，聚焦建設更高水平平安中國，聚焦提高黨的領導水平和長期執政能力，繼續把改革推向前進。到二〇二九年中華人民共和國成立八十週年時，完成本決定提出的改革任務。

全會強調，進一步全面深化改革要總結和運用改革開放以來特別是新時代全面深化改革的寶貴經驗，貫徹堅持黨的全面領導、堅持以人民為中心、堅持守正創新、堅持以制度建設為主綫、堅持全面依法治國、堅持系統觀念等原則。

全會對進一步全面深化改革做出系統部署，強調構建高水平社會主義市場經濟體制，健全推動經濟高質量發展體制機制，構建支持全面創新體制機制，健全宏觀經濟治理體系，完善城鄉融合發展體制機制，完善高水平對外開放體制機制，健全全過程人民民主制度體系，完善中國特色社會主義法治體系，深化文化體制機制改革，健全保障和改善民生制度體系，深化生態文明體制改革，推進國家安全體系和能力現代化，持續深化國防和軍隊改革，提高黨對進一步全面深化改革、推進中國式現代化的領導水平。

全會提出，高水平社會主義市場經濟體制是中國式現代化的重要保障。必須更好發揮市場機制作用，創造更加公平、更有活力的市場環境，實現資源配置效率最優化和效益最大化，既“放得活”又“管得住”，更好維護市場秩序、彌補市場失靈，暢通國民經濟循環，激發全社會內生動力和創新活力。要毫不動搖鞏固和發展公有制經濟，毫不動搖鼓勵、支持、引導非公有制經濟發展，保證各種所有制經濟依法平等使用生產要素、公平參與市場競爭、同等受到法律保護，促進各種所有制經濟優勢互補、共同發展。要構建全國統一大市場，完善市場經濟基礎制度。

全會提出，高質量發展是全面建設社會主義現代化國家的首要任務。必須以新發展理念引領改革，立足新發展階段，深化供給側結構性改革，完善推動高質量發展激勵約束機制，塑造發展新動能新優勢。要健全因地制宜發展新質生產力體制機制，健全促進實體經濟和數字經濟深度融合制度，完善發展服務業體制機制，健全現代化基礎設施建設體制機制，健全提升產業鏈供應鏈韌性和安全水平制度。

全會提出，教育、科技、人才是中國式現代化的基礎性、戰略性支撐。必須深入實施科教興國戰略、人才強國戰略、創新驅動發展戰略，統籌推進教育科技人才體制機制一體改革，健全新型舉國體制，提升國家創新體系整體效能。要深化教育綜合改革，深化科技體制改革，深化人才發展體制機制改革。

全會提出，科學的宏觀調控、有效的政府治理是發揮社會主義市場經濟體制優勢的內在要求。必須完善宏觀調控制度體系，統籌推進財稅、金融等重點領域改革，增強宏觀政策取向一致性。要完善國家戰略規劃體系和政策統籌協調機制，深化財稅體制改革，深化金融體制改革，完善實施區域協調發展戰略機制。

全會提出，城鄉融合發展是中國式現代化的必然要求。必須統籌新型工業化、新型城鎮化和鄉村全面振興，全面提高城鄉規劃、建設、治理融合水平，促進城鄉要素平等交換、雙向流動，縮小城鄉差別，促進城鄉共同繁榮發展。要健全推進新型城鎮化體制機制，鞏固和完善農村基本經營制度，完善強農惠農富農支持制度，深化土地制度改革。

全會提出，開放是中國式現代化的鮮明標識。必須堅持對外開放基本國策，堅持以開放促改革，依託我國超大規模市場優勢，在擴大國際合作中提升開放能力，建設更高水平開放型經濟新體制。要穩步擴大制度型開放，深化外貿體制改革，深化外商投資和對外投資管理體制改革，優化區域開放佈局，完善推進高質量共建“一帶一路”機制。

全會提出，發展全過程人民民主是中國式現代化的本質要求。必須堅定不移走中國特色社會主義政治發展道路，堅持和完善我國根本政治制度、基本政治制度、重要政治制度，豐富各層級民主形式，把人民當家作主具體、現實體現到國家政治生活和社會生活各方面。要加強人民當家作主制度建設，健全協商民主機制，健全基層民主制度，完善大統戰工作格局。

全會提出，法治是中國式現代化的重要保障。必須全面貫徹實施憲法，維護憲法權威，協同推進立法、執法、司法、守法各環節改革，健全法律面前人人平等保障機制，弘揚社會主義法治精神，維護社會公平正義，全面推進國家各方面工作法治化。要深化立法領域改革，深入推進依法行政，健全公正執法司法體制機制，完善推進法治社會建設機制，加強涉外法治建設。

全會提出，中國式現代化是物質文明和精神文明相協調的現代化。必須增強文化自信，發展社會主義先進文化，弘揚革命文化，傳承中華優秀傳統文化，加快適應信息技術迅猛發展新形勢，培育形成規模宏大的優秀文化人才隊伍，激發全民族文化創新創造活力。要完善意識形態工作責任制，優化文化服務和文化產品供給機制，健全網絡綜合治理體系，構建更有效力的國際傳播體系。

全會提出，在發展中保障和改善民生是中國式現代化的重大任務。必須堅持盡力而為、量力而行，完善基本公共服務制度體系，加強普惠性、基礎性、兜底性民生建設，解決好人民最關心最直接最現實的利益問題，不斷滿足人民對美好生活的嚮往。要完善收入分配制度，完善就業優先政策，健全社會保障體系，深化醫藥衛生體制改革，健全人口發展支持和服務體系。

全會提出，中國式現代化是人與自然和諧共生的現代化。必須完善生態文明制度體系，協同推進降碳、減污、擴綠、增長，積極應對氣候變化，加快完善落實綠水青山就是金山銀山理念的體制機制。要完善生態文明基礎體制，健全生態環境治理體系，健全綠色低碳發展機制。

全會提出，國家安全是中國式現代化行穩致遠的重要基礎。必須全面貫徹總體國家安全觀，完善維護國家安全體制機制，實現高質量發展和高水平安全良性互動，切實保障國家長治久安。要健全國家安全體系，完善公共安全治理機制，健全社會治理體系，完善涉外國家安全機制。

全會提出，國防和軍隊現代化是中國式現代化的重要組成部分。必須堅持黨對人民軍隊的絕對領導，深入實施改革強軍戰略，為如期實現建軍一百年奮鬥目標、基本實現國防和軍隊現代化提供有力保障。要完善人民軍隊領導管理體制機制，深化聯合作戰體系改革，深化跨軍地改革。

全會強調，黨的領導是進一步全面深化改革、推進中國式現代化的根本保證。必須深刻領悟"兩個確立"的決定性意義，增強"四個意識"、堅定"四個自信"、做到"兩個維護"，保持以黨的自我革命引領社會革命的高度自覺，堅持用改革精神和嚴的標準管黨治黨，完善黨的自我革命制度規範體系，不斷推進黨的自我淨化、自我完善、自我革新、自我提高，確保黨始終成為中國特色社會主義事業的堅強領導核心。要堅持黨中央對進一步全面深化改革的集中統一領導，深化黨的建設制度改革，深入推進黨風廉政建設和反腐敗鬥爭，以釘釘子精神抓好改革落實。

全會強調，中國式現代化是走和平發展道路的現代化。必須堅定奉行獨立自主的和平外交政策，推動構建人類命運共同體，踐行全人類共同價值，落實全球發展倡議、全球安全倡議、全球文明倡議，倡導平等有序的世界多極化、普惠包容的經濟全球化，深化外事工作機制改革，參與引領全球治理體系改革和建設，堅定維護國家主權、安全、發展利益。

全會指出，學習好貫徹好全會精神是當前和今後一個時期全黨全國的一項重大政治任務。要深入學習領會全會精神，深刻領會和把握進一步全面深化改革的主題、重大原則、重大舉措、根本保證。全黨上下要齊心協力抓好《決定》貫徹落實，把進一步全面深化改革的戰略部署轉化為推進中國式現代化的強大力量。

全會分析了當前形勢和任務，強調堅定不移實現全年經濟社會發展目標。要按照黨中央關於經濟工作的決策部署，落實好宏觀政策，積極擴大國內需求，因地制宜發展新質生產力，加快培育外貿新動能，扎實推進綠色低碳發展，切實保障和改善民生，鞏固拓展脫貧攻堅成果。要總結評估"十四五"規劃落實情況，切實搞好"十五五"規劃前期謀劃工作。

全會指出，要統籌好發展和安全，落實好防範化解房地產、地方政府債務、中小金融機構等重點領域風險的各項舉措，嚴格落實安全生產責任，完善自然災害特別是洪澇災害監測、防控措施，織密社會安全風險防控網，切實維護社會穩定。要加強輿論引導，有效防範化解意識形態風險。要有效應對外部風險挑戰，引領全球治理，主動塑造有利外部環境。

全會強調，要結合學習宣傳貫徹全會精神，抓好黨的創新理論武裝，提高全黨馬克思主義水平和現代化建設能力。要健全全面從嚴治黨體系，切實改進作風，克服形式主義、官僚主義頑疾，持續為基層減負，深入推進黨風廉政建設和反腐敗鬥爭，扎實做好巡視工作。要鞏固拓展主題教育成果，深化黨紀學習教育，維護黨的團結統一，不斷增強黨的創造力、凝聚力、戰鬥力。

全會按照黨章規定，決定遞補中央委員會候補委員丁向群、于立軍、于吉紅為中央委員會委員。

全會決定，接受秦剛同志辭職申請，免去秦剛同志中央委員會委員職務。

全會審議並通過了中共中央軍事委員會關於李尚福、李玉超、孫金明嚴重違紀違法問題的審查報告，確認中央政治局之前作出的給予李尚福、李玉超、孫金明開除黨籍的處分。

全會號召，全黨全軍全國各族人民要更加緊密地團結在以習近平同志為核心的黨中央周圍，高舉改革開放旗幟，凝心聚力、奮發進取，為全面建成社會主義現代化強國、實現第二個百年奮鬥目標，以中國式現代化全面推進中華民族偉大復興而努力奮鬥！

中共中央關於進一步全面深化改革、推進中國式現代化的決定

（2024 年 7 月 18 日中國共產黨第二十屆中央委員會
第三次全體會議通過）

為貫徹落實黨的二十大作出的戰略部署，二十屆中央委員會第三次全體會議研究了進一步全面深化改革、推進中國式現代化問題，作出如下決定。

一、 進一步全面深化改革、推進中國式現代化的重大意義和 總體要求

（1）進一步全面深化改革的重要性和必要性。改革開放是黨和人民事業大踏步趕上時代的重要法寶。黨的十一屆三中全會是劃時代的，開啟了改革開放和社會主義現代化建設新時期。黨的十八屆三中全會也是劃時代的，開啟了新時代全面深化改革、系統整體設計推進改革新征程，開創了我國改革開放全新局面。

以習近平同志為核心的黨中央團結帶領全黨全軍全國各族人民，以偉大的歷史主動、巨大的政治勇氣、強烈的責任擔當，衝破思想觀念束縛，突破利益固化藩籬，敢於突進深水區，敢於啃硬骨頭，敢於涉險灘，堅決破除各方面體制機制弊端，實現改革由局部探索、破冰突圍到系統集成、全面深化的轉變，各領域基礎性制度框架基本建立，許多領域實現歷史性變革、系統性重塑、整體性重構，總體完成黨的十八屆三中全會確定的改革任務，實現到黨成立一百週年時各方面制度更加成熟更加定型取得明顯

成效的目標，為全面建成小康社會、實現黨的第一個百年奮鬥目標提供有力制度保障，推動我國邁上全面建設社會主義現代化國家新征程。

當前和今後一個時期是以中國式現代化全面推進強國建設、民族復興偉業的關鍵時期。中國式現代化是在改革開放中不斷推進的，也必將在改革開放中開闢廣闊前景。面對紛繁複雜的國際國內形勢，面對新一輪科技革命和產業變革，面對人民群眾新期待，必須繼續把改革推向前進。這是堅持和完善中國特色社會主義制度、推進國家治理體系和治理能力現代化的必然要求，是貫徹新發展理念、更好適應我國社會主要矛盾變化的必然要求，是堅持以人民為中心、讓現代化建設成果更多更公平惠及全體人民的必然要求，是應對重大風險挑戰、推動黨和國家事業行穩致遠的必然要求，是推動構建人類命運共同體、在百年變局加速演進中贏得戰略主動的必然要求，是深入推進新時代黨的建設新的偉大工程、建設更加堅強有力的馬克思主義政黨的必然要求。改革開放只有進行時，沒有完成時。全黨必須自覺把改革擺在更加突出位置，緊緊圍繞推進中國式現代化進一步全面深化改革。

（2）進一步全面深化改革的指導思想。堅持馬克思列寧主義、毛澤東思想、鄧小平理論、"三個代表"重要思想、科學發展觀，全面貫徹習近平新時代中國特色社會主義思想，深入學習貫徹習近平總書記關於全面深化改革的一系列新思想、新觀點、新論斷，完整準確全面貫徹新發展理念，堅持穩中求進工作總基調，堅持解放思想、實事求是、與時俱進、求真務實，進一步解放和發展社會生產力、激發和增強社會活力，統籌國內國際兩個大局，統籌推進"五位一體"總體佈局，協調推進"四個全面"戰略佈局，以經濟體制改革為牽引，以促進社會公平正義、增進人民福祉為出發點和落腳點，更加注重系統集成，更加注重突出重點，更加注重改革實效，推動生產關係和生產力、上層建築和經濟基礎、國家治理和社會發展更好相適應，為中國式現代化提供強大動力和制度保障。

（3）進一步全面深化改革的總目標。繼續完善和發展中國特色社會主義制度，推進國家治理體系和治理能力現代化。到二〇三五年，全面建成高水平社會主義市場經濟體制，中國特色社會主義制度更加完善，基本實現國家治理體系和治理能力現代化，基本實現社會主義現代化，為到本世紀中葉全面建成社會主義現代化強國奠定堅實基礎。

——聚焦構建高水平社會主義市場經濟體制，充分發揮市場在資源配置中的決定性作用，更好發揮政府作用，堅持和完善社會主義基本經濟制度，推進高水平科技自立自強，推進高水平對外開放，建成現代化經濟體系，加快構建新發展格局，推動高質量發展。

——聚焦發展全過程人民民主，堅持黨的領導、人民當家作主、依法治國有機統一，推動人民當家作主制度更加健全、協商民主廣泛多層制度化發展、中國特色社會主義法治體系更加完善，社會主義法治國家建設達到更高水平。

——聚焦建設社會主義文化強國，堅持馬克思主義在意識形態領域指導地位的根本制度，健全文化事業、文化產業發展體制機制，推動文化繁榮，豐富人民精神文化生活，提升國家文化軟實力和中華文化影響力。

——聚焦提高人民生活品質，完善收入分配和就業制度，健全社會保障體系，增強基本公共服務均衡性和可及性，推動人的全面發展、全體人民共同富裕取得更為明顯的實質性進展。

——聚焦建設美麗中國，加快經濟社會發展全面綠色轉型，健全生態環境治理體系，推進生態優先、節約集約、綠色低碳發展，促進人與自然和諧共生。

——聚焦建設更高水平平安中國，健全國家安全體系，強化一體化國家戰略體系，增強維護國家安全能力，創新社會治理體制機制和手段，有效構建新安全格局。

——聚焦提高黨的領導水平和長期執政能力，創新和改進領導方式和執政方式，深化黨的建設制度改革，健全全面從嚴治黨體系。

到二〇二九年中華人民共和國成立八十週年時，完成本決定提出的改革任務。

（4）進一步全面深化改革的原則。總結和運用改革開放以來特別是新時代全面深化改革的寶貴經驗，貫徹以下原則：堅持黨的全面領導，堅定維護黨中央權威和集中統一領導，發揮黨總攬全局、協調各方的領導核心作用，把黨的領導貫穿改革各方面全過程，確保改革始終沿著正確政治方向前進；堅持以人民為中心，尊重人民主體地位和首創精神，人民有所呼、改革有所應，做到改革為了人民、改革依靠人民、改革成果由人民共享；堅持守正創新，堅持中國特色社會主義不動搖，緊跟時代步伐，順應實踐發展，突出問題導向，在新的起點上推進理論創新、實踐創新、制度創新、文化創新以及其他各方面創新；堅持以制度建設為主綫，加強頂層設計、總體謀劃，破立並舉、先立後破，築牢根本制度，完善基本制度，創新重要制度；堅持全面依法治國，在法治軌道上深化改革、推進中國式現代化，做到改革和法治相統一，重大改革於法有據、及時把改革成果上升為法律制度；堅持系統觀念，處理好經濟和社會、政府和市場、效率和公平、活力和秩序、發展和安全等重大關係，增強改革系統性、整體性、協同性。

二、 構建高水平社會主義市場經濟體制

高水平社會主義市場經濟體制是中國式現代化的重要保障。必須更好發揮市場機制作用，創造更加公平、更有活力的市場環境，實現資源配置效率最優化和效益最大化，既"放得活"又"管得住"，更好維護市場秩序、彌補市場失靈，暢通國民經濟循環，激發全社會內生動力和創新活力。

（5）堅持和落實"兩個毫不動搖"。毫不動搖鞏固和發展公有制經濟，毫不動搖鼓勵、支持、引導非公有制經濟發展，保證各種所有制經濟依法平等使用生產要素、公平參與市場競爭、同等受到法律保護，促進各種所

有制經濟優勢互補、共同發展。

深化國資國企改革，完善管理監督體制機制，增強各有關管理部門戰略協同，推進國有經濟佈局優化和結構調整，推動國有資本和國有企業做強做優做大，增強核心功能，提升核心競爭力。進一步明晰不同類型國有企業功能定位，完善主責主業管理，明確國有資本重點投資領域和方向。推動國有資本向關係國家安全、國民經濟命脈的重要行業和關鍵領域集中，向關係國計民生的公共服務、應急能力、公益性領域等集中，向前瞻性戰略性新興產業集中。健全國有企業推進原始創新制度安排。深化國有資本投資、運營公司改革。建立國有企業履行戰略使命評價制度，完善國有企業分類考核評價體系，開展國有經濟增加值核算。推進能源、鐵路、電信、水利、公用事業等行業自然壟斷環節獨立運營和競爭性環節市場化改革，健全監管體制機制。

堅持致力於為非公有制經濟發展營造良好環境和提供更多機會的方針政策。制定民營經濟促進法。深入破除市場准入壁壘，推進基礎設施競爭性領域向經營主體公平開放，完善民營企業參與國家重大項目建設長效機制。支持有能力的民營企業牽頭承擔國家重大技術攻關任務，向民營企業進一步開放國家重大科研基礎設施。完善民營企業融資支持政策制度，破解融資難、融資貴問題。健全涉企收費長效監管和拖欠企業賬款清償法律法規體系。加快建立民營企業信用狀況綜合評價體系，健全民營中小企業增信制度。支持引導民營企業完善治理結構和管理制度，加強企業合規建設和廉潔風險防控。加強事中事後監管，規範涉民營企業行政檢查。

完善中國特色現代企業制度，弘揚企業家精神，支持和引導各類企業提高資源要素利用效率和經營管理水平、履行社會責任，加快建設更多世界一流企業。

（6）構建全國統一大市場。推動市場基礎制度規則統一、市場監管公平統一、市場設施高標準聯通。加強公平競爭審查剛性約束，強化反壟斷和反不正當競爭，清理和廢除妨礙全國統一市場和公平競爭的各種規定和做法。規範地方招商引資法規制度，嚴禁違法違規給予政策優惠行為。建立健全統一規範、信息共享的招標投標和政府、事業單位、國有企業採購等公共資源交易平台體系，實現項目全流程公開管理。提升市場綜合監管能力和水平。健全國家標準體系，深化地方標準管理制度改革。

完善要素市場制度和規則，推動生產要素暢通流動、各類資源高效配置、市場潛力充分釋放。構建城鄉統一的建設用地市場。完善促進資本市場規範發展基礎制度。培育全國一體化技術和數據市場。完善主要由市場供求關係決定要素價格機制，防止政府對價格形成的不當干預。健全勞動、資本、土地、知識、技術、管理、數據等生產要素由市場評價貢獻、按貢獻決定報酬的機制。推進水、能源、交通等領域價格改革，優化居民階梯水價、電價、氣價制度，完善成品油定價機制。

完善流通體制，加快發展物聯網，健全一體銜接的流通規則和標準，降低全社會物流成本。深化能源管理體制改革，建設全國統一電力市場，優化油氣管網運行調度機制。

加快培育完整內需體系，建立政府投資支持基礎性、公益性、長遠性重大項目建設長效機制，健全政府投資有效帶動社會投資體制機制，深化投資審批制度改革，完善激發社會資本投資活力和促進投資落地機制，形成市場主導的有效投資內生增長機制。完善擴大消費長效機制，減少限制性措施，合理增加公共消費，積極推進首發經濟。

（7）完善市場經濟基礎制度。完善產權制度，依法平等長久保護各種所有制經濟產權，建立高效的知識產權綜合管理體制。完善市場信息披露制度，構建商業秘密保護制度。對侵犯各種所有制經濟產權和合法利益的行為實行同責同罪同罰，完善懲罰性賠償制度。加強產權執法司法保護，防止和糾正利用行政、刑事手段干預經濟糾紛，健全依法甄別糾正涉企冤錯案件機制。

完善市場准入制度，優化新業態新領域市場准入環境。深化註冊資本認繳登記制度改革，實行依法按期認繳。健全企業破產機制，探索建立個人破產制度，推進企業註銷配套改革，完善企業退出制度。健全社會信用體系和監管制度。

三、 健全推動經濟高質量發展體制機制

高質量發展是全面建設社會主義現代化國家的首要任務。必須以新發展理念引領改革，立足新發展階段，深化供給側結構性改革，完善推動高質量發展激勵約束機制，塑造發展新動能新優勢。

（8）健全因地制宜發展新質生產力體制機制。推動技術革命性突破、生產要素創新性配置、產業深度轉型升級，推動勞動者、勞動資料、勞動對象優化組合和更新躍升，催生新產業、新模式、新動能，發展以高技術、高效能、高質量為特徵的生產力。加強關鍵共性技術、前沿引領技術、現代工程技術、顛覆性技術創新，加強新領域新賽道制度供給，建立未來產業投入增長機制，完善推動新一代信息技術、人工智能、航空航天、新能源、新材料、高端裝備、生物醫藥、量子科技等戰略性產業發展政策和治理體系，引導新興產業健康有序發展。以國家標準提升引領傳統產業優化升級，支持企業用數智技術、綠色技術改造提升傳統產業。強化環保、安全等制度約束。

健全相關規則和政策，加快形成同新質生產力更相適應的生產關係，促進各類先進生產要素向發展新質生產力集聚，大幅提升全要素生產率。鼓勵和規範發展天使投資、風險投資、私募股權投資，更好發揮政府投資基金作用，發展耐心資本。

（9）健全促進實體經濟和數字經濟深度融合制度。加快推進新型工業化，培育壯大先進製造業集群，推動製造業高端化、智能化、綠色化發

展。建設一批行業共性技術平台，加快產業模式和企業組織形態變革，健全提升優勢產業領先地位體制機制。優化重大產業基金運作和監管機制，確保資金投向符合國家戰略要求。建立保持製造業合理比重投入機制，合理降低製造業綜合成本和稅費負擔。

加快構建促進數字經濟發展體制機制，完善促進數字產業化和產業數字化政策體系。加快新一代信息技術全方位全鏈條普及應用，發展工業互聯網，打造具有國際競爭力的數字產業集群。促進平台經濟創新發展，健全平台經濟常態化監管制度。建設和運營國家數據基礎設施，促進數據共享。加快建立數據產權歸屬認定、市場交易、權益分配、利益保護制度，提升數據安全治理監管能力，建立高效便利安全的數據跨境流動機制。

（10）完善發展服務業體制機制。完善支持服務業發展政策體系，優化服務業核算，推進服務業標準化建設。聚焦重點環節分領域推進生產性服務業高質量發展，發展產業互聯網平台，破除跨地區經營行政壁壘，推進生產性服務業融合發展。健全加快生活性服務業多樣化發展機制。完善中介服務機構法規制度體系，促進中介服務機構誠實守信、依法履責。

（11）健全現代化基礎設施建設體制機制。構建新型基礎設施規劃和標準體系，健全新型基礎設施融合利用機制，推進傳統基礎設施數字化改造，拓寬多元化投融資渠道，健全重大基礎設施建設協調機制。深化綜合交通運輸體系改革，推進鐵路體制改革，發展通用航空和低空經濟，推動收費公路政策優化。提高航運保險承保能力和全球服務水平，推進海事仲裁制度規則創新。健全重大水利工程建設、運行、管理機制。

（12）健全提升產業鏈供應鏈韌性和安全水平制度。抓緊打造自主可控的產業鏈供應鏈，健全強化集成電路、工業母機、醫療裝備、儀器儀表、基礎軟件、工業軟件、先進材料等重點產業鏈發展體制機制，全鏈條推進技術攻關、成果應用。建立產業鏈供應鏈安全風險評估和應對機制。完善產業在國內梯度有序轉移的協作機制，推動轉出地和承接地利益共享。建設國家戰略腹地和關鍵產業備份。加快完善國家儲備體系。完善戰略性礦產資源探產供儲銷統籌和銜接體系。

四、 構建支持全面創新體制機制

教育、科技、人才是中國式現代化的基礎性、戰略性支撐。必須深入實施科教興國戰略、人才強國戰略、創新驅動發展戰略，統籌推進教育科技人才體制機制一體改革，健全新型舉國體制，提升國家創新體系整體效能。

（13）深化教育綜合改革。加快建設高質量教育體系，統籌推進育人方式、辦學模式、管理體制、保障機制改革。完善立德樹人機制，推進大中小學思政課一體化改革創新，健全德智體美勞全面培養體系，提升教師教書育人能力，健全師德師風建設長效機制，深化教育評價改革。優化高等教育佈局，加快建設中國特色、世界一流的大學和優勢學科。分類推進高校改革，建立科技發展、國家戰略需求牽引的學科設置調整機制和人才培養模式，超常佈局急需學科專業，加強基礎學科、新興學科、交叉學科建設和拔尖人才培養，著力加強創新能力培養。完善高校科技創新機制，提高成果轉化效能。強化科技教育和人文教育協同。加快構建職普融通、產教融合的職業教育體系。完善學生實習實踐制度。引導規範民辦教育發展。推進高水平教育開放，鼓勵國外高水平理工類大學來華合作辦學。

優化區域教育資源配置，建立同人口變化相協調的基本公共教育服務供給機制。完善義務教育優質均衡推進機制，探索逐步擴大免費教育範圍。健全學前教育和特殊教育、專門教育保障機制。推進教育數字化，賦能學習型社會建設，加強終身教育保障。

（14）深化科技體制改革。堅持面向世界科技前沿、面向經濟主戰場、面向國家重大需求、面向人民生命健康，優化重大科技創新組織機制，統籌強化關鍵核心技術攻關，推動科技創新力量、要素配置、人才隊伍體系化、建制化、協同化。加強國家戰略科技力量建設，完善國家實驗室體系，優化國家科研機構、高水平研究型大學、科技領軍企業定位和佈局，推進科技創新央地協同，統籌各類科創平台建設，鼓勵和規範發展新型研發機構，發揮我國超大規模市場引領作用，加強創新資源統籌和力量組織，推動科技創新和產業創新融合發展。構建科技安全風險監測預警和應對體系，加強科技基礎條件自主保障。健全科技社團管理制度。擴大國際科技交流合作，鼓勵在華設立國際科技組織，優化高校、科研院所、科技社團對外專業交流合作管理機制。

改進科技計劃管理，強化基礎研究領域、交叉前沿領域、重點領域前瞻性、引領性佈局。加強有組織的基礎研究，提高科技支出用於基礎研究比重，完善競爭性支持和穩定支持相結合的基礎研究投入機制，鼓勵有條件的地方、企業、社會組織、個人支持基礎研究，支持基礎研究選題多樣化，鼓勵開展高風險、高價值基礎研究。深化科技評價體系改革，加強科技倫理治理，嚴肅整治學術不端行為。

強化企業科技創新主體地位，建立培育壯大科技領軍企業機制，加強企業主導的產學研深度融合，建立企業研發準備金制度，支持企業主動牽頭或參與國家科技攻關任務。構建促進專精特新中小企業發展壯大機制。鼓勵科技型中小企業加大研發投入，提高研發費用加計扣除比例。鼓勵和引導高校、科研院所按照先使用後付費方式把科技成果許可給中小微企業使用。

完善中央財政科技經費分配和管理使用機制，健全中央財政科技計劃執行和專業機構管理體制。擴大財政科研項目經費“包乾制”範圍，賦予科學家更大技術路綫決定權、更大經費支配權、更大資源調度權。建立專家實名推薦的非共識項目篩選機制。允許科研類事業單位實行比一般事業單位更靈活的管理制度，探索實行企業化管理。

深化科技成果轉化機制改革，加強國家技術轉移體系建設，加快佈局建設一批概念驗證、中試驗證平台，完善首台（套）、首批次、首版次應用政策，加大政府採購自主創新產品力度。加強技術經理人隊伍建設。

允許科技人員在科技成果轉化收益分配上有更大自主權，建立職務科技成果資產單列管理制度，深化職務科技成果賦權改革。深化高校、科研院所收入分配改革。允許更多符合條件的國有企業以創新創造為導向，在科研人員中開展多種形式中長期激勵。

構建同科技創新相適應的科技金融體制，加強對國家重大科技任務和科技型中小企業的金融支持，完善長期資本投早、投小、投長期、投硬科技的支持政策。健全重大技術攻關風險分散機制，建立科技保險政策體系。提高外資在華開展股權投資、風險投資便利性。

（15）深化人才發展體制機制改革。實施更加積極、更加開放、更加有效的人才政策，完善人才自主培養機制，加快建設國家高水平人才高地和吸引集聚人才平台。加快建設國家戰略人才力量，著力培養造就戰略科學家、一流科技領軍人才和創新團隊，著力培養造就卓越工程師、大國工匠、高技能人才，提高各類人才素質。建設一流產業技術工人隊伍。完善人才有序流動機制，促進人才區域合理佈局，深化東中西部人才協作。完善青年創新人才發現、選拔、培養機制，更好保障青年科技人員待遇。健全保障科研人員專心科研制度。

強化人才激勵機制，堅持向用人主體授權、為人才鬆綁。建立以創新能力、質量、實效、貢獻為導向的人才評價體系。打通高校、科研院所和企業人才交流通道。完善海外引進人才支持保障機制，形成具有國際競爭力的人才制度體系。探索建立高技術人才移民制度。

五、 健全宏觀經濟治理體系

科學的宏觀調控、有效的政府治理是發揮社會主義市場經濟體制優勢的內在要求。必須完善宏觀調控制度體系，統籌推進財稅、金融等重點領域改革，增強宏觀政策取向一致性。

（16）完善國家戰略規劃體系和政策統籌協調機制。構建國家戰略制定和實施機制，加強國家重大戰略深度融合，增強國家戰略宏觀引導、統籌協調功能。健全國家經濟社會發展規劃制度體系，強化規劃銜接落實機制，發揮國家發展規劃戰略導向作用，強化國土空間規劃基礎作用，增強專項規劃和區域規劃實施支撐作用。健全專家參與公共決策制度。

圍繞實施國家發展規劃、重大戰略促進財政、貨幣、產業、價格、就業等政策協同發力，優化各類增量資源配置和存量結構調整。探索實行國家宏觀資產負債表管理。把經濟政策和非經濟性政策都納入宏觀政策取向一致性評估。健全預期管理機制。健全支撐高質量發展的統計指標核算體系，加強新經濟新領域納統覆蓋。加強產業活動單位統計基礎建設，優化總部和分支機構統計辦法，逐步推廣經營主體活動發生地統計。健全國際宏觀政策協調機制。

（17）深化財稅體制改革。健全預算制度，加強財政資源和預算統籌，把依託行政權力、政府信用、國有資源資產獲取的收入全部納入政府預算管理。完善國有資本經營預算和績效評價制度，強化國家重大戰略任務和基本民生財力保障。強化對預算編制和財政政策的宏觀指導。加強公共服務績效管理，強化事前功能評估。深化零基預算改革。統一預算分配權，提高預算管理統一性、規範性，完善預算公開和監督制度。完善權責發生制政府綜合財務報告制度。

健全有利於高質量發展、社會公平、市場統一的稅收制度，優化稅制結構。研究同新業態相適應的稅收制度。全面落實稅收法定原則，規範稅收優惠政策，完善對重點領域和關鍵環節支持機制。健全直接稅體系，完善綜合和分類相結合的個人所得稅制度，規範經營所得、資本所得、財產所得稅收政策，實行勞動性所得統一徵稅。深化稅收徵管改革。

建立權責清晰、財力協調、區域均衡的中央和地方財政關係。增加地方自主財力，拓展地方稅源，適當擴大地方稅收管理權限。完善財政轉移支付體系，清理規範專項轉移支付，增加一般性轉移支付，提升市縣財力同事權相匹配程度。建立促進高質量發展轉移支付激勵約束機制。推進消費稅徵收環節後移並穩步下劃地方，完善增值稅留抵退稅政策和抵扣鏈條，優化共享稅分享比例。研究把城市維護建設稅、教育費附加、地方教育附加合併為地方附加稅，授權地方在一定幅度內確定具體適用稅率。合理擴大地方政府專項債券支持範圍，適當擴大用作資本金的領域、規模、比例。完善政府債務管理制度，建立全口徑地方債務監測監管體系和防範化解隱性債務風險長效機制，加快地方融資平台改革轉型。規範非稅收入管理，適當下沉部分非稅收入管理權限，由地方結合實際差別化管理。

適當加強中央事權、提高中央財政支出比例。中央財政事權原則上通過中央本級安排支出，減少委託地方代行的中央財政事權。不得違規要求地方安排配套資金，確需委託地方行使事權的，通過專項轉移支付安排資金。

（18）深化金融體制改革。加快完善中央銀行制度，暢通貨幣政策傳導機制。積極發展科技金融、綠色金融、普惠金融、養老金融、數字金融，加強對重大戰略、重點領域、薄弱環節的優質金融服務。完善金融機構定位和治理，健全服務實體經濟的激勵約束機制。發展多元股權融資，加快多層次債券市場發展，提高直接融資比重。優化國有金融資本管理體制。

健全投資和融資相協調的資本市場功能，防風險、強監管，促進資本市場健康穩定發展。支持長期資金入市。提高上市公司質量，強化上市公司監管和退市制度。建立增強資本市場內在穩定性長效機制。完善大股東、實際控制人行為規範約束機制。完善上市公司分紅激勵約束機制。健全投資者保護機制。推動區域性股權市場規則對接、標準統一。

制定金融法。完善金融監管體系，依法將所有金融活動納入監管，強化監管責任和問責制度，加強中央和地方監管協同。建設安全高效的金融基礎設施，統一金融市場登記託管、結算清算規則制度，建立風險早期糾正硬約束制度，築牢有效防控系統性風險的金融穩定保障體系。健全金融消費者保護和打擊非法金融活動機制，構建產業資本和金融資本"防火牆"。推動金融高水平開放，穩慎扎實推進人民幣國際化，發展人民幣離岸市場。穩妥推進數字人民幣研發和應用。加快建設上海國際金融中心。

完善准入前國民待遇加負面清單管理模式，支持符合條件的外資機構參與金融業務試點。穩慎拓展金融市場互聯互通，優化合格境外投資者制度。推進自主可控的跨境支付體系建設，強化開放條件下金融安全機制。建立統一的全口徑外債監管體系。積極參與國際金融治理。

（19）完善實施區域協調發展戰略機制。構建優勢互補的區域經濟佈局和國土空間體系。健全推動西部大開發形成新格局、東北全面振興取得新突破、中部地區加快崛起、東部地區加快推進現代化的制度和政策體系。推動京津冀、長三角、粵港澳大灣區等地區更好發揮高質量發展動力源作用，優化長江經濟帶發展、黃河流域生態保護和高質量發展機制。高標準高質量推進雄安新區建設。推動成渝地區雙城經濟圈建設走深走實。健全主體功能區制度體系，強化國土空間優化發展保障機制。完善區域一體化發展機制，構建跨行政區合作發展新機制，深化東中西部產業協作。完善促進海洋經濟發展體制機制。

六、完善城鄉融合發展體制機制

城鄉融合發展是中國式現代化的必然要求。必須統籌新型工業化、新型城鎮化和鄉村全面振興，全面提高城鄉規劃、建設、治理融合水平，促進城鄉要素平等交換、雙向流動，縮小城鄉差別，促進城鄉共同繁榮發展。

（20）健全推進新型城鎮化體制機制。構建產業升級、人口集聚、城鎮發展良性互動機制。推行由常住地登記戶口提供基本公共服務制度，推動符合條件的農業轉移人口社會保險、住房保障、隨遷子女義務教育等享有同遷入地戶籍人口同等權利，加快農業轉移人口市民化。保障進城落戶農民合法土地權益，依法維護進城落戶農民的土地承包權、宅基地使用權、集體收益分配權，探索建立自願有償退出的辦法。

堅持人民城市人民建、人民城市為人民。健全城市規劃體系，引導大中小城市和小城鎮協調發展、集約緊湊佈局。深化城市建設、運營、治理體制改革，加快轉變城市發展方式。推動形成超大特大城市智慧高效治理新體系，建立都市圈同城化發展體制機制。深化賦予特大鎮同人口和經濟規模相適應的經濟社會管理權改革。建立可持續的城市更新模式和政策法規，加強地下綜合管廊建設和老舊管綫改造升級，深化城市安全韌性提升行動。

（21）鞏固和完善農村基本經營制度。有序推進第二輪土地承包到期後再延長三十年試點，深化承包地所有權、承包權、經營權分置改革，發展農業適度規模經營。完善農業經營體系，完善承包地經營權流轉價格形成機制，促進農民合作經營，推動新型農業經營主體扶持政策同帶動農戶增收掛鈎。健全便捷高效的農業社會化服務體系。發展新型農村集體經濟，構建產權明晰、分配合理的運行機制，賦予農民更加充分的財產權益。

（22）完善強農惠農富農支持制度。堅持農業農村優先發展，完善鄉村振興投入機制。壯大縣域富民產業，構建多元化食物供給體系，培育鄉村新產業新業態。優化農業補貼政策體系，發展多層次農業保險。完善覆蓋農村人口的常態化防止返貧致貧機制，建立農村低收入人口和欠發達地區分層分類幫扶制度。健全脫貧攻堅國家投入形成資產的長效管理機制。運用"千萬工程"經驗，健全推動鄉村全面振興長效機制。

加快健全種糧農民收益保障機制，推動糧食等重要農產品價格保持在合理水平。統籌建立糧食產銷區省際橫向利益補償機制，在主產區利益補償上邁出實質步伐。統籌推進糧食購銷和儲備管理體制機制改革,建立監管新模式。健全糧食和食物節約長效機制。

(23)深化土地制度改革。改革完善耕地佔補平衡制度,各類耕地佔用納入統一管理,完善補充耕地質量驗收機制,確保達到平衡標準。完善高標準農田建設、驗收、管護機制。健全保障耕地用於種植基本農作物管理體系。允許農戶合法擁有的住房通過出租、入股、合作等方式盤活利用。有序推進農村集體經營性建設用地入市改革,健全土地增值收益分配機制。

優化土地管理,健全同宏觀政策和區域發展高效銜接的土地管理制度,優先保障主導產業、重大項目合理用地,使優勢地區有更大發展空間。建立新增城鎮建設用地指標配置同常住人口增加協調機制。探索國家集中墾造耕地定向用於特定項目和地區落實佔補平衡機制。優化城市工商業土地利用,加快發展建設用地二級市場,推動土地混合開發利用、用途合理轉換,盤活存量土地和低效用地。開展各類產業園區用地專項治理。制定工商業用地使用權延期和到期後續期政策。

七、 完善高水平對外開放體制機制

開放是中國式現代化的鮮明標識。必須堅持對外開放基本國策,堅持以開放促改革,依託我國超大規模市場優勢,在擴大國際合作中提升開放能力,建設更高水平開放型經濟新體制。

(24)穩步擴大制度型開放。主動對接國際高標準經貿規則,在產權保護、產業補貼、環境標準、勞動保護、政府採購、電子商務、金融領域等實現規則、規制、管理、標準相通相容,打造透明穩定可預期的制度環境。擴大自主開放,有序擴大我國商品市場、服務市場、資本市場、勞務市場等對外開放,擴大對最不發達國家單邊開放。深化援外體制機制改革，實現全鏈條管理。

維護以世界貿易組織為核心的多邊貿易體制，積極參與全球經濟治理體系改革，提供更多全球公共產品。擴大面向全球的高標準自由貿易區網絡，建立同國際通行規則銜接的合規機制，優化開放合作環境。

（25）深化外貿體制改革。強化貿易政策和財稅、金融、產業政策協同，打造貿易強國制度支撐和政策支持體系，加快內外貿一體化改革，積極應對貿易數字化、綠色化趨勢。推進通關、稅務、外匯等監管創新，營造有利於新業態新模式發展的制度環境。創新發展數字貿易，推進跨境電商綜合試驗區建設。建設大宗商品交易中心，建設全球集散分撥中心，支持各類主體有序佈局海外流通設施，支持有條件的地區建設國際物流樞紐中心和大宗商品資源配置樞紐。健全貿易風險防控機制，完善出口管制體系和貿易救濟制度。

創新提升服務貿易，全面實施跨境服務貿易負面清單，推進服務業擴大開放綜合試點示範，鼓勵專業服務機構提升國際化服務能力。加快推進離岸貿易發展，發展新型離岸國際貿易業務。建立健全跨境金融服務體系，豐富金融產品和服務供給。

（26）深化外商投資和對外投資管理體制改革。營造市場化、法治化、國際化一流營商環境，依法保護外商投資權益。擴大鼓勵外商投資產業目錄，合理縮減外資准入負面清單，落實全面取消製造業領域外資准入限制措施，推動電信、互聯網、教育、文化、醫療等領域有序擴大開放。深化外商投資促進體制機制改革，保障外資企業在要素獲取、資質許可、標準制定、政府採購等方面的國民待遇，支持參與產業鏈上下游配套協作。完善境外人員入境居住、醫療、支付等生活便利制度。完善促進和保障對外投資體制機制，健全對外投資管理服務體系，推動產業鏈供應鏈國際合作。

（27）優化區域開放佈局。鞏固東部沿海地區開放先導地位，提高中西部和東北地區開放水平，加快形成陸海內外聯動、東西雙向互濟的全面開放格局。發揮沿海、沿邊、沿江和交通幹綫等優勢，優化區域開放功能分工，打造形態多樣的開放高地。實施自由貿易試驗區提升戰略，鼓勵首創性、集成式探索。加快建設海南自由貿易港。

發揮"一國兩制"制度優勢，鞏固提升香港國際金融、航運、貿易中心地位，支持香港、澳門打造國際高端人才集聚高地，健全香港、澳門在國家對外開放中更好發揮作用機制。深化粵港澳大灣區合作，強化規則銜接、機制對接。完善促進兩岸經濟文化交流合作制度和政策，深化兩岸融合發展。

（28）完善推進高質量共建"一帶一路"機制。繼續實施"一帶一路"科技創新行動計劃，加強綠色發展、數字經濟、人工智能、能源、稅收、金融、減災等領域的多邊合作平台建設。完善陸海天網一體化佈局，構建"一帶一路"立體互聯互通網絡。統籌推進重大標誌性工程和"小而美"民生項目。

八、 健全全過程人民民主制度體系

發展全過程人民民主是中國式現代化的本質要求。必須堅定不移走中國特色社會主義政治發展道路，堅持和完善我國根本政治制度、基本政治制度、重要政治制度，豐富各層級民主形式，把人民當家作主具體、現實體現到國家政治生活和社會生活各方面。

（29）加強人民當家作主制度建設。堅持好、完善好、運行好人民代表大會制度。健全人大對行政機關、監察機關、審判機關、檢察機關監督制度，完善監督法及其實施機制，強化人大預算決算審查監督和國有資產管理、政府債務管理監督。健全人大議事規則和論證、評估、評議、聽證制度。豐富人大代表連絡人民群眾的內容和形式。健全吸納民意、彙集民智工作機制。發揮工會、共青團、婦聯等群團組織聯繫服務群眾的橋樑紐帶作用。

（30）健全協商民主機制。發揮人民政協作為專門協商機構作用，健全深度協商互動、意見充分表達、廣泛凝聚共識的機制，加強人民政協反映社情民意、聯繫群眾、服務人民機制建設。完善人民政協民主監督機制。

完善協商民主體系，豐富協商方式，健全政黨協商、人大協商、政府協商、政協協商、人民團體協商、基層協商以及社會組織協商制度化平台，加強各種協商渠道協同配合。健全協商於決策之前和決策實施之中的落實機制，完善協商成果採納、落實、反饋機制。

（31）健全基層民主制度。健全基層黨組織領導的基層群眾自治機制，完善基層民主制度體系和工作體系，拓寬基層各類組織和群眾有序參與基層治理渠道。完善辦事公開制度。健全以職工代表大會為基本形式的企事業單位民主管理制度，完善企業職工參與管理的有效形式。

（32）完善大統戰工作格局。完善發揮統一戰綫凝聚人心、彙聚力量政治作用的政策舉措。堅持好、發展好、完善好中國新型政黨制度。更好發揮黨外人士作用，健全黨外代表人士隊伍建設制度。制定民族團結進步促進法，健全鑄牢中華民族共同體意識制度機制，增強中華民族凝聚力。系統推進我國宗教中國化，加強宗教事務治理法治化。完善黨外知識分子和新的社會階層人士政治引領機制。全面構建親清政商關係，健全促進非公有制經濟健康發展、非公有制經濟人士健康成長工作機制。完善港澳台和僑務工作機制。

九、 完善中國特色社會主義法治體系

法治是中國式現代化的重要保障。必須全面貫徹實施憲法，維護憲法權威，協同推進立法、執法、司法、守法各環節改革，健全法律面前人人

平等保障機制，弘揚社會主義法治精神，維護社會公平正義，全面推進國家各方面工作法治化。

（33）深化立法領域改革。完善以憲法為核心的中國特色社會主義法律體系，健全保證憲法全面實施制度體系，建立憲法實施情況報告制度。完善黨委領導、人大主導、政府依託、各方參與的立法工作格局。統籌立改廢釋纂，加強重點領域、新興領域、涉外領域立法，完善合憲性審查、備案審查制度，提高立法質量。探索區域協同立法。健全黨內法規同國家法律法規銜接協調機制。建設全國統一的法律法規和規範性文件信息平台。

（34）深入推進依法行政。推進政府機構、職能、權限、程序、責任法定化，促進政務服務標準化、規範化、便利化，完善覆蓋全國的一體化在綫政務服務平台。完善重大決策、規範性文件合法性審查機制。加強政府立法審查。深化行政執法體制改革，完善基層綜合執法體制機制，健全行政執法監督體制機制。完善行政處罰等領域行政裁量權基準制度，推動行政執法標準跨區域銜接。完善行政處罰和刑事處罰雙向銜接制度。健全行政復議體制機制。完善行政裁決制度。完善垂直管理體制和地方分級管理體制，健全垂直管理機構和地方協作配合機制。穩妥推進人口小縣機構優化。深化開發區管理制度改革。優化事業單位結構佈局，強化公益性。

（35）健全公正執法司法體制機制。健全監察機關、公安機關、檢察機關、審判機關、司法行政機關各司其職，監察權、偵查權、檢察權、審判權、執行權相互配合、相互制約的體制機制，確保執法司法各環節全過程在有效制約監督下運行。深化審判權和執行權分離改革，健全國家執行體制，強化當事人、檢察機關和社會公眾對執行活動的全程監督。完善執法司法救濟保護制度，完善國家賠償制度。深化和規範司法公開，落實和完善司法責任制。規範專門法院設置。深化行政案件級別管轄、集中管轄、異地管轄改革。構建協同高效的警務體制機制，推進地方公安機關機構編制管理改革，繼續推進民航公安機關和海關緝私部門管理體制改革。規範警務輔助人員管理制度。

堅持正確人權觀，加強人權執法司法保障，完善事前審查、事中監督、事後糾正等工作機制，完善涉及公民人身權利強制措施以及查封、扣押、凍結等強制措施的制度，依法查處利用職權徇私枉法、非法拘禁、刑訊逼供等犯罪行為。推進刑事案件律師辯護全覆蓋。建立輕微犯罪記錄封存制度。

（36）完善推進法治社會建設機制。健全覆蓋城鄉的公共法律服務體系，深化律師制度、公證體制、仲裁制度、調解制度、司法鑒定管理體制改革。改進法治宣傳教育，完善以實踐為導向的法學院校教育培養機制。加強和改進未成年人權益保護，強化未成年人犯罪預防和治理，制定專門矯治教育規定。

（37）加強涉外法治建設。建立一體推進涉外立法、執法、司法、守法和法律服務、法治人才培養的工作機制。完善涉外法律法規體系和法治實施體系，深化執法司法國際合作。完善涉外民事法律關係中當事人依法約定管轄、選擇適用域外法等司法審判制度。健全國際商事仲裁和調解制度，培育國際一流仲裁機構、律師事務所。積極參與國際規則制定。

十、深化文化體制機制改革

中國式現代化是物質文明和精神文明相協調的現代化。必須增強文化自信，發展社會主義先進文化，弘揚革命文化，傳承中華優秀傳統文化，加快適應信息技術迅猛發展新形勢，培育形成規模宏大的優秀文化人才隊伍，激發全民族文化創新創造活力。

（38）完善意識形態工作責任制。健全用黨的創新理論武裝全黨、教育人民、指導實踐工作體系，完善黨委（黨組）理論學習中心組學習制度，完善思想政治工作體系。創新馬克思主義理論研究和建設工程，實施哲學社會科學創新工程，構建中國哲學社會科學自主知識體系。完善新聞發言人制度。構建適應全媒體生產傳播工作機制和評價體系，推進主流媒體系統性變革。完善輿論引導機制和輿情應對協同機制。

推動理想信念教育常態化制度化。完善培育和踐行社會主義核心價值觀制度機制。改進創新文明培育、文明實踐、文明創建工作機制。實施文明鄉風建設工程。優化英模人物宣傳學習機制，創新愛國主義教育和各類群眾性主題活動組織機制，推動全社會崇尚英雄、緬懷先烈、爭做先鋒。構建中華傳統美德傳承體系，健全社會公德、職業道德、家庭美德、個人品德建設體制機制，健全誠信建設長效機制，教育引導全社會自覺遵守法律、遵循公序良俗，堅決反對拜金主義、享樂主義、極端個人主義和歷史虛無主義。形成網上思想道德教育分眾化、精準化實施機制。建立健全道德領域突出問題協同治理機制，完善“掃黃打非”長效機制。

（39）優化文化服務和文化產品供給機制。完善公共文化服務體系，建立優質文化資源直達基層機制，健全社會力量參與公共文化服務機制，推進公共文化設施所有權和使用權分置改革。深化文化領域國資國企改革，分類推進文化事業單位深化內部改革，完善文藝院團建設發展機制。

堅持以人民為中心的創作導向，堅持出成果和出人才相結合、抓作品和抓環境相貫通，改進文藝創作生產服務、引導、組織工作機制。健全文化產業體系和市場體系，完善文化經濟政策。探索文化和科技融合的有效機制，加快發展新型文化業態。深化文化領域行政審批備案制度改革，加強事中事後監管。深化文娛領域綜合治理。

建立文化遺產保護傳承工作協調機構，建立文化遺產保護督察制度，推動文化遺產系統性保護和統一監管。構建中華文明標識體系。健全文化和旅遊深度融合發展體制機制。完善全民健身公共服務體系，改革完善競技體育管理體制和運行機制。

（40）健全網絡綜合治理體系。深化網絡管理體制改革，整合網絡內容建設和管理職能，推進新聞宣傳和網絡輿論一體化管理。完善生成式人工智能發展和管理機制。加強網絡空間法治建設，健全網絡生態治理長效機制，健全未成年人網絡保護工作體系。

（41）構建更有效力的國際傳播體系。推進國際傳播格局重構，深化主流媒體國際傳播機制改革創新，加快構建多渠道、立體式對外傳播格局。加快構建中國話語和中國敘事體系，全面提升國際傳播效能。建設全球文明倡議踐行機制。推動走出去、請進來管理便利化，擴大國際人文交流合作。

十一、健全保障和改善民生制度體系

在發展中保障和改善民生是中國式現代化的重大任務。必須堅持盡力而為、量力而行，完善基本公共服務制度體系，加強普惠性、基礎性、兜底性民生建設，解決好人民最關心最直接最現實的利益問題，不斷滿足人民對美好生活的嚮往。

（42）完善收入分配制度。構建初次分配、再分配、第三次分配協調配套的制度體系，提高居民收入在國民收入分配中的比重，提高勞動報酬在初次分配中的比重。完善勞動者工資決定、合理增長、支付保障機制，健全按要素分配政策制度。完善稅收、社會保障、轉移支付等再分配調節機制。支持發展公益慈善事業。

規範收入分配秩序，規範財富積累機制，多渠道增加城鄉居民財產性收入，形成有效增加低收入群體收入、穩步擴大中等收入群體規模、合理調節過高收入的制度體系。深化國有企業工資決定機制改革，合理確定並嚴格規範國有企業各級負責人薪酬、津貼補貼等。

（43）完善就業優先政策。健全高質量充分就業促進機制，完善就業公共服務體系，著力解決結構性就業矛盾。完善高校畢業生、農民工、退役軍人等重點群體就業支持體系，健全終身職業技能培訓制度。統籌城鄉就業政策體系，同步推進戶籍、用人、檔案等服務改革，優化創業促進就業政策環境，支持和規範發展新就業形態。完善促進機會公平制度機制，暢通社會流動渠道。完善勞動關係協商協調機制，加強勞動者權益保障。

（44）健全社會保障體系。完善基本養老保險全國統籌制度，健全全國統一的社保公共服務平台。健全社保基金保值增值和安全監管體系。健全基本養老、基本醫療保險籌資和待遇合理調整機制，逐步提高城鄉居民基本養老保險基礎養老金。健全靈活就業人員、農民工、新就業形態人員社保制度，擴大失業、工傷、生育保險覆蓋面，全面取消在就業地參保戶籍限制，完善社保關係轉移接續政策。加快發展多層次多支柱養老保險體系，擴大年金制度覆蓋範圍，推行個人養老金制度。發揮各類商業保險補充保障作用。推進基本醫療保險省級統籌，深化醫保支付方式改革，完善大病保險和醫療救助制度，加強醫保基金監管。健全社會救助體系。健全保障婦女兒童合法權益制度。完善殘疾人社會保障制度和關愛服務體系。

加快建立租購並舉的住房制度，加快構建房地產發展新模式。加大保障性住房建設和供給，滿足工薪群體剛性住房需求。支持城鄉居民多樣化改善性住房需求。充分賦予各城市政府房地產市場調控自主權，因城施策，允許有關城市取消或調減住房限購政策、取消普通住宅和非普通住宅標準。改革房地產開發融資方式和商品房預售制度。完善房地產稅收制度。

（45）深化醫藥衛生體制改革。實施健康優先發展戰略，健全公共衛生體系，促進社會共治、醫防協同、醫防融合，強化監測預警、風險評估、流行病學調查、檢驗檢測、應急處置、醫療救治等能力。促進醫療、醫保、醫藥協同發展和治理。促進優質醫療資源擴容下沉和區域均衡佈局，加快建設分級診療體系，推進緊密型醫聯體建設，強化基層醫療衛生服務。深化以公益性為導向的公立醫院改革，建立以醫療服務為主導的收費機制，完善薪酬制度，建立編制動態調整機制。引導規範民營醫院發展。創新醫療衛生監管手段。健全支持創新藥和醫療器械發展機制，完善中醫藥傳承創新發展機制。

（46）健全人口發展支持和服務體系。以應對老齡化、少子化為重點完善人口發展戰略，健全覆蓋全人群、全生命週期的人口服務體系，促進人口高質量發展。完善生育支持政策體系和激勵機制，推動建設生育友好型社會。有效降低生育、養育、教育成本，完善生育休假制度，建立生育補貼制度，提高基本生育和兒童醫療公共服務水平，加大個人所得稅抵扣力度。加強普惠育幼服務體系建設，支持用人單位辦託、社區嵌入式託育、家庭託育點等多種模式發展。把握人口流動客觀規律，推動相關公共服務隨人走，促進城鄉、區域人口合理集聚、有序流動。

積極應對人口老齡化，完善發展養老事業和養老產業政策機制。發展銀髮經濟，創造適合老年人的多樣化、個性化就業崗位。按照自願、彈性原則，穩妥有序推進漸進式延遲法定退休年齡改革。優化基本養老服務供給，培育社區養老服務機構，健全公辦養老機構運營機制，鼓勵和引導企業等社會力量積極參與，推進互助性養老服務，促進醫養結合。加快補齊農村養老服務短板。改善對孤寡、殘障失能等特殊困難老年人的服務，加快建立長期護理保險制度。

十二、深化生態文明體制改革

中國式現代化是人與自然和諧共生的現代化。必須完善生態文明制度體系，協同推進降碳、減污、擴綠、增長，積極應對氣候變化，加快完善落實綠水青山就是金山銀山理念的體制機制。

（47）完善生態文明基礎體制。實施分區域、差異化、精準管控的生態環境管理制度，健全生態環境監測和評價制度。建立健全覆蓋全域全類型、統一銜接的國土空間用途管制和規劃許可制度。健全自然資源資產產權制度和管理制度體系，完善全民所有自然資源資產所有權委託代理機制，建立生態環境保護、自然資源保護利用和資產保值增值等責任考核監督制度。完善國家生態安全工作協調機制。編纂生態環境法典。

（48）健全生態環境治理體系。推進生態環境治理責任體系、監管體系、市場體系、法律法規政策體系建設。完善精準治污、科學治污、依法治污制度機制，落實以排污許可制為核心的固定污染源監管制度，建立新污染物協同治理和環境風險管控體系，推進多污染物協同減排。深化環境信息依法披露制度改革，構建環境信用監管體系。推動重要流域構建上下游貫通一體的生態環境治理體系。全面推進以國家公園為主體的自然保護地體系建設。

落實生態保護紅綫管理制度，健全山水林田湖草沙一體化保護和系統治理機制，建設多元化生態保護修復投入機制。落實水資源剛性約束制度，全面推行水資源費改稅。強化生物多樣性保護工作協調機制。健全海洋資源開發保護制度。健全生態產品價值實現機制。深化自然資源有償使用制度改革。推進生態綜合補償，健全橫向生態保護補償機制，統籌推進生態環境損害賠償。

（49）健全綠色低碳發展機制。實施支持綠色低碳發展的財稅、金融、投資、價格政策和標準體系，發展綠色低碳產業，健全綠色消費激勵機制，促進綠色低碳循環發展經濟體系建設。優化政府綠色採購政策，完善綠色稅制。完善資源總量管理和全面節約制度，健全廢棄物循環利用體系。健全煤炭清潔高效利用機制。加快規劃建設新型能源體系，完善新能源消納和調控政策措施。完善適應氣候變化工作體系。建立能耗雙控向碳排放雙控全面轉型新機制。構建碳排放統計核算體系、產品碳標識認證制度、產品碳足跡管理體系，健全碳市場交易制度、溫室氣體自願減排交易制度，積極穩妥推進碳達峰碳中和。

十三、推進國家安全體系和能力現代化

國家安全是中國式現代化行穩致遠的重要基礎。必須全面貫徹總體國家安全觀，完善維護國家安全體制機制，實現高質量發展和高水平安全良性互動，切實保障國家長治久安。

（50）健全國家安全體系。強化國家安全工作協調機制，完善國家安全法治體系、戰略體系、政策體系、風險監測預警體系，完善重點領域安全保障體系和重要專項協調指揮體系。構建聯動高效的國家安全防護體系，推進國家安全科技賦能。

（51）完善公共安全治理機制。健全重大突發公共事件處置保障體系，完善大安全大應急框架下應急指揮機制，強化基層應急基礎和力量，提高防災減災救災能力。完善安全生產風險排查整治和責任倒查機制。完善食品藥品安全責任體系。健全生物安全監管預警防控體系。加強網絡安全體制建設，建立人工智能安全監管制度。

（52）健全社會治理體系。堅持和發展新時代“楓橋經驗”，健全黨組織領導的自治、法治、德治相結合的城鄉基層治理體系，完善共建共治共享的社會治理制度。探索建立全國統一的人口管理制度。健全社會工作體制機制，加強黨建引領基層治理，加強社會工作者隊伍建設，推動志願服務體系建設。推進信訪工作法治化。提高市域社會治理能力，強化市民熱線等公共服務平台功能，健全“高效辦成一件事”重點事項清單管理機制和常態化推進機制。健全社會心理服務體系和危機干預機制。健全發揮家庭家教家風建設在基層治理中作用的機制。深化行業協會商會改革。健全社會組織管理制度。

健全鄉鎮（街道）職責和權力、資源相匹配制度，加強鄉鎮（街道）服務管理力量。完善社會治安整體防控體系，健全掃黑除惡常態化機制，依法嚴懲群眾反映強烈的違法犯罪活動。

（53）完善涉外國家安全機制。建立健全周邊安全工作協調機制。強化海外利益和投資風險預警、防控、保護體制機制，深化安全領域國際執法合作，維護我國公民、法人在海外合法權益。健全反制裁、反干涉、反"長臂管轄"機制。健全維護海洋權益機制。完善參與全球安全治理機制。

十四、持續深化國防和軍隊改革

國防和軍隊現代化是中國式現代化的重要組成部分。必須堅持黨對人民軍隊的絕對領導，深入實施改革強軍戰略，為如期實現建軍一百年奮鬥目標、基本實現國防和軍隊現代化提供有力保障。

（54）完善人民軍隊領導管理體制機制。健全貫徹軍委主席負責制的制度機制，深入推進政治建軍。優化軍委機關部門職能配置，健全戰建備統籌推進機制，完善重大決策諮詢評估機制，深化戰略管理創新，完善軍事治理體系。健全依法治軍工作機制。完善作戰戰備、軍事人力資源等領域配套政策制度。深化軍隊院校改革，推動院校內涵式發展。實施軍隊企事業單位調整改革。

（55）深化聯合作戰體系改革。完善軍委聯合作戰指揮中心職能，健全重大安全領域指揮功能，建立同中央和國家機關協調運行機制。優化戰區聯合作戰指揮中心編成，完善任務部隊聯合作戰指揮編組模式。加強網絡信息體系建設運用統籌。構建新型軍兵種結構佈局，加快發展戰略威懾力量，大力發展新域新質作戰力量，統籌加強傳統作戰力量建設。優化武警部隊力量編成。

（56）深化跨軍地改革。健全一體化國家戰略體系和能力建設工作機制，完善涉軍決策議事協調體制機制。健全國防建設軍事需求提報和軍地對接機制，完善國防動員體系。深化國防科技工業體制改革，優化國防科技工業佈局，改進武器裝備採購制度，建立軍品設計回報機制，構建武器裝備現代化管理體系。完善軍地標準化工作統籌機制。加強航天、軍貿等領域建設和管理統籌。優化邊海防領導管理體制機制，完善黨政軍警民合力治邊機制。深化民兵制度改革。完善雙擁工作機制。

十五、提高黨對進一步全面深化改革、推進中國式現代化的領導水平

黨的領導是進一步全面深化改革、推進中國式現代化的根本保證。必須深刻領悟"兩個確立"的決定性意義，增強"四個意識"、堅定"四個自信"、做到"兩個維護"，保持以黨的自我革命引領社會革命的高度自覺，堅持用改革精神和嚴的標準管黨治黨，完善黨的自我革命制度規範體系，不斷推進黨的自我淨化、自我完善、自我革新、自我提高，確保黨始終成為中國特色社會主義事業的堅強領導核心。

（57）堅持黨中央對進一步全面深化改革的集中統一領導。黨中央領導改革的總體設計、統籌協調、整體推進。完善黨中央重大決策部署落實機制，確保黨中央令行禁止。各級黨委（黨組）負責落實黨中央決策部署，謀劃推進本地區本部門改革，鼓勵結合實際開拓創新，創造可複製、可推廣的新鮮經驗。走好新時代黨的群眾路綫，把社會期盼、群眾智慧、專家意見、基層經驗充分吸收到改革設計中來。圍繞解決突出矛盾設置改革議題，優化重點改革方案生成機制，堅持真理、修正錯誤，及時發現問題、糾正偏差。完善改革激勵和輿論引導機制，營造良好改革氛圍。

（58）深化黨的建設制度改革。以調動全黨抓改革、促發展的積極性、主動性、創造性為著力點，完善黨的建設制度機制。加強黨的創新理論武裝，建立健全以學鑄魂、以學增智、以學正風、以學促幹長效機制。深化幹部人事制度改革，鮮明樹立選人用人正確導向，大力選拔政治過硬、敢於擔當、銳意改革、實績突出、清正廉潔的幹部，著力解決幹部亂作為、

不作為、不敢為、不善為問題。樹立和踐行正確政績觀，健全有效防範和糾治政績觀偏差工作機制。落實“三個區分開來”，激勵幹部開拓進取、幹事創業。推進領導幹部能上能下常態化，加大調整不適宜擔任現職幹部力度。健全常態化培訓特別是基本培訓機制，強化專業訓練和實踐鍛煉，全面提高幹部現代化建設能力。完善和落實領導幹部任期制，健全領導班子主要負責人變動交接制度。增強黨組織政治功能和組織功能。探索加強新經濟組織、新社會組織、新就業群體黨的建設有效途徑。完善黨員教育管理、作用發揮機制。完善黨內法規，增強黨內法規權威性和執行力。

（59）深入推進黨風廉政建設和反腐敗鬥爭。健全政治監督具體化、精準化、常態化機制。鍥而不捨落實中央八項規定精神，健全防治形式主義、官僚主義制度機制。持續精簡規範會議文件和各類創建示範、評比達標、節慶展會論壇活動，嚴格控制面向基層的督查、檢查、考核總量，提高調研質量，下大氣力解決過頻過繁問題。制定鄉鎮（街道）履行職責事項清單，健全為基層減負長效機制。建立經常性和集中性相結合的紀律教育機制，深化運用監督執紀“四種形態”，綜合發揮黨的紀律教育約束、保障激勵作用。

完善一體推進不敢腐、不能腐、不想腐工作機制，著力剷除腐敗滋生的土壤和條件。健全不正之風和腐敗問題同查同治機制，深化整治權力集中、資金密集、資源富集領域腐敗，嚴肅查處政商勾連破壞政治生態和經濟發展環境問題，完善對重點行賄人的聯合懲戒機制，豐富防治新型腐敗和隱性腐敗的有效辦法。加強誣告行為治理。健全追逃防逃追贓機制。加強新時代廉潔文化建設。

完善黨和國家監督體系。強化全面從嚴治黨主體責任和監督責任。健全加強對“一把手”和領導班子監督配套制度。完善權力配置和運行制約機制，反對特權思想和特權現象。推進執紀執法和刑事司法有機銜接。健全巡視巡察工作體制機制。優化監督檢查和審查調查機構職能，完善垂直管理單位紀檢監察體制，推進向中管企業全面派駐紀檢監察組。深化基層監督體制機制改革。推進反腐敗國家立法，修改監察法，出台反跨境腐敗法。

（60）以釘釘子精神抓好改革落實。對黨中央進一步全面深化改革的決策部署，全黨必須求真務實抓落實、敢作善為抓落實，堅持上下協同、條塊結合，科學制定改革任務書、時間表、優先序，明確各項改革實施主體和責任，把重大改革落實情況納入監督檢查和巡視巡察內容，以實績實效和人民群眾滿意度檢驗改革。

中國式現代化是走和平發展道路的現代化。對外工作必須堅定奉行獨立自主的和平外交政策，推動構建人類命運共同體，踐行全人類共同價值，落實全球發展倡議、全球安全倡議、全球文明倡議，倡導平等有序的世界多極化、普惠包容的經濟全球化，深化外事工作機制改革，參與引領全球治理體系改革和建設，堅定維護國家主權、安全、發展利益，為進一步全面深化改革、推進中國式現代化營造良好外部環境。

全黨全軍全國各族人民要更加緊密地團結在以習近平同志為核心的黨中央周圍，高舉改革開放旗幟，凝心聚力、奮發進取，為全面建成社會主義現代化強國、實現第二個百年奮鬥目標，以中國式現代化全面推進中華民族偉大復興而努力奮鬥。

關於《中共中央關於進一步全面深化改革、推進中國式現代化的決定》的說明

習近平

同志們：

　　受中央政治局委託，我就《中共中央關於進一步全面深化改革、推進中國式現代化的決定》起草的有關情況向全會作說明。

一、 關於確定全會議題的考慮

　　圍繞黨的中心任務謀劃和部署改革，是黨領導改革開放的成功經驗。從實踐經驗和現實需要出發，中央政治局決定黨的二十屆三中全會研究進一步全面深化改革、推進中國式現代化問題，主要有以下幾方面考慮。

　　第一，這是凝聚人心、彙聚力量，實現新時代新征程黨的中心任務的迫切需要。實踐充分證明，改革開放和社會主義現代化建設新時期，我國大踏步趕上時代，靠的是改革開放。黨的十八大以來，黨和國家事業取得歷史性成就、發生歷史性變革，靠的也是改革開放。新時代新征程上，要開創中國式現代化建設新局面，仍然要靠改革開放。黨的二十大確立了全面建成社會主義現代化強國、實現第二個百年奮鬥目標，以中國式現代化全面推進中華民族偉大復興的中心任務，闡述了中國式現代化的中國特色、本質要求、重大原則等，對推進中國式現代化作出戰略部署。要把這些戰略部署落到實處，把中國式現代化藍圖變為現實，根本在於進一步全面深化改革，不斷完善各方面體制機制，為推進中國式現代化提供制度保障。

第二，這是完善和發展中國特色社會主義制度、推進國家治理體系和治理能力現代化的迫切需要。黨的十八大以來，我們突出制度建設這條主綫，通過全面深化改革完善各方面制度，推動中國特色社會主義制度更加成熟更加定型，國家治理體系和治理能力現代化水平明顯提高，為全面建成小康社會提供了有力制度保障。同時，要清醒看到，完善中國特色社會主義制度是一個動態過程，必然隨著實踐發展而不斷發展，已有制度需要不斷健全，新領域新實踐需要推進制度創新、填補制度空白。面對新的形勢和任務，必須進一步全面深化改革，繼續完善各方面制度機制，固根基、揚優勢、補短板、強弱項，不斷把我國制度優勢更好轉化為國家治理效能。

　　第三，這是推動高質量發展、更好適應我國社會主要矛盾變化的迫切需要。當前，推動高質量發展面臨的突出問題依然是發展不平衡不充分。比如，市場體系仍不健全，市場發育還不充分，政府和市場的關係尚未完全理順，創新能力不適應高質量發展要求，產業體系整體大而不強、全而不精，關鍵核心技術受制於人狀況沒有根本改變，農業基礎還不穩固，城鄉區域發展和收入分配差距仍然較大，民生保障、生態環境保護仍存短板，等等。歸結起來，這些問題都是社會主要矛盾變化的反映，是發展中的問題，必須進一步全面深化改革，從體制機制上推動解決。

　　第四，這是應對重大風險挑戰、推動黨和國家事業行穩致遠的迫切需要。推進中國式現代化是一項全新的事業，前進道路上必然會遇到各種矛盾和風險挑戰。特別是當前世界百年未有之大變局加速演進，局部衝突和動盪頻發，全球性問題加劇，來自外部的打壓遏制不斷升級，我國發展進入戰略機遇和風險挑戰並存、不確定難預料因素增多的時期，各種“黑天鵝”、“灰犀牛”事件隨時可能發生。有效應對這些風險挑戰，在日趨激烈的國際競爭中贏得戰略主動，需要我們進一步全面深化改革，用完善的制度防範化解風險、有效應對挑戰，在危機中育新機、於變局中開新局。

二、 關於決定稿起草過程

2023 年 11 月，中央政治局決定，成立黨的二十屆三中全會文件起草組，由我擔任組長，王滬寧、蔡奇、丁薛祥同志擔任副組長，在中央政治局常委會領導下承擔文件起草工作。12 月 8 日，文件起草組召開第一次全體會議，文件起草工作正式啟動。在 7 個多月時間裏，文件起草組深入調查研究，廣泛徵求意見，開展專題論證，反復討論修改。

在決定稿起草過程中，我們重點把握以下幾點：一是總結和運用改革開放以來特別是新時代全面深化改革的寶貴經驗，確定遵循原則，堅持正確政治方向。二是緊緊圍繞推進中國式現代化、落實黨的二十大戰略部署來謀劃進一步全面深化改革，堅持問題導向。三是抓住重點，突出體制機制改革，突出戰略性、全局性重大改革，突出經濟體制改革牽引作用，凸顯改革引領作用。四是堅持人民至上，從人民整體利益、根本利益、長遠利益出發謀劃和推進改革。五是強化系統集成，加強對改革整體謀劃、系統佈局，使各方面改革相互配合、協同高效。

這次全會文件起草，把發揚民主、集思廣益貫穿全過程。2023 年 11 月 27 日，黨中央發出通知，就黨的二十屆三中全會議題徵求各地區各部門各方面和部分幹部群眾意見。大家一致認為，黨中央決定黨的二十屆三中全會重點研究進一步全面深化改革、推進中國式現代化問題，彰顯了將改革進行到底的堅強決心和強烈使命擔當，是對新時代新征程舉什麼旗、走什麼路的再宣示，對以中國式現代化全面推進強國建設、民族復興偉業具有重大而深遠的意義。各地區各部門各方面就文件主題、框架、重要舉措等提出許多有價值的建議，為決定稿起草提供了重要參考。

2024 年 5 月 7 日，決定稿下發黨內一定範圍徵求意見，徵求黨內老同志意見，專門聽取各民主黨派中央、全國工商聯負責人和無黨派人士代表意見，聽取相關企業和專家學者意見。從反饋情況看，大家一致認為，決定稿緊緊圍繞推進中國式現代化這個主題擘畫進一步全面深化改革戰略舉措，堅持正確政治方向，著力抓住推進中國式現代化需要破解的重大體制機制問題謀劃改革，主題鮮明，重點突出，舉措務實可行，是新時代新征程上推動全面深化改革向廣度和深度進軍的總動員、總部署，充分體現了完善和發展中國特色社會主義制度、推進國家治理體系和治理能力現代化的歷史主動，必將為中國式現代化提供強大動力和制度保障。同時，各方面提出了 1911 條修改意見和建議。文件起草組認真研究這些意見和建議，能吸收盡量吸收，作出 221 處修改。

在起草工作過程中，中央政治局常委會召開 3 次會議、中央政治局召開 2 次會議進行審議、修改，形成了提請這次全會審議的決定稿。

三、 關於決定稿基本框架和主要內容

決定稿除引言和結束語外，有 15 個部分，分三大板塊。第一部分為第一板塊，是總論，主要闡述進一步全面深化改革、推進中國式現代化的重大意義和總體要求。第二至第十四部分為第二板塊，是分論，主要從經濟、政治、文化、社會、生態文明、國家安全、國防和軍隊等方面部署改革。第十五部分為第三板塊，主要講加強黨對改革的領導、深化黨的建設制度改革、黨風廉政建設和反腐敗鬥爭。內容條目通篇排序，開列 60 條。

決定稿錨定 2035 年基本實現社會主義現代化目標，重點部署未來五年的重大改革舉措，在內容擺布上有以下幾個特點。

第一，注重發揮經濟體制改革牽引作用。深化經濟體制改革仍是進一步全面深化改革的重點，主要任務是完善有利於推動高質量發展的體制機制，塑造發展新動能新優勢，堅持和落實 “兩個毫不動搖”，構建全國統一大市場，完善市場經濟基礎制度。

決定稿圍繞處理好政府和市場關係這個核心問題，把構建高水平社會

主義市場經濟體制擺在突出位置，對經濟體制改革重點領域和關鍵環節作出部署。著眼增強國有企業核心功能、提升核心競爭力，提出增強各有關管理部門戰略協同，推進國有經濟佈局優化和結構調整，推動國有資本和國有企業做強做優做大；著眼推動非公有制經濟發展，提出制定民營經濟促進法，加強產權執法司法保護，防止和糾正利用行政、刑事手段干預經濟糾紛。提出加強公平競爭審查剛性約束，清理和廢除妨礙全國統一市場和公平競爭的各種規定和做法，完善要素市場制度和規則，等等。這些舉措將更好激發全社會內生動力和創新活力。

決定稿對健全推動經濟高質量發展體制機制、促進新質生產力發展作出部署。圍繞發展以高技術、高效能、高質量為特徵的生產力，提出加強新領域新賽道制度供給，建立未來產業投入增長機制，以國家標準提升引領傳統產業優化升級，促進各類先進生產要素向發展新質生產力集聚。

決定稿對健全宏觀經濟治理體系作出部署。提出完善國家戰略規劃體系和政策統籌協調機制；統籌推進財稅體制改革，增加地方自主財力，拓展地方稅源，合理擴大地方政府專項債券支持範圍，適當加強中央事權、提高中央財政支出比例；完善金融機構定位和治理，健全投資和融資相協調的資本市場功能，完善金融監管體系。

決定稿對完善城鄉融合發展體制機制作出部署。提出健全推進新型城鎮化體制機制；鞏固和完善農村基本經營制度；完善強農惠農富農支持制度；深化土地制度改革。

決定稿對完善高水平對外開放體制機制作出部署。提出穩步擴大制度型開放；深化外貿體制改革；深化外商投資和對外投資管理體制改革；優化區域開放佈局；完善推進高質量共建"一帶一路"機制。

第二，注重構建支持全面創新體制機制。決定稿統籌推進教育科技人才體制機制一體改革，強調深化教育綜合改革、深化科技體制改革、深化人才發展體制機制改革，提升國家創新體系整體效能。

在教育體制改革方面，提出分類推進高校改革，建立科技發展、國家戰略需求牽引的學科設置調整機制和人才培養模式，超常佈局急需學科專業；完善高校科技創新機制，提高成果轉化效能。

在科技體制改革方面，提出加強國家戰略科技力量建設，優化國家科研機構、高水平研究型大學、科技領軍企業定位和佈局，改進科技計劃管理，強化基礎研究領域、交叉前沿領域、重點領域前瞻性、引領性佈局；強化企業科技創新主體地位，建立培育壯大科技領軍企業機制；允許科研類事業單位實行比一般事業單位更靈活的管理制度，探索實行企業化管理；深化職務科技成果賦權改革。

在人才發展體制機制改革方面，提出加快建設國家戰略人才力量，提高各類人才素質；完善青年創新人才發現、選拔、培養機制，更好保障青年科技人員待遇；強化人才激勵機制，堅持向用人主體授權、為人才鬆綁；完善海外引進人才支持保障機制。

第三，注重全面改革。決定稿在統籌推進"五位一體"總體佈局、協調推進"四個全面"戰略佈局框架下謀劃進一步全面深化改革，統籌部署經濟體制改革和其他各領域改革。

在民主和法治領域改革方面，對健全全過程人民民主制度體系、完善中國特色社會主義法治體系分別作出部署。提出加強人民當家作主制度建設；健全協商民主機制；健全基層民主制度；完善大統戰工作格局。提出加強重點領域、新興領域、涉外領域立法；健全監察機關、公安機關、檢察機關、審判機關、司法行政機關各司其職，監察權、偵查權、檢察權、審判權、執行權相互配合、相互制約的體制機制；完善推進法治社會建設機制。

在文化體制改革方面，著眼於推進物質文明和精神文明相協調的現代化，提出推動理想信念教育常態化制度化，改進創新文明培育、文明實踐、文明創建工作機制；優化文化服務和文化產品供給機制，建立優質文化資源直達基層機制；健全網絡綜合治理體系；推進國際傳播格局重構，構建更有效力的國際傳播體系。

在健全保障和改善民生制度體系方面，提出完善收入分配制度，規範收入分配秩序；優化創業促進就業政策環境，支持和規範發展新就業形態；健全靈活就業人員、農民工、新就業形態人員社保制度，全面取消在就業地參保戶籍限制；提出加快構建房地產發展新模式，充分賦予各城市政府房地產市場調控自主權；提出深化醫藥衛生體制改革，實施健康優先發展戰略；提出健全人口發展支持和服務體系，完善生育支持政策體系和激勵機制，完善發展養老事業和養老產業政策機制，按照自願、彈性原則穩妥有序推進漸進式延遲法定退休年齡改革。

在生態文明體制改革方面，提出完善生態文明基礎體制，健全生態環境治理體系，健全綠色低碳發展機制；提出實施分區域、差異化、精準管控的生態環境管理制度，健全橫向生態保護補償機制，實施支持綠色低碳發展的財稅、金融、投資、價格政策和標準體系，加快規劃建設新型能源體系。

第四，注重統籌發展和安全。國家安全是中國式現代化行穩致遠的重要基礎。決定稿把維護國家安全放到更加突出位置，圍繞推進國家安全體系和能力現代化，提出構建聯動高效的國家安全防護體系，推進國家安全科技賦能；健全重大突發公共事件處置保障體系；建立人工智能安全監管制度；探索建立全國統一的人口管理制度；完善社會治安整體防控體系，依法嚴懲群眾反映強烈的違法犯罪活動。提出建立健全周邊安全工作協調機制；健全反制裁、反干涉、反“長臂管轄”機制；健全貿易風險防控機制，完善涉外法律法規體系和法治實施體系，深化執法司法國際合作。圍繞持續深化國防和軍隊改革，提出完善人民軍隊領導管理體制機制，深化聯合作戰體系改革，深化跨軍地改革。

第五，注重加強黨對改革的領導。黨的領導是進一步全面深化改革、推進中國式現代化的根本保證。決定稿提出完善黨中央重大決策部署落實機制；深化幹部人事制度改革，鮮明樹立選人用人正確導向，大力選拔政治過硬、敢於擔當、銳意改革、實績突出、清正廉潔的幹部，著力解決幹部亂作為、不作為、不敢為、不善為問題；樹立和踐行正確政績觀，落實"三個區分開來"，激勵幹部開拓進取、幹事創業；增強黨組織政治功能和組織功能；健全防治形式主義、官僚主義制度機制，健全不正之風和腐敗問題同查同治機制，豐富防治新型腐敗和隱性腐敗的有效辦法。

希望同志們深刻領會黨中央精神，緊緊圍繞全會主題進行討論，提出建設性修改意見和建議，共同把這次全會開好、把決定稿修改好。

堅持黨中央對進一步全面深化改革的集中統一領導

鍾文宣

　　黨的二十屆三中全會通過的《中共中央關於進一步全面深化改革、推進中國式現代化的決定》（以下簡稱《決定》）指出：要 "提高黨對進一步全面深化改革、推進中國式現代化的領導水平"，並突出強調 "堅持黨中央對進一步全面深化改革的集中統一領導"。落實《決定》確定的各項改革任務，關鍵在黨，關鍵在於加強黨的領導特別是黨中央集中統一領導。全黨同志要深刻領會、堅決落實《決定》關於堅持黨中央對進一步全面深化改革的集中統一領導的各項要求，全面貫徹到進一步全面深化改革、推進中國式現代化的各方面全過程。

一、 黨中央集中統一領導是進一步全面深化改革的根本保證

　　《決定》把黨的領導擺在進一步全面深化改革必須貫徹的原則首位，強調要堅持黨的全面領導，堅定維護黨中央權威和集中統一領導，發揮黨總攬全局、協調各方的領導核心作用，把黨的領導貫穿改革各方面全過程，確保改革始終沿著正確政治方向前進。這是改革開放以來特別是新時代全面深化改革經驗的深刻總結。

　　中國共產黨領導是中國特色社會主義最本質的特徵，是中國特色社會主義制度的最大優勢，是中國式現代化的本質要求。在當代中國，中國共產黨是最高政治領導力量，處於國家治理體系的核心位置，在國家各項事

業中發揮總攬全局、協調各方的領導核心作用。只有始終堅持黨的領導，改革才能保持正確方向、堅強定力、強大合力，才能行穩致遠、取得成功。我們這麼大一個國家，進行改革這麼廣泛而深刻的社會變革，離開黨的領導，是難以想像的，是很容易搞散的，是幹不成任何事情的。

堅持黨的領導，首先要堅持黨中央集中統一領導。事在四方，要在中央。黨中央是黨的大腦和中樞，黨和國家大政方針的決定權在黨中央。黨中央集中統一領導是風雨來襲時全黨和全國人民的堅實依託，是戰勝前進道路上一切艱難險阻和風險挑戰的可靠保證，是黨保持團結統一和強大戰鬥力、不斷取得勝利的關鍵所在。如果黨中央沒有權威，黨的理論和路綫方針政策可以隨意不執行，黨就會變成一盤散沙，黨的領導就會成為一句空話，民族復興的偉大夢想就會成為一場空想。維護黨中央權威和集中統一領導關係著黨、民族、國家的前途命運，帶有根本性、全局性，必須作為最高政治原則來堅守，任何時候任何情況下都不能含糊、不能動搖。在進一步全面深化改革過程中，各級黨委（黨組）和黨員、幹部要自覺同黨中央保持高度一致，堅決聽從黨中央指揮，始終向黨中央看齊，同黨中央要求對標對表，及時校正偏差，決不能打折扣搞變通、搞選擇性執行。

實踐表明，全黨必須有核心、黨中央必須有核心。核心就是力量，核心就是方向，核心就是未來。沒有核心的領導是靠不住的。新時代之所以能夠發生如此偉大的變革，民族復興偉業之所以能按下"快進鍵"、跑出"加速度"，根本在於有習近平總書記領航掌舵、有習近平新時代中國特色社會主義思想指引航向。有習近平總書記領航掌舵，全黨就有"頂樑柱"，14億多中國人民就有"主心骨"；有習近平新時代中國特色社會主義思想科學指引，全黨全軍全國各族人民就有思想上的"定盤星"、行動上的"指南針"。核心掌舵、思想領航所形成的全黨同心同德、團結奮鬥，是新時代我們黨的制勝密碼。確立習近平總書記黨中央的核心、全黨的核心地位，確立習近平新時代中國特色社會主義思想的指導地位，是新時代最重大政治成果、得出的最寶貴歷史經驗、最客觀實踐結論，是黨和人民應對一切不確定性的最大確定性、最大底氣、最大保證。新征程上進一步全面深化改革，最緊要的一條，就是要深刻領悟"兩個確立"的決定性意義，增強"四個意識"、堅定"四個自信"、做到"兩個維護"。廣大黨員、幹部要全面提高政治判斷力、政治領悟力、政治執行力，把"兩個維護"作為首要政治紀律和政治規矩，銘記於心、嚴格遵守，自覺做政治上的明白人。

二、完善黨中央重大決策部署落實機制

《決定》強調要"完善黨中央重大決策部署落實機制，確保黨中央令行禁止"。各級黨委（黨組）和廣大黨員、幹部要深入學習領會黨中央關於進一步全面深化改革的各項決策部署，自覺在大局下行動，完善落實機制，確保黨中央關於進一步全面深化改革的重大決策部署不折不扣地落實到各地區各部門各領域，確保取得實效。

推動黨中央關於進一步全面深化改革的重大決策部署落地落實，必須建立上下協同、順暢高效的領導體制。黨中央領導改革的總體設計、統籌協調、整體推進。中央和國家機關、軍隊等要主動擔負落實黨中央改革部署的主體責任，聚焦重大部署、重要任務、重點工作，積極擔當作為，深入研究推進本系統改革任務落地見效。地方黨委要結合實際貫徹落實黨中央改革部署，抓好涉及本地區重大改革舉措的組織實施。各地區各部門要嚴格執行重大事項向黨中央請示報告制度，把進一步全面深化改革的情況作為年度重要工作每年向黨中央報告。凡屬戰略性、全局性重大改革事項由黨中央研究決定，各地區各部門不能擅作主張。各地區涉及全局性的重大改革事項，須報經黨中央研究同意後方可執行。一些由地方和部門自主決定的改革事項，也要強化全局意識，在大局下行動，保持同黨中央在改

革取向上的一致性，堅決防止和克服本位主義的改革。

推動黨中央關於進一步全面深化改革的重大決策部署落地落實，必須增強改革落實方案的科學性、實效性。各地區各部門要準確把握《決定》提出的各項改革任務的根本目的和本質要求，堅持因地制宜、因時制宜，研究制定符合自身實際的改革落實方案，使改革措施精準管用，具有可行性、可操作性和實效性，切實防止照抄照搬、上下一般粗。要圍繞解決推進中國式現代化面臨的突出矛盾設置改革議題，優化重點改革方案生成機制，做到改革議題的提出積極穩妥、針對性強，每一項重點改革方案的出台論證充分、科學精準。人民群眾之中蘊藏著豐富的智慧。要走好新時代黨的群眾路綫，大興調查研究，切實把社會期盼、群眾智慧、專家意見、基層經驗充分吸收到改革設計中來，注重從老百姓急難愁盼中找準改革發力點和突破口，通過發揚民主、集思廣益，增強改革決策科學性和改革落實執行力。對新領域新實踐遇到的新問題，要鼓勵結合實際開拓創新，支持幹部敢闖敢試，對一些好經驗好做法及時進行總結完善，努力創造可複製、可推廣的新鮮經驗。改革部署和改革落實全過程都要大力發揚堅持真理、修正錯誤的精神，加強改革方案評估和改革落實情況督察，及時發現問題、糾正偏差，不斷調整優化改革方案，確保改革順利推進、取得成功。

三、提高各級黨委（黨組）謀劃和推進改革能力

在進一步全面深化改革中堅持黨中央集中統一領導，既要有態度，又要有能力。新一輪改革進入深水區，涉及矛盾的複雜性比過去明顯增強，難啃的硬骨頭增多，對各級黨委（黨組）和黨員、幹部的思想水平、素質能力提出了新的更高要求。

進一步全面深化改革要有科學的思想方法，迫切要求各級黨委（黨

組）提高思維能力，最有效的途徑就是從習近平新時代中國特色社會主義思想中汲取推進改革的智慧，努力掌握看家本領。要全面深入領悟習近平新時代中國特色社會主義思想的世界觀、方法論以及貫穿其中的立場觀點方法，作為認識問題、分析問題、解決問題的"金鑰匙"，轉化為推進改革的科學思想方法，提高戰略思維、歷史思維、辯證思維、系統思維、創新思維、法治思維、底綫思維能力，不斷增強改革工作的科學性、預見性、主動性、創造性。要把學習領會習近平總書記關於全面深化改革的一系列新思想、新觀點、新論斷和《決定》精神作為黨員、幹部教育培訓的重要內容，統籌抓好政治歷練、思想淬煉、實踐鍛煉、專業訓練，發揚理論聯繫實際的優良學風，推動黨員、幹部掌握進一步全面深化改革的目標任務、"六個堅持"原則和一系列戰略舉措，學會用系統觀念和辯證方法抓改革，善於守正創新，敏銳洞察和防範化解風險隱患，把準改革正確方向；善於謀篇佈局、排兵布陣、統籌安排，推動各項改革同向發力、協同高效；善於把握改革面對的主要矛盾和矛盾的主要方面，以重點突破帶動全盤；善於分清輕重緩急，把握好改革的時度效；善於正確處理立和破的關係，做到破立並舉、先立後破，積極穩健推進改革；善於用法治思維和法治方式破解改革難題，鞏固改革成果。要採取典型引路、組織幹部到改革開放走在前列的地方取經等方式，引導黨員、幹部解放思想、開闊眼界，提高改革實戰能力，努力成為改革的行家裏手。

廣大幹部是推進改革的骨幹。建設善抓改革的高素質幹部隊伍，既要靠培訓鍛煉，又要靠選拔管理。《決定》提出深化幹部人事制度改革的一系列重要舉措，各級黨委（黨組）要認真抓好落實。要貫徹新時代黨的組織路綫，落實新時代好幹部標準，鮮明樹立選人用人正確導向，大力選拔政治過硬、敢於擔當、銳意改革、實績突出、清正廉潔的幹部，推進領導幹部能上能下常態化，加大調整不適宜擔任現職幹部力度，推動幹部德配其位、才配其位，著力形成能者上、優者獎、庸者下、劣者汰的良好局面。要堅持嚴管和厚愛相結合，健全幹部擔當作為激勵機制，加大對優秀幹部關心和保護力度，把"三個區分開來"落到實處，為負責的幹部負責，為擔當的幹部擔當，為敢抓敢管的幹部撐腰，為積極作為的幹部加油鼓勁，充分調動幹部積極性、主動性、創造性。要加強誣告行為治理，及時為受到不實舉報的幹部澄清正名，營造鼓勵和支持幹部大膽幹事創業、勇於創新創造的良好環境。

四、形成齊心協力抓改革的良好工作格局

進一步全面深化改革，是全黨全社會的共同責任。落實好《決定》關於堅持黨中央集中統一領導的各項要求，很重要的一點，就是各級黨委（黨組）要加強組織領導，廣泛凝心聚力，把全黨和全社會的力量集中起來，把一切可以團結的力量團結起來，把一切可以調動的積極因素調動起來，形成進一步全面深化改革、推進中國式現代化的強大合力。

嚴密的組織體系是實現黨的領導的堅實依託。推動《決定》確立的進一步全面深化改革各項決策部署落實，黨的各級組織必須形成上下貫通、執行有力的嚴密組織體系。各領域基層黨組織處在改革發展第一綫，同人民群眾聯繫最直接，必須建設好、建設強。要堅持補短板、強弱項、填空白和提質量、強功能、揚優勢並舉，增強黨組織政治功能和組織功能，推動各領域基層黨組織特別是城鄉基層黨組織履行好宣傳群眾、組織群眾、凝聚群眾、服務群眾的職責，提高組織動員群眾齊抓改革、共促發展的能力和水平。要按照《決定》要求，研究解決基層黨的建設面臨的新問題，抓緊探索加強新經濟組織、新社會組織、新就業群體黨的建設有效途徑，以黨的組織和黨的工作有效覆蓋保證《決定》確立的改革任務全面落地。

形成正確的改革認知，是改革得到人民群眾擁護和支持的必要條件。要完善改革輿論引導機制，通過各種媒體和方式，把好的改革舉措宣傳

好，著力讓改革深入人心。要密切關注社會上特別是互聯網上對改革的各種看法，及時答疑解惑、澄清謬誤，增進共識、消除雜音，引導廣大人民群眾把對美好生活的嚮往與推進強國建設、民族復興偉業緊密聯繫起來、統一起來，營造充分理解改革、高度認同改革、積極參與改革、主動支持改革的良好社會環境。

全過程人民民主是發揮人民主體作用、激發人民創造活力的根本途徑。要堅持黨的領導、人民當家作主、依法治國有機統一，彰顯人民代表大會制度優勢，健全吸納民意、彙集民智工作機制，支持人大及其常委會在進一步全面深化改革中發揮法制保障和民主監督作用。推動工會、共青團、婦聯等群團組織充分運用聯繫廣泛的獨特優勢，在凝心聚力抓改革方面有效發揮橋樑紐帶作用。全面發展協商民主，完善人民政協民主監督和委員聯繫界別群眾制度機制，堅持發揚民主和增進團結相互貫通、建言資政和凝聚共識雙向發力，充分發揮人民政協作為專門協商機構在進一步全面深化改革中的作用。積極發展基層民主，尊重基層和群眾首創精神，不斷鞏固和擴大進一步全面深化改革的深厚群眾基礎。要充分發揮統一戰線在凝聚人心、彙聚力量上的法寶作用，發揮中國新型政黨制度優勢，支持統一戰線廣大成員結合自身特點參與和支持改革，動員全體中華兒女圍繞進一步全面深化改革、推進中國式現代化一起來想、一起來幹。總之，要把發揚民主、彙集眾智眾力貫穿於進一步全面深化改革全過程，形成全黨全國各族人民、全體中華兒女共同推進改革的生動局面。

深入學習貫徹習近平總書記關於全面深化改革的一系列新思想、新觀點、新論斷

穆　虹

　　黨的二十屆三中全會通過的《中共中央關於進一步全面深化改革、推進中國式現代化的決定》提出進一步全面深化改革的指導思想，"習近平總書記關於全面深化改革的一系列新思想、新觀點、新論斷"是其中最重要的內容。黨的十八屆三中全會以來，習近平總書記親自領導、親自部署、親自推動全面深化改革工作，科學總結歷史經驗，深刻把握改革規律，運用馬克思主義的立場觀點方法，創造性提出一系列新思想、新觀點、新論斷，明確回答了新時代為什麼要全面深化改革、怎樣推進全面深化改革等重大問題，構成習近平新時代中國特色社會主義思想最為豐富、最為生動、最富創意的組成部分。深入學習貫徹好這些新思想、新觀點、新論斷，對於統一全黨全國各族人民思想和行動，以更加奮發有為精神狀態推進進一步全面深化改革，具有重大現實意義和深遠歷史意義。

一、　堅持黨中央集中統一領導，是全面深化改革的根本保證

　　習近平總書記旗幟鮮明指出，"全面深化改革必須加強和改善黨的領導，充分發揮黨總攬全局、協調各方的領導核心作用"，"堅決維護中央權威，保證政令暢通，堅定不移實現中央改革決策部署"。改革開放40多年偉大實踐深刻揭示，正是因為始終堅持黨的領導，我們才能實現偉大歷史轉折、開啟改革開放新時期和中華民族偉大復興新征程，才能成功應對一

系列重大風險挑戰、克服無數艱難險阻，才能確保全黨全國在改革開放問題上統一思想、統一意志、統一行動。黨的十八屆三中全會以來，以習近平同志為核心的黨中央成立全面深化改革領導機構，自上而下形成黨領導改革工作體制機制，對全面深化改革作出一系列重大戰略部署。習近平總書記以非凡的政治氣魄和強烈的歷史擔當，親力親為謀劃指導改革的總體設計、統籌協調、整體推進，為改革提供了最堅強有力的領導保障。新時代全面深化改革取得歷史性、革命性、開創性成就，充分證明“兩個確立”和“兩個維護”的極端重要性，充分顯示了以習近平同志為核心的黨中央把方向、謀大局、定政策、促改革的領導核心作用。

二、 堅定不移走中國特色社會主義道路，確保改革開放沿著正確方向前進

習近平總書記明確提出，“我們的改革開放是有方向、有立場、有原則的”，“我們的改革是在中國特色社會主義道路上不斷前進的改革，既不走封閉僵化的老路，也不走改旗易幟的邪路”。方向決定前途，道路決定命運。習近平總書記強調，我國是一個大國，決不能在根本性問題上出現顛覆性錯誤。全面深化改革總目標是完善和發展中國特色社會主義制度、推進國家治理體系和治理能力現代化。我們的方向就是不斷推動社會主義制度自我完善和發展，而不是對社會主義制度改弦易張。守正創新是改革的本質要求，要有道不變、志不改的強大定力，始終堅持正確政治方向。這些重要論述，有力回答了改革舉什麼旗、走什麼路、向什麼目標前進等根本性問題。黨的十八大以來，以習近平同志為核心的黨中央始終以全面深化改革總目標為引領，披荊斬棘、勇往直前，牢牢把握改革開放前進方向，該改的、能改的堅決改，不該改的、不能改的堅決不改，不動搖、不偏軌、不折騰、不停頓，確保改革開放事業行穩致遠。

三、 勇於開拓創新，為中國式現代化建設提供不竭動力

　　習近平總書記強調："改革開放是決定當代中國命運的關鍵一招，也是決定實現'兩個一百年'奮鬥目標、實現中華民族偉大復興的關鍵一招。"沒有改革開放，就沒有中國的今天，也就沒有中國的明天。習近平總書記深刻指出，創新是一個國家、一個民族發展進步的不竭動力。黨的十一屆三中全會是劃時代的，開啟了改革開放和社會主義現代化建設歷史新時期。黨的十八屆三中全會也是劃時代的，開啟了全面深化改革、系統整體設計推進改革新征程，開創了我國改革開放全新局面。中國式現代化是在改革開放中不斷推進的，也必將在改革開放中開闢廣闊前景。這些重要論述，深刻闡明了全面深化改革所處的歷史方位和重大作用。新征程上，必須牢記"堅持開拓創新"這一建黨百年的寶貴歷史經驗，緊緊圍繞全面建設社會主義現代化國家目標任務，深入推進改革創新，堅定不移擴大開放，為中國式現代化建設提供更完善的制度保證、更強大的能力支撐、更強勁的動力源泉。

四、 牢固樹立以人民為中心的價值取向，尊重人民主體地位和首創精神

　　習近平總書記深刻指出："為了人民而改革，改革才有意義；依靠人民而改革，改革才有動力。"人民是歷史的創造者，是推動改革開放的主體力量。習近平總書記強調，全面深化改革必須以促進社會公平正義、增進人民福祉為出發點和落腳點，從人民整體利益、根本利益、長遠利益出發謀劃和推進改革，多推出一些民生所急、民心所向的改革舉措，多辦一些惠民生、暖民心、順民意的實事，做到老百姓關心什麼、期盼什麼，改革就要抓住什麼、推進什麼。這些重要論述，體現了我們黨全心全意為人

民服務的根本宗旨，彰顯了全面深化改革的價值取向。黨的十八大以來，全面深化改革從解決群眾最關心最直接最現實的利益問題切入，深入推進收入分配、就業、教育、社會保障、醫藥衛生、養老託幼、基層治理等民生領域改革，發揮群眾首創精神，注重總結推廣農村綜合改革、河長制、林長制、"三明醫改"、"最多跑一次"、新時代"楓橋經驗"等基層經驗，著力用改革的方法解決人民群眾急難愁盼問題，以人民群眾的獲得感、幸福感、安全感作為改革成效的重要檢驗，始終做到改革為了人民、改革依靠人民、改革成果由人民共享，不斷滿足人民對美好生活新期待。

五、 突出問題導向，著力破除深層次體制機制障礙

習近平總書記鮮明提出："改革是由問題倒逼而產生，又在不斷解決問題中得以深化。"當今世界百年未有之大變局加速演進，我國社會主要矛盾已轉化為人民日益增長的美好生活需要和不平衡不充分的發展之間的矛盾。習近平總書記強調，改革開放越往縱深發展，發展中的問題和發展後的問題、一般矛盾和深層次矛盾、有待完成的任務和新提出的任務越交織疊加、錯綜複雜，改革開放中的矛盾只能用改革開放的辦法來解決。要敢於啃硬骨頭，敢於涉險灘，敢於向積存多年的頑瘴痼疾開刀，著力解決推進中國式現代化需要破解的重大體制機制問題。這些重要論述，體現了全面深化改革奔著現實問題去、盯著突出問題改的鮮明導向。黨的十八大以來，全面深化改革順應國內外形勢發展變化，聚焦制約高質量發展的突出矛盾和問題，堅持把解決重大體制機制問題放在突出位置，攻堅克難，破障闖關，各領域基礎性制度框架基本建立，兩輪黨和國家機構改革力度前所未有，許多領域實現歷史性變革、系統性重塑、整體性重構，改革不斷向廣度和深度進軍。

六、 進一步解放思想，不斷推進理論創新、實踐創新、制度創新

習近平總書記指出："沒有解放思想，我們黨就不可能在實踐中不斷推進理論創新和實踐創新，有效化解前進道路上的各種風險挑戰，把改革開放不斷推向前進，始終走在時代前列。"習近平總書記強調，實現社會主義現代化，實現中華民族偉大復興，最根本最緊迫的任務還是進一步解放和發展社會生產力。解放思想是前提，是解放和發展社會生產力、解放和增強社會活力的總開關。這些重要論述，是我們黨對以思想引領變革、以改革促進發展、以創新激發活力的改革開放歷史經驗的深刻總結，是馬克思主義關於生產關係適應生產力發展、上層建築適應經濟基礎變化基本原理的中國化時代化運用。黨的十八大以來，我們黨以習近平新時代中國特色社會主義思想為指導，堅持以經濟建設為中心，抓住深化經濟體制改革這個"牛鼻子"，把高質量發展作為新時代的硬道理；堅持社會主義市場經濟改革方向，充分發揮市場在資源配置中的決定性作用，更好發揮政府作用，處理好政府和市場關係；堅持"兩個毫不動搖"，鞏固完善社會主義基本經濟制度，兼顧效率和公平、活力和秩序。適應我國社會主要矛盾變化、新一輪科技革命和產業變革，開創性提出新發展階段、新發展理念、新發展格局、新質生產力等一系列重要論斷，在新的起點上推進理論創新、實踐創新、制度創新、文化創新以及其他各方面創新，不斷打開各項事業發展新局面。

七、 沿著法治軌道推進改革，把制度優勢轉化為治理效能

習近平總書記指出，"'改革與法治如鳥之兩翼、車之兩輪'，要堅持在法治下推進改革，在改革中完善法治"，"凡屬重大改革都要於法有

據"。新時代改革開放具有許多新的內涵和特點,其中很重要的一點就是制度建設分量更重。習近平總書記強調,在整個改革過程中,都要高度重視運用法治思維和法治方式,對於實踐證明行之有效的改革成果,及時上升為法律制度;實踐條件還不成熟、需要先行先試的,按照法定程序作出授權;對不適應改革要求的法律法規,及時修改或廢止。這些重要論述,深刻闡明了全面深化改革和全面依法治國相輔相成,改革決策和立法決策相銜接,是改革順利推進、改革成果及時鞏固的有效路徑。黨的十八大以來,以習近平同志為核心的黨中央突出制度建設這條主綫,通過改革和法治的相互促動,不斷完善各方面制度法規,推動中國特色社會主義制度更加成熟更加定型,國家治理體系和治理能力現代化水平明顯提高。

八、 自覺運用科學方法論,增強改革的系統性、整體性、協同性

習近平總書記指出:"改革開放是一個系統工程,必須堅持全面改革,在各項改革協同配合中推進。"全面深化改革涉及經濟社會發展各領域,任務之全面、內容之深刻、影響之廣泛前所未有。習近平總書記特別強調,注重系統性、整體性、協同性是全面深化改革的內在要求,也是推進改革的重要方法。在推進改革中,要解放思想、實事求是、與時俱進、求真務實,處理好整體推進和重點突破的關係、全局和局部的關係、頂層設計和基層探索的關係、膽子要大和步子要穩的關係、改革發展穩定的關係;處理好經濟和社會、政府和市場、效率和公平、活力和秩序、發展和安全等重大關係。這些重要論述成為指導改革實踐的重要方法論。黨的十八大以來,以習近平同志為核心的黨中央堅持全局觀念和系統思維,堅持穩中求進、破立並舉,科學謀劃改革的戰略重點、優先順序、主攻方向、工作機制、推進方式,全面深化改革從夯基壘台、立柱架樑到全面推

進、積厚成勢，再到系統集成、協同高效，推動改革全面發力、多點突破、蹄疾步穩、縱深推進。

九、 以開放促改革促發展，統籌推進深層次改革和高水平開放

習近平總書記指出："以開放促改革、促發展，是我國改革發展的成功實踐。"面對紛繁複雜的國際國內形勢，習近平總書記強調，要堅持以擴大開放促進深化改革、以深化改革促進擴大開放。堅定不移實施對外開放的基本國策、實行更加積極主動的開放戰略，堅定不移提高開放型經濟水平，建設更高水平開放型經濟新體制。這些重要論述，深刻揭示了改革和開放的內在統一性。黨的十八大以來，以習近平同志為核心的黨中央統籌國內國際兩個大局，統籌發展和安全兩件大事，堅持和平發展道路，不斷完善對外開放體制機制，推動共建"一帶一路"高質量發展，促進貿易和投資自由化便利化，佈局建設自由貿易試驗區和海南自由貿易港，高水平推進內陸開放和沿邊開放，打造市場化、法治化、國際化一流營商環境，更加注重規則、規制、管理、標準等制度型開放，推動形成更大範圍、更寬領域、更深層次對外開放格局，為經濟發展不斷拓展新空間。

十、 以黨的自我革命引領偉大社會革命，用釘釘子精神抓好改革落實

習近平總書記指出："要針對偉大社會革命實踐的新要求來謀劃黨的自我革命，用偉大社會革命發展的新成果來檢驗黨的自我革命的實際成效，努力實現以黨的自我革命引領偉大社會革命、以偉大社會革命促進黨的自我革命。"全面深化改革越向縱深推進，越要把穩方向、突出實效、全力攻堅。習近平總書記強調，堅持全面從嚴治黨，不斷提高黨的領導水

平，是改革開放取得成功的關鍵。放眼全世界，沒有哪個國家和政黨，能有這樣的政治氣魄和歷史擔當，敢於大刀闊斧、刀刃向內、自我革命，也沒有哪個國家和政黨，能在這麼短時間內推動這麼大範圍、這麼大規模、這麼大力度的改革，這是中國特色社會主義制度的鮮明特徵和顯著優勢。這些重要論述，深刻闡釋了以改革精神管黨治黨，以黨的自我革命引領偉大社會革命，已成為我們黨的歷史自覺。黨的十八大以來，以習近平同志為核心的黨中央把全面從嚴治黨要求貫穿全面深化改革工作，教育引導廣大黨員、幹部強化改革責任，保持改革銳氣，增強改革韌性，提高改革本領，堅持實事求是，反對形式主義、官僚主義，既當促進派、又當實幹家，不斷增強黨的創造力、凝聚力、戰鬥力，推動改革破浪前行。

習近平總書記關於全面深化改革的一系列新思想、新觀點、新論斷，凝結著對改革開放以來特別是新時代全面深化改革寶貴經驗的科學總結，是新時代全面深化改革理論創新、實踐創新的最新成果，必將成為新征程上指導進一步全面深化改革的強大思想武器。我們要深入學習貫徹習近平總書記關於全面深化改革的重要論述，堅持好、運用好貫穿其中的立場觀點方法，全力以赴抓好全會精神貫徹落實，把黨中央關於進一步全面深化改革的戰略部署轉化為推進中國式現代化的強大動力。

構建全國統一大市場

張國清

構建全國統一大市場，是以習近平同志為核心的黨中央從全局和戰略高度作出的重大決策。黨的二十屆三中全會通過的《中共中央關於進一步全面深化改革、推進中國式現代化的決定》（以下簡稱《決定》），進一步部署了構建全國統一大市場的重大改革舉措。我們要認真學習領會，抓好貫徹落實，加快建設高效規範、公平競爭、充分開放的全國統一大市場，為以中國式現代化全面推進強國建設、民族復興偉業提供有力支撐。

一、 深刻認識構建全國統一大市場的重大意義

市場是全球最稀缺的資源。擁有超大規模且極具增長潛力的市場，是我國發展的巨大優勢和應對變局的堅實依託。黨的十八大以來，習近平總書記多次對建設全國統一大市場作出重要指示，黨的十八屆三中全會、十九大和十九屆五中全會均作出相應部署。2022年3月中共中央、國務院印發《關於加快建設全國統一大市場的意見》，明確了總體要求、主要目標和重點任務。黨的二十大進一步強調要構建全國統一大市場。各地區各部門貫徹落實黨中央、國務院決策部署，積極推進全國統一大市場建設，取得明顯成效，產權保護、市場准入、公平競爭、社會信用等市場經濟基礎制度加快健全，市場設施互聯互通不斷加強，要素資源流動更加順暢，商品服務市場統一邁向更高水平，一批妨礙統一大市場和公平競爭的突出問題得到糾治，市場監管效能持續提升，市場規模效應日益顯現。同時，

仍面臨一些領域制度規則不完善、要素市場發育相對滯後、地方保護和市場分割屢禁不止等問題，亟待通過深化改革，全面推動我國市場由大到強轉變。

（一）構建全國統一大市場是構建高水平社會主義市場經濟體制的內在要求。習近平總書記指出，在社會主義條件下發展市場經濟，是我們黨的一個偉大創舉。社會主義市場經濟必須堅持充分發揮市場在資源配置中的決定性作用，更好發揮政府作用，而市場機制的有效性與市場的規模和統一性密切相關。只有構建全國統一大市場，實現准入暢通、規則一致、設施聯通和監管協同，才能擴大市場規模容量，在更大範圍內深化分工協作、促進充分競爭、降低交易成本，提高市場配置資源的效率，為建設高標準市場體系、構建高水平社會主義市場經濟體制夯實基礎。

（二）構建全國統一大市場是構建新發展格局的基礎支撐。習近平總書記強調，加快構建新發展格局，是立足實現第二個百年奮鬥目標、統籌發展和安全作出的戰略決策，是把握未來發展主動權的戰略部署。構建新發展格局關鍵在於經濟循環的暢通無阻，要求各種生產要素的組合在生產、分配、流通、消費各環節有機銜接、循環流轉。暢通國內大循環，必須構建全國統一大市場，破除地方保護和市場分割，打通制約經濟循環的關鍵堵點，促進商品要素資源在更大範圍內順暢流動。強大國內市場的形成與發展，能保持和增強對全球要素資源的吸引力，更好聯通國內國際市場，實現國內國際雙循環相互促進。

（三）構建全國統一大市場是推動高質量發展的重要保障。習近平總書記強調，高質量發展是全面建設社會主義現代化國家的首要任務。推動高質量發展，需要健全與之相適應的市場體系和制度環境。構建全國統一大市場，有利於發揮市場機制優勝劣汰功能，讓更高質量的商品和服務脫穎而出；有利於發揮市場規模效應和集聚效應，提升經濟運行整體效率；有利於發揮超大規模市場具有豐富應用場景和放大創新收益的優勢，服務推進高水平科技自立自強、發展新質生產力。當前我國經濟面臨有效需求不足等突出矛盾，構建全國統一大市場有利於拓展內需空間，激發市場活力，鞏固和增強經濟向好態勢。

二、 準確把握構建全國統一大市場的基本要求

構建全國統一大市場是一項複雜的系統工程，必須堅持以習近平新時代中國特色社會主義思想為指導，運用好貫穿其中的立場觀點方法。特別是要把握好以下幾點。

（一）必須堅持和加強黨的全面領導。堅持和加強黨的全面領導是改革取得成功的根本保證。構建全國統一大市場，既需要在完善制度規則、健全市場體系、創新監管治理等方面攻堅克難，也涉及央地之間、地方之間、政企之間關係的深刻調整，同時還面臨區域差異、城鄉差異、行業差異等客觀實際。必須把黨的全面領導和黨中央集中統一領導貫穿到統一大市場建設各方面全過程，充分發揮黨總攬全局、協調各方的領導核心作用，不斷提高政策統一性、規則一致性、執行協同性，確保統一大市場建設始終沿著正確方向前進、實現黨中央戰略意圖。

（二）必須發揮好政府和市場“兩隻手”作用。處理好政府和市場的關係，是經濟體制改革的核心問題。構建全國統一大市場，需要市場和政府協同發力。要科學界定政府和市場的邊界，推動有效市場和有為政府更好結合，既“放得活”又“管得住”。要持續轉變政府職能，規範政府行為，強化競爭政策的基礎地位，防止不當行政干預，充分發揮市場在資源配置中的決定性作用，更好發揮政府作用。要堅持市場化法治化國際化原則，著力營造穩定公平透明可預期的營商環境，充分激發經營主體活力。

（三）必須調動中央和地方“兩個積極性”。構建全國統一大市場，要堅持全國一盤棋，處理好整體和局部的關係。中央層面要不斷完善全國統

一大市場基礎制度，規範無序競爭，同時推動解決財稅體制、統計核算、政績考核等深層次矛盾，健全適應全國統一大市場建設的長效體制機制。各地區要找準在全國統一大市場中的定位作用和比較優勢，主動服務和融入新發展格局，防止各自為政、畫地為牢，避免搞封閉小市場、自我小循環。

（四）必須推進高水平對外開放。我國經濟已經深度融入世界經濟。全國統一大市場絕不是關起門來封閉運行的大市場，而是面向全球、充分開放的大市場。構建全國統一大市場，既要著力打通阻礙國內大循環暢通的梗阻、加快建設高標準市場體系，也要積極推動制度型開放，主動對接國際高標準經貿規則，深化相關領域改革，打造國際一流營商環境，擴大統一大市場的影響力和輻射力，更好利用國內國際兩個市場、兩種資源。

三、扎實落實構建全國統一大市場的重點任務

構建全國統一大市場涉及方方面面，要突出問題導向、目標導向，堅持標本兼治、長短結合、系統推進、重點突破，把有利於統一大市場建設的各種制度規則"立起來"，把不利於統一大市場建設的各種障礙掣肘"破除掉"，在推動市場基礎制度規則統一、市場監管公平統一、市場設施高標準聯通等方面不斷取得新進展新成效。要按照《決定》部署，重點抓好以下幾個方面。

（一）規範不當市場競爭和市場干預行為。公平競爭是市場經濟的基本原則和建設全國統一大市場的客觀要求，《決定》強調要清理和廢除妨礙全國統一市場和公平競爭的各種規定和做法。**要加強公平競爭審查剛性約束**，落實自 2024 年 8 月 1 日起施行的《公平競爭審查條例》，細化審查規則，統一審查標準，統籌開展"增量"新政策和"存量"政策審查，著力糾治限制企業遷移等突出問題，全面清理資質認定等各種顯性隱性進

入壁壘。**要強化反壟斷和反不正當競爭**，在完善市場壟斷和不正當競爭行為認定法律規則的同時，健全預防和制止濫用行政權力排除、限制競爭制度，穩步推進自然壟斷行業改革，全面加強競爭執法司法。**要規範地方招商引資法規制度**，明確並嚴格執行財政獎補、稅收返還、出讓土地等方面優惠政策實施界限，嚴禁違法違規給予政策優惠行為，推動各地招商引資從比拚優惠政策搞"政策窪地"向比拚營商環境創"改革高地"轉變，防止內卷式惡性競爭。**要規範招投標市場**，完善招投標制度規則，及時廢止所有制歧視、行業壁壘、地方保護等不合理限制，建立健全統一規範、信息共享的招投標和政府、事業單位、國有企業採購等公共資源交易平台體系，實施項目全流程公開管理，對各類經營主體一視同仁、平等對待。

（二）**強化統一的市場監管**。針對監管規則不完善、執法尺度不一致、監管能力不匹配等問題，《決定》強調要提升市場綜合監管能力和水平。要加強市場監管標準化規範化建設，明確市場監管領域基礎性、通用性監管規則，強化新經濟、新業態監管制度供給；完善市場監管行政處罰裁量基準，統一執法標準和程序，減少自由裁量權，促進公平公正執法；統籌監管力量和執法資源，夯實基層基礎，創新監管方式，推進跨部門跨區域協同聯動執法，一體推進法治監管、信用監管和智慧監管，增強監管穿透力。標準是經濟活動的技術支撐，《決定》強調要健全國家標準體系。要適應高質量發展要求，推動標準提檔升級，優化標準供給結構，提升標準質量水平，提高我國標準與國際標準的一致性程度，增強我國標準的國際影響力和話語權，更好發揮標準引領作用。對涉及人民群眾生命安全的重點產品，要加快強制性國家標準的制定和修訂，強化標準實施應用。要深化地方標準管理制度改革，規範地方標準制定管理，防止利用地方標準實施妨礙商品服務和要素資源自由流通的行為。

（三）**完善要素市場制度和規則**。要素市場是整個市場體系的基礎，《決定》強調要推動生產要素暢通流動、各類資源高效配置、市場潛力充分釋放。重點是要深化要素市場化改革，破除阻礙要素流動的體制機制障礙，引導資源要素向先進生產力集聚。要健全統一高效的要素市場體系，構建城鄉統一的建設用地市場，在符合規劃、用途管制和依法取得前提下，穩妥有序推進農村集體經營性建設用地與國有建設用地同等入市、同權同價；完善促進資本市場規範發展的基礎制度，促進金融更好服務實體經濟，降低實體經濟融資成本；培育全國一體化技術和數據市場，推動區域或行業技術交易機構互聯互通，健全數據資源產權、交易流通、跨境傳輸和安全等基礎制度和標準規範。要完善主要由市場供求關係決定要素價格機制，把政府定價嚴格限定在自然壟斷經營、重要公用事業等必要範圍內，防止政府對價格形成不當干預。健全勞動、資本、土地、知識、技術、管理、數據等生產要素由市場評價貢獻、按貢獻決定報酬的機制。推進水、能源、交通等領域價格改革，綜合考慮生產成本、社會可承受能力等因素，優化居民階梯水價、電價、氣價制度，完善成品油定價機制，理順價格關係，增強價格彈性，促進資源節約和高效利用。

（四）完善流通體制。流通是經濟循環的"血脈"，《決定》對此從技術支撐、規則標準、物流成本和能源管理等方面作出部署。要加快發展物聯網，順應數字技術廣泛應用促進萬物互聯趨勢，推動流通基礎設施數字化改造升級，大力發展流通新業態新模式，提升貨物倉儲、周轉、配載效率，提升流通體系敏捷化、智能化水平。要健全一體銜接的流通規則和標準，強化商貿物流、電子商務、農產品流通等重點領域標準制定和修訂，推進"一單制"等適應多式聯運一體化運作的規則協調和互認機制，解決物流數據不互通、單證不統一等跨區域流通障礙。要降低全社會物流成本，深化綜合交通運輸體系改革，優化運輸結構，打通"公轉鐵"、內河航運、多式聯運、國際物流等堵點卡點，推動社會物流總費用佔國內生產總值比重持續下降。要深化能源管理體制改革，加快能源市場體系建設，進一步放寬市場准入門檻，根據不同行業特點逐步實行網運分開；建設全國統一電力市場，推動跨省跨區電力市場化交易，完善電力中長期、現貨、輔助服務交易有機銜接機制；優化油氣管網運行調度機制，促進油氣高效靈活調運。

（五）加快培育完整內需體系。構建全國統一大市場，必須把超大規模市場優勢和巨大內需潛力充分激發出來。《決定》從投資和消費兩個方面提出了改革舉措，有利於擴大有效益的投資、激發有潛能的消費。**要完善促進投資體制機制**，統籌用好各類政府性資金，規範實施政府和社會資本合作新機制，建立政府投資支持基礎性、公益性、長遠性重大項目建設長效機制，健全政府投資有效帶動社會投資體制機制，充分釋放放大效應；深化投資審批制度改革，持續破除民間投資各類准入壁壘，圍繞"高效辦成一件事"優化投資項目審批流程、提高審批效率，加強重大項目協調服務和用地、用海等要素保障，完善激發社會資本投資活力和促進投資落地機制，形成市場主導的有效投資內生增長機制。**要完善擴大消費長效機制**，從增加收入、促進就業、擴大優質供給和改善消費環境等方面綜合施策，促進消費持續穩定增長；對住房、汽車等部分領域存在的限制性措施，要因地制宜優化調整，缺乏合理性的及時清理取消；圍繞教育、醫療、養老、育幼等供需矛盾突出的領域，推動擴大普惠性非基本公共服務供給，合理增加公共消費。當前以發佈新品、開設首店等為代表的首發經濟成為激活消費新動能的重要形態，要因地制宜積極推進，培育壯大新型消費。

健全因地制宜發展新質生產力體制機制

何立峰

黨的二十屆三中全會要求"健全因地制宜發展新質生產力體制機制",並作出全面部署。我們要提高思想認識,強化制度保障,全面貫徹落實。

一、 深刻認識健全因地制宜發展新質生產力體制機制的重大意義

習近平總書記創造性提出"發展新質生產力",這是對馬克思主義生產力理論的創新發展,賦予習近平經濟思想新的內涵,具有重大理論和實踐意義。發展新質生產力是推動高質量發展的內在要求和重要著力點,是推進中國式現代化的重大戰略舉措,對我國經濟社會發展將產生深遠影響。

這是發揮社會主義制度優越性、推動生產力水平加快提升的必然要求。生產力決定生產關係,生產關係要與生產力發展相適應。改革開放以來,我們黨始終把解放和發展社會生產力作為根本任務,不斷完善體制機制,優化生產關係,實現了經濟實力、科技實力、綜合國力大幅躍升。黨的十八大以來,以習近平同志為核心的黨中央深化對生產力發展規律的認識,推進全面深化改革,持續促進社會生產力發展。以中國式現代化全面推進強國建設、民族復興偉業,最根本最緊迫的任務還是進一步解放和發展社會生產力,加快形成同新質生產力更相適應的生產關係,進一步彰顯社會主義制度優越性,夯實現代化建設的物質技術基礎。

這是全面貫徹新發展理念、扎實推動高質量發展的現實需要。高質量發展是新時代的硬道理。黨的十八大以來，我國經濟實力實現歷史性躍升，2023 年國內生產總值超過 126 萬億元人民幣、人均國內生產總值 1.27 萬美元，位居中等收入國家前列。同時要看到，我國發展不平衡不充分問題仍然突出，科技創新能力還不強，收入分配差距仍然較大，資源環境約束趨緊，傳統生產力和增長模式的局限性日益凸顯。新質生產力由新發展理念引領，代表生產力前進方向。必須以科技創新驅動生產力迭代升級，以新質生產力賦能產業深度轉型升級，持續形成經濟高質量發展新動能新空間。

　　這是適應新一輪科技革命和產業變革趨勢、贏得發展主動權的時代要求。當前，全球科技創新進入空前密集活躍的時期，新一代信息技術、生物科技、新材料、新能源等廣泛滲透，重構全球創新版圖，影響大國競爭格局。世界主要國家都在大力發展新興產業和未來產業，搶佔新一輪科技革命和產業變革制高點。同時，經濟全球化遭遇逆流，美國等西方國家不遺餘力對我打壓遏制，力圖同我 "脫鉤斷鏈"。要從大歷史、大宏觀、大格局的高度，認識抓住這一輪科技革命和產業變革帶來生產力躍升機遇的極端重要性緊迫性，推動我國科技和產業發展由 "跟隨者" 向 "引領者" 的重大轉變，有力支撐強國建設、民族復興偉業。

二、 健全因地制宜發展新質生產力體制機制的主要任務

　　構建同新質生產力更相適應的生產關係，涉及經濟、社會、思想變革，改變人們生產、生活、思維方式，需要推進創新性、深層次、系統性改革。當前和今後一個時期，圍繞加快形成同發展新質生產力更相適應的生產關係，要重點在以下方面著力。

　　（一）健全傳統產業優化升級體制機制。傳統產業優化升級是形成新

質生產力的重要支撐和途徑。經過長期發展，我國傳統產業在規模體量、結構體系、技術水平、國際市場佔有率等方面取得顯著成效。但也要看到，我國傳統產業存在"大而不強"、"全而不精"，部分領域"產能冗餘"等問題，要通過深化改革，讓傳統產業"煥發新機"，使傳統產業所蘊含的新質生產力有效釋放。**一是支持用數智技術改造提升傳統產業。**健全支持引導企業開展技術改造的有效機制，鼓勵面向傳統製造業重點領域開展共性技術研究，加快推動數智技術在傳統產業的產業化應用示範。**二是支持用綠色技術改造提升傳統產業。**加快綠色科技創新和先進綠色技術推廣應用，持續優化支持綠色低碳發展的經濟政策工具箱，全方位、全過程發展綠色生產力。**三是以國家標準提升引領傳統產業優化升級。**截至 2023 年底，我國現有國家標準 4.4 萬餘項，要修訂一批技術、安全、能耗、排放等關鍵核心國家標準，強化制度約束和標準引領，促進技術改造、消費提質和循環暢通。

（二）強化推動高水平科技自立自強體制機制。科技創新對生產力的質態和產業變革具有決定性影響。黨的十八大以來，我國科技創新能力顯著增強，實現了從跟跑逐步向並跑、領跑的轉變，在全球創新指數排名中由 2012 年的第 34 位上升至 2023 年的第 12 位。也要看到，我國科技創新能力同世界先進水平仍有差距，一些關鍵核心技術仍然受制於人。要瞄準世界科技前沿，發揮集中力量辦大事的制度優勢，推進新質生產力發展。**一是推動領跑領域持續發展，鞏固擴大優勢地位。**提高科技支出用於基礎研究比重，加大對基礎學科和交叉學科的長期穩定支持，強化"從 0 到 1"的原創導向，實施一批前瞻性、戰略性重大科技項目，加強前沿引領技術供給。**二是推動並跑領域加力發展，提升創新能力。**發揮我國超大規模市場和產業體系化配套優勢，系統推進科技創新、規模化應用和產業化發展，加速規模擴容和技術升級迭代。**三是推動跟跑領域加速發展，力求迎頭趕上。**打好關鍵核心技術攻關戰，推進技術攻關、成果應用全鏈條突圍，以自主可控的創新鏈保障安全穩定的產業鏈供應鏈。同時，要注重以顛覆性技術創新實現"彎道超車"，推動在更多領域實現並跑甚至領跑。

（三）完善推動戰略性產業發展政策和治理體系。戰略性新興產業知識技術密集、成長潛力大、綜合效益好，對經濟社會全局和長遠發展具有引領帶動作用，是形成新質生產力的主陣地。近年來，我國戰略性新興產業蓬勃發展，其增加值佔國內生產總值比重從 2014 年的 7.6% 上升至 2023 年的 13% 以上。也要看到，我國戰略性新興產業存在關鍵核心技術基礎薄弱、區域產業同質化佈局、產業急需人才缺乏等問題，需要加以解決。一是著力提升產業基礎能力。堅定不移鍛造長板、補齊短板，圍繞核心基礎零部件和元器件、關鍵基礎材料、先進基礎工藝、產業技術基礎等重點突破。二是推進戰略性新興產業融合集群生態化發展。深入推進國家戰略性新興產業集群發展，構建產業集群梯次發展體系，重點領域培育一批各具特色、優勢互補、結構合理的戰略性新興產業集群。三是引導新興產業健康有序發展。優化產業區域佈局，著力破除各種形式的地方保護和市場分割，規範地方招商引資法規制度。持續擴大市場空間，推動更多新興產業發展壯大為支柱產業。

（四）建立未來產業投入增長機制。未來產業由前沿科技創新驅動，當下處於萌芽時期或產業化初期，未來具有巨大發展潛力，是全球創新版圖和經濟格局變遷中最活躍的力量。當前，面對世界主要國家激烈競爭，我國未來產業發展面臨"不進則退，慢進亦退"的局面。要開闢量子技術、生命科學等未來產業新賽道，建立未來產業投入增長機制。一是加強前瞻性、引領性佈局。把握未來產業孵化具有高不確定性、發展具有高成長性、技術具有多路綫迭代性等特點，加強前瞻謀劃和政策引導，構建創新策源、轉化孵化、應用牽引、生態營造的產業培育鏈條。二是增加源頭技術供給。加強前沿引領技術、顛覆性技術創新，從制度上落實企業在創新決策、研發投入、科研組織、成果轉化中的主體地位。三是加強新領域新賽道制度供給。探索建立包容審慎的新產業新業態新模式適應性監管體系，支持企業特別是廣大中小企業大膽探索試錯。支持地方開展未來產業相關改革和政策先行先試。

（五）健全促進各類先進生產要素向發展新質生產力集聚體制機制。發展新質生產力，有賴於各類生產要素質量提升和配置效率改進。要改革創新生產要素配置方式，促進勞動、資本、土地、知識、技術、管理、數據等生產要素向發展新質生產力集聚。一是弘揚企業家精神。愛護和支持優秀企業家，有效激發企業家在資源要素配置中的創造性主動性，發現新市場、開發新產品、應用新技術、實現新組合，支持各種所有制企業共同推動新質生產力發展。二是深化勞動力和人才發展管理體制改革。完善人才培養、引進、使用、評價、流動的工作機制，加強創新型、技能型人才培養。加快暢通勞動力和人才社會性流動渠道，打通高校、科研院所和企業人才交流通道。三是健全科技金融體制。完善與科技創新、產業發展全生命週期各階段特點相適應的多元化“接力式”金融服務，鼓勵和規範發展天使投資、風險投資、私募股權投資。四是大力促進先進適用技術向新質生產力轉化。深化科技成果轉化機制改革，加強技術經理人隊伍建設，允許科技人員在科技成果轉化收益分配上有更大自主權。五是優化土地管理制度。優先保障主導產業、重大項目合理用地，使優勢地區有更大發展空間。推動土地混合開發利用、用途合理轉換。制定工商業用地使用權延期和到期後續期政策。推進合理有序用海、用空。六是完善資源環境要素市場化配置體系。建立健全碳排放權、用能權、用水權、排污權等資源環境要素市場化配置機制，深化能源管理體制改革，引導各類資源環境要素向綠色生產力集聚。

（六）健全促進實體經濟和數字經濟深度融合制度。近年來，數字經濟發展速度之快、滲透範圍之廣、影響程度之深前所未有。我國數字經濟規模已連續多年位居世界第二，數字經濟核心產業規模快速增長，其增加值佔國內生產總值比重 10% 左右。下一步，一是加強新型基礎設施建設應用。加快構建高速泛在、天地一體、雲網融合、智能敏捷的新型基礎設施，推動工業互聯網創新發展。建設和運營國家數據基礎設施，促進數據共享。二是加快新一代信息技術全方位全鏈條普及應用。人工智能正在成為類似於歷史上蒸汽機、電力等具有廣泛而深刻影響的新的通用技術。要推動算力、算法、數據等關鍵要素創新突破，加快大模型在工業領域部署，推動通用人工智能為各行業賦能。三是打造具有國際競爭力的數字產業集群。完善促進數字產業化和產業數字化政策體系。強化大中小企業融通創新生態，鼓勵大型企業通過開放平台等多種形式，與中小企業開展合作。四是提升數據安全治理監管能力。加快建立數據產權歸屬認定、市場交易、權益分配、利益保護制度。健全平台經濟常態化監管制度。積極參與全球數字領域標準、規則制定。

三、 全面準確把握發展新質生產力的政策要求

發展新質生產力是一項長期任務和系統工程。既要有歷史耐心，又要有時不我待的緊迫感，既要系統謀劃、整體推進，又要方法得當、防止走偏。

（一）要堅守實體經濟，不能忽視或放棄傳統產業。傳統和現代、新和舊都是相對的，也是辯證的。新質生產力，強調的是質態，而非簡單的業態。發展新質生產力，不是盲目求新、以新汰舊，把傳統產業當作"低端產業"、"過時產業"簡單退出，會造成產業空心化或產業斷層。傳統產業不一定是落後產業，經過科技賦能、轉型升級，同樣也能夠孕育新產業、形成新質生產力，"老樹可以發新芽"。新質生產力也不可能憑空產生，需要實體經濟支撐和成就。

（二）要因地制宜，不能一鬨而上。新質生產力的發展理念、基本內

涵、時代特徵具有普遍性和一致性。但我國各地情況複雜多樣、發展不平衡，實踐中發展什麼產業，必須充分考慮不同區域、不同產業的實際情況，做到因地制宜、分類指導。需要根據本地的發展階段、功能定位、資源稟賦、產業基礎、科研條件等，把握好發展新質生產力的方向、路徑，有選擇、有先後、有重點地發展，不能盲目跟風，不能簡單套用單一發展模式。

（三）要穩扎穩打，不能急於求成。新質生產力的培育壯大是一個漸進的過程，不可能一蹴而就。要尊重科技創新和產業發展規律，堅持穩中求進。一些經濟基礎雄厚、科研力量強大、創新環境優越的地方，能快則快，可以加快打造成為發展新質生產力的重要陣地。條件暫不具備的地方，步子要慢一點、穩一點，穩步有序發展新質生產力，不能急躁冒進、貪大求洋，脫離實際匆忙上馬所謂"高精尖"產業。

（四）要發揮好政府和市場"兩隻手"的作用，不能越位或缺位。發展新質生產力，需要有為政府和有效市場"兩隻手"共同發力。政府可以在科學佈局、政策引導、規則制定、財稅支持等方面更好發揮作用，營造鼓勵創新、允許試錯、寬容失敗的良好氛圍，避免重複建設造成產能過剩、資源浪費。同時，市場機制是推動科技和產業創新的重要驅動力。要充分發揮市場在資源配置中的決定性作用，強化企業科技創新主體地位，使各類企業成為發展新質生產力的主力軍。

（五）要堅持開放創新，不能閉門造車。開放性是新質生產力的重要特徵，堅持開放創新是發展新質生產力的必然要求。要著力營造具有全球競爭力的開放創新生態，在全球範圍內高效引入優質資本、關鍵資源、先進技術、拔尖人才等，向我集聚、為我所用，充分利用全球創新資源、全球創新成果發展新質生產力。

構建支持全面創新體制機制

黃坤明

　　黨的二十大突出創新在現代化建設全局中的核心地位，對教育、科技、人才工作作出統籌安排、一體部署，明確提出到 2035 年建成教育強國、科技強國、人才強國的目標。黨的二十屆三中全會對統籌推進教育科技人才體制機制一體改革作出部署，並統一於構建支持全面創新體制機制。這充分體現了以習近平同志為核心的黨中央對創新本質和規律的深刻洞察，充分體現了以改革促創新促發展的鮮明導向和工作方法。要緊扣教育、科技、人才三大領域一體改革，向改革要活力要動力，讓一切創新源泉充分湧流，加快形成面向未來的創新型經濟結構和發展模式。

一、深刻認識構建支持全面創新體制機制的重要意義

　　創新決勝未來，改革關乎國運。構建支持全面創新體制機制，以改革驅動創新、以創新引領發展，對於深入實施科教興國戰略、人才強國戰略、創新驅動發展戰略，強化教育、科技、人才的基礎性、戰略性支撐作用，更好推進強國建設、民族復興偉業，具有重大現實意義和深遠歷史意義。

　　（一）構建支持全面創新體制機制，是進一步解放和發展生產力、夯實中國式現代化物質技術基礎的重要保障。生產力是人類社會發展的最終決定力量，科技是第一生產力，創新是引領發展的第一動力。中國式現代化是人類歷史上規模最大、難度最大的現代化，對物質技術基礎的要求更

高，必須創造高度發達的生產力。完成這一任務，關鍵是要推進以科技創新為核心的全面創新，大力發展新質生產力，不斷提高全要素生產率。創新質效越高，生產力水平就越高，就越能滿足人民群眾美好生活需要，推動14億多人口實現共同富裕；就越能加快發展方式綠色轉型，實現人與自然和諧共生；就越能為精神文明建設提供物質條件和實踐經驗；就越能提升我國綜合國力，更好維護國家核心利益、促進世界和平與發展。構建支持全面創新體制機制，能夠最大限度解放和激發科技作為第一生產力所蘊藏的巨大潛能，有力推動發展質量變革、效率變革、動力變革，實現生產力大發展大跨越，走出一條從科技強到產業強、經濟強、國家強的創新發展之路，以強大物質技術基礎保障中國式現代化建設行穩致遠。

（二）構建支持全面創新體制機制，是實現高水平科技自立自強、進入創新型國家前列的現實要求。實現高水平科技自立自強，是推動高質量發展的必由之路，是中國式現代化建設的關鍵；進入創新型國家前列，是基本實現社會主義現代化的重要目標。黨的十八大以來，我國科技事業取得歷史性成就、發生歷史性變革，成功進入創新型國家行列，科技實力正在從量的積累邁向質的飛躍，從點的突破邁向系統能力提升，一些前沿領域開始進入並跑、領跑階段。同時要看到，我國原始創新能力還不強，科技投入產出效益不高，關鍵核心技術"卡脖子"問題仍然比較突出。推進高水平科技自立自強，不僅是發展問題，更是生存問題。適應我國科技事業新的歷史方位、發展要求，破除制約科技創新的制度藩籬，應對科技領域重大風險挑戰，要求我們持續深化科技體制改革，走好走實中國特色自主創新道路。構建支持全面創新體制機制，完善實踐載體、制度安排、政策保障、環境營造，必將全面激發創新活力動力，推動我國科技實力加快實現質的飛躍、系統提升，以高水平科技自立自強牢牢掌握發展主動，引領我國從創新大國躍升為創新強國。

（三）構建支持全面創新體制機制，是發揮人才優勢、促進人的全面發展的本質要求。人是生產力中最活躍的因素，創新驅動實質上是人才驅動。我國有 14 億多人口，受過高等教育的達到 2.5 億，理工科畢業生規模全球最大，研發人員總量世界第一。我國有世界上規模最大的高等教育體系，能夠源源不斷培養造就大批優秀人才。人才優勢是我國發展的重大優勢，其中蘊含著無限的創新創業創造潛能。構建支持全面創新體制機制，將全面激發各領域各層次人才活力，充分釋放全社會創造潛能，實現人盡其才、才盡其用，更好把我國的教育優勢、人才優勢轉化為發展優勢、競爭優勢。推進中國式現代化，是為了實現人的全面發展。構建支持全面創新體制機制，將為創新創業創造提供更廣闊空間，創造更寬鬆環境，提供更有力支持，讓每個人在充分施展才能、成就事業理想中實現自我價值，實現自由全面發展。

（四）構建支持全面創新體制機制，是引領科技革命和產業變革浪潮、把握歷史主動的必然選擇。科技是國之利器，是牽動世界格局變動的重要力量。當前，新一輪科技革命和產業變革突飛猛進，創新活動的組織方式、實踐載體、制度安排、政策保障等面臨深刻變革。圍繞搶佔科技制高點的競爭空前激烈，這種競爭，既是力量投入的競爭，也是制度機制的競爭。我國正處於政治最穩定、經濟最繁榮、創新最活躍的時期，完全有基礎、有底氣、有信心、有能力在浩蕩浪潮中抓住機遇、勇立潮頭。要主動識變應變求變，加快構建支持全面創新體制機制，順應科學研究邊界、研究範式、技術趨勢等發展變化強化制度供給，促進增強科技創新的廣度、深度、速度、精度，奮力在日趨激烈的創新競爭中搶佔先機，在全球創新版圖和經濟格局的重塑中把握主動，在引領科技革命和產業變革中實現強國夢、復興夢。

二、牢牢把握構建支持全面創新體制機制的內在要求

創新是一個系統工程、動態過程，改革必須樹立全局觀念和系統思維，從支持全面創新的各方面、全鏈條謀劃推進，破立並舉、先立後破強化體制機制保障，提升國家創新體系整體效能。

（一）堅持有效市場、有為政府一體發力。實踐告訴我們，創新既需要市場機制推動，也需要政府前瞻佈局、政策引導，是市場"無形之手"和政府"有形之手"共同培育形成的。世界已經進入大科學時代，科技創新的組織化程度越來越高。要強化黨和國家作為重大科技創新領導者、組織者的作用，發揮社會主義集中力量辦大事的政治優勢、制度優勢，完善關鍵核心技術攻關的決策指揮體系、組織運行機制、配套政策體系，在戰略必爭領域形成競爭優勢、贏得戰略主動。市場是最好的孵化器、加速器、放大器，要用好我國超大規模市場優勢，完善"政產學研"利益共享和風險共擔機制，發揮市場對研發方向、路綫選擇、資源配置的導向作用，為各類技術提供豐富應用場景，讓多條技術路綫競爭成長，篩選出最具發展優勢、最終脫穎而出的新技術新產品新業態。

（二）堅持教育發展、科技創新、人才培養一體推進。教育、科技、人才共同服務於創新型國家建設，要"三位一體"推進改革，從體制機制上暢通教育、科技、人才的良性循環。教育領域改革要突出教育的先導性功能，圍繞成為科技創新策源地和人才培養主陣地，推動教育理念、體系、制度、評價、治理等變革，以教育之強成就人才之強，賦能科技之強。科技領域改革要突出科技的戰略性地位，圍繞制約高水平科技自立自強最緊迫的問題改革攻堅，優化資源配置，完善激勵機制，實現佈局重大科研任務和發展高質量教育、培養高層次人才的有機結合。人才領域改革要突出人才的根本性作用，圍繞激發人才創新創造活力，疏通人才引育用留的機制性梗阻，打造一支宏大的創新人才隊伍，更好支撐教育發展、創

新突破。

（三）堅持原始創新、集成創新、開放創新一體設計。我國已經是創新大國，日益走近世界科技前沿，迫切需要加強"從 0 到 1"的原始創新，掌握更多原創性、變革性、顛覆性技術，還要注重 "1 + 1 > 2" 的集成創新，形成體系化競爭優勢。基礎研究是原始創新的源頭，要在制度和政策上下功夫，有組織地推進戰略導向的體系化基礎研究、前沿導向的探索性基礎研究、市場導向的應用性基礎研究，為創新發展提供基礎理論支撐和技術源頭供給。科學技術是世界性的、時代性的，我們既要自力更生、自主創新，也要推動開放創新，融入全球創新網絡。要優化國際科技合作管理機制，完善法律法規、審查規則和監管制度，深度參與全球科技治理，共同應對重大挑戰，攜手構建全球科技共同體。

（四）堅持創新鏈、產業鏈、資金鏈、人才鏈一體貫通。創新鏈連接從技術研發到產業化的各環節，產業鏈連接從原材料到終端產品的各環節，兩者構成了四鏈基礎架構；資金鏈和人才鏈提供金融活水和智力支持，共同服務於創新鏈和產業鏈。長期以來，我國存在科研和經濟"兩張皮"的痼疾，科技創新成果難以及時有效地應用到具體產業和產業鏈上，一個重要原因就在於四鏈之間相對分割而不是相互融合。要系統梳理四鏈對接融合的堵點、卡點、斷點，科學設計有利於各鏈條各環節要素自由流動、合理配置的體制機制，建設一批應用牽引、供需匹配的四鏈深度融合載體和互聯互通服務平台，消除科技創新中的 "孤島現象"，形成你中有我、我中有你共融共生的良好生態。

三、 認真落實構建支持全面創新體制機制的重點任務

貫徹黨的二十屆三中全會對構建支持全面創新體制機制作出的具體部署，要抓住關鍵重點，強化協同聯動，推動各項改革舉措落地落實。

（一）深化教育綜合改革。堅持中國特色社會主義教育發展道路，統籌推進育人方式、辦學模式、管理體制、保障機制改革，加快推進教育現代化，辦好人民滿意的教育。**一是完善立德樹人機制。**堅持為黨育人、為國育才，健全德智體美勞全面培養體系，加強教材建設和管理，提升教師教書育人能力，推進大中小學思政課一體化改革創新，培養擔當民族復興大任的時代新人。要深化教育評價改革，構建多元主體參與、符合我國實際、具有世界水平的教育評價體系，引導教育更好聚焦立德樹人根本任務。**二是加快建設高質量教育體系。**把高質量發展作為教育的生命綫，構建各級各類教育全面協調發展的新格局。要夯實基礎教育這個根基，打牢學生的知識基礎，培養學生探索性、創新性思維品質。要做強高等教育這個龍頭，優化高等教育佈局，分類推進高校改革，加快建設中國特色、世界一流的大學和優勢學科。要加快構建現代職業教育體系，加強終身教育保障，推進數字化教育，賦能學習型社會建設。**三是改進育人方式、辦學模式。**建立科技發展、國家戰略需求牽引的學科設置調整機制和人才培養模式，推進職普融通、產教融合、科教融匯，強化科技教育和人文教育協同，完善學生學習實踐制度，切實提升人才培養質量。**四是推進教育公平。**優化區域教育資源配置，建立同人口變化相協調的基本公共教育服務供給機制；完善義務教育優質均衡推進機制，探索逐步擴大免費教育範圍；健全學前教育和特殊教育、專門教育保障機制，縮小教育的城鄉、區域、校際、群體差距，努力讓每個孩子都能享有公平而有質量的教育。

（二）深化科技體制改革。堅持面向世界科技前沿、面向經濟主戰場、面向國家重大需求、面向人民生命健康，不斷優化科技創新體制機制，加快實現高水平科技自立自強。**一是加強國家戰略科技力量建設。**以國家目標和戰略需求為導向，加快完善國家實驗室體系，優化國家科研機構、高水平研究型大學、科技領軍企業定位和佈局，科學規劃重大科技基礎設施，加強科技基礎條件自主保障。**二是構建有利於基礎研究的體制機**

制。持續加大基礎研究投入，提高科技支出用於基礎研究比重，完善競爭性支持和穩定支持相結合的基礎研究投入機制。要支持基礎研究選題多樣化，鼓勵開展高風險、高價值基礎研究，開闢新的認知疆域，孕育科學突破。**三是健全關鍵核心技術攻關體制。**關鍵核心技術要不來、買不來、討不來，要健全新型舉國體制頂層設計、戰略規劃、政策舉措、工程項目統籌協調機制，建立一體化的項目、基地、人才、資金配置機制，著力解決關係國家發展全局和長遠利益、關係人民身體健康和生命安全的重大科技問題。企業是科技創新的主體，要支持企業主動牽頭或參與國家科技攻關任務，加強企業主導的產學研深度融合，推動產業鏈上下游聯動、大中小企業融通創新。**四是完善科技成果轉移轉化機制。**科技成果的價值在於運用，要建立職務科技成果資產單列管理制度，深化職務科技成果賦權改革，鼓勵和引導高校、科研院所按照先使用後付費方式把科技成果許可給中小微企業使用，加速科技成果產出和轉化應用。要加強國家技術轉移體系建設，佈局建設一批概念驗證、中試驗證平台，培育發展技術轉移機構和技術經理人，促進創新成果與市場需求精準對接。金融在推動科技成果轉化中扮演著重要角色，要構建同科技創新相適應的科技金融體制，完善長期資本投早、投小、投長期、投硬科技的支持政策。**五是優化科技管理體制。**改進科技計劃管理，強化基礎研究領域、交叉前沿領域、重點領域前瞻性、引領性佈局。完善中央財政科技經費分配和管理使用機制，健全中央財政科技計劃執行和專業機構管理機制，擴大財政科研項目經費"包乾制"範圍，賦予科學家更大技術路綫決定權、更大經費支配權、更大資源調度權。

（三）深化人才發展體制機制改革。實施更加積極、更加開放、更加有效的人才政策，完善人才培養、使用、評價、服務、支持、激勵全鏈條體制機制，夯實創新發展的人才根基。**一是悉心育才，完善人才自主培養機制。**堅持走自主創新和人才自主培養為主的道路，加快建設國家高水平人才高地和吸引集聚人才平台，著力培養造就戰略科學家、一流科技領軍人才和創新團隊，著力培養造就卓越工程師、大國工匠、高技能人才，不斷提高人才供給自主可控能力。**二是傾心引才，構建更具國際競爭力的引才機制。**堅持全球視野、世界一流水平，完善海外引進人才支持保障機制，探索建立高技術人才移民制度，千方百計引進頂尖人才，形成具有國際競爭力的人才制度體系。要完善拴心留人機制，對引進人才充分信任、放手使用，支持他們深度參與國家計劃項目、開展科研攻關，讓人才引得進、留得住、用得好。**三是精心用才，完善符合創新規律的人才管理機制。**發揮用人主體在人才培養、引進、使用中的積極作用，向用人主體授權，積極為人才鬆綁。要建立以創新能力、質量、實效、貢獻為導向的人才評價體系，強化科研人員待遇保障，推動人才稱號回歸學術性、榮譽性本質，讓人才潛心做研究、搞創新。要完善人才有序流動機制，打通高校、科研院所和企業人才交流通道，促進人才區域合理佈局。

　　（四）構建良好創新生態。完善政策、健全法治，大力培育創新文化，持續構建有利於原創成果不斷湧現、科技成果有效轉化的創新生態，培厚支持全面創新的沃土。**一是強化政治引領。**完善黨管教育、黨管科技、黨管人才制度機制，不斷加強和改進知識分子工作，大力弘揚科學家精神，激勵廣大人才胸懷祖國、服務人民，勤奮鑽研、勇攀高峰。**二是樹立創新風尚。**健全完善創新表彰獎勵機制，形成鼓勵大膽創新、勇於創新、包容創新的良好環境。加強科研誠信建設，嚴肅整治學術不端行為，營造風清氣正的科研環境。完善科普機制，提升全民科學素質，營造熱愛科學、崇尚創新的濃厚氛圍。**三是加強法治保障。**完善創新領域法律法規，加強科技倫理治理，強化對創新活動的監管，規範創新行為，保障創新權益，推動科技向善，促進創新更好增進民生福祉。

完善城鄉融合發展體制機制

劉國中

習近平總書記指出："在現代化進程中，如何處理好工農關係、城鄉關係，在一定程度上決定著現代化的成敗。"黨的二十屆三中全會通過的《中共中央關於進一步全面深化改革、推進中國式現代化的決定》（以下簡稱《決定》），對完善城鄉融合發展體制機制作出重要戰略部署，必將對推進中國式現代化產生重大而深遠影響。我們要認真學習領會、全面貫徹落實《決定》精神，抓緊完善體制機制，深入推進城鄉融合發展。

一、深刻認識完善城鄉融合發展體制機制的重大意義

黨的十八大以來，以習近平同志為核心的黨中央堅持把解決好"三農"問題作為全黨工作的重中之重，全面打贏脫貧攻堅戰，啟動實施鄉村振興戰略，城鄉融合發展取得重大歷史性成就。新時代新征程，完善城鄉融合發展體制機制，推進鄉村全面振興，加快農業農村現代化，意義十分重大。

（一）完善城鄉融合發展體制機制是補上農業農村短板、建設農業強國的現實選擇。沒有農業農村現代化，就沒有整個國家現代化。長期以來，與快速推進的工業化、城鎮化相比，我國農業農村發展步伐有差距，"一條腿長、一條腿短"問題比較突出，農業基礎還不穩固，鄉村人才、土地、資金等要素過多流向城市的格局尚未根本改變。推進中國式現代化，不能"一邊是繁榮的城市、一邊是雕敝的農村"。必須完善城鄉融合

發展體制機制，著力破除城鄉二元結構，促進各類要素更多向鄉村流動，讓農業農村在現代化進程中不掉隊、逐步趕上來。

（二）完善城鄉融合發展體制機制是拓展現代化發展空間、推動高質量發展的迫切需要。當前，我國經濟總體呈現增長較快、結構優化、質效向好的特徵，但也面臨有效需求不足、國內大循環不夠順暢等挑戰。鄉村既是巨大的消費市場，又是巨大的要素市場，擴大國內需求，農村有巨大空間，可以大有作為。暢通工農城鄉循環，是暢通國內經濟大循環、增強我國經濟韌性和戰略縱深的重要方面，幾億農民同步邁向全面現代化，會釋放巨大的創造動能和消費潛能，為經濟社會發展注入強大動力。必須完善城鄉融合發展體制機制，釋放我國超大規模市場需求，形成需求牽引供給、供給創造需求的良性發展格局，為構建新發展格局、推動高質量發展提供強勁動力。

（三）完善城鄉融合發展體制機制是滿足人民對美好生活的嚮往、促進共同富裕的內在要求。促進共同富裕，最艱巨最繁重的任務仍然在農村，關鍵是縮小城鄉居民收入和生活水平差距。近年來，我國農村居民人均可支配收入保持穩步增長，城鄉居民收入比逐步縮小，由 2013 年的 2.81：1 下降到 2023 年的 2.39：1，但城鄉居民收入的絕對差距仍然不小，農民增收難度較大。必須完善城鄉融合發展體制機制，解放和發展農村社會生產力，拓展農民增收致富渠道，推動城鄉基本公共服務均等化，讓農村逐步具備現代化生活條件，讓農民過上更加富裕美好的生活。

二、 科學把握完善城鄉融合發展體制機制的基本遵循

城鄉融合發展是中國式現代化的必然要求，目標是促進城鄉要素平等交換、雙向流動，縮小城鄉差別，促進城鄉共同繁榮發展。要完整、準確、全面領會《決定》的部署要求，遵循客觀規律，把握重大原則，確保

改革始終沿著正確的方向推進。

（一）堅持以人民為中心的發展思想，著力解決群眾最關心最直接最現實的利益問題。完善城鄉融合發展體制機制，出發點和落腳點是讓人民生活越過越好。要尊重群眾意願，維護群眾權益，把"政府想做的"和"群眾想要的"有機統一起來，把群眾滿不滿意、答不答應作為檢驗工作成效的根本標準，不斷增強人民群眾特別是廣大農民的獲得感、幸福感、安全感。要從群眾殷切期盼中找準工作的切入點和突破口，全心全意補齊民生短板、辦好民生實事。要充分發揮農民主體作用和首創精神，調動億萬農民積極性、主動性、創造性，讓廣大農民共建共享城鄉融合發展成果。

（二）堅持農業農村優先發展，強化以工補農、以城帶鄉、協調發展。農業佔國內生產總值的比重、農村居民佔總人口的比重不斷下降，是現代化進程中經濟發展的必然趨勢，但這並不改變農業是國民經濟基礎產業和戰略產業的重要地位。在推進中國式現代化進程中，要切實把農業農村發展擺上優先位置，統籌新型工業化、新型城鎮化和鄉村全面振興，以更有力的政策舉措引導人才、資金、技術、信息等要素向農業農村流動，加快形成工農互促、城鄉互補、協調發展、共同繁榮的新型工農城鄉關係，開啟城鄉融合發展和現代化建設新局面。

（三）堅持把縣域作為重要切入點，率先在縣域內破除城鄉二元體制機制。縣域具有城鄉聯繫緊密、地域範圍適中、文化同質性強等特點，最有條件率先實現城鄉融合發展。完善城鄉融合發展體制機制，要注重發揮縣城連接城市、服務鄉村作用，提升縣城綜合承載能力，發揮縣城對人口和產業的吸納集聚能力、對縣域經濟發展的輻射帶動作用。要堅持把縣鄉村作為一個整體統籌謀劃，促進城鄉在規劃佈局、產業發展、公共服務、生態保護等方面相互融合和共同發展，實現縣鄉村功能銜接互補、資源要素優化配置。

（四）堅持穩中求進、守正創新、先立後破、系統集成，把握好工作的時度效。完善城鄉融合發展體制機制，既要遵循普遍規律、又不能墨守成規，既要借鑒國際先進經驗、又不能照抄照搬。要從我國國情出發，科學把握發展階段特徵和區域特色，充分考慮不同鄉村自然條件、區位特徵、資源優勢、文化傳統等因素差異，因地制宜、精準施策，探索符合實際、各具特色的城鄉融合發展模式路徑。要保持歷史耐心，順應自然規律、經濟規律、社會發展規律，穩妥把握改革時序、節奏和步驟。

三、 深入落實完善城鄉融合發展體制機制的各項任務

完善城鄉融合發展體制機制，是一項關係全局、關乎長遠的重大任務，將貫穿推進中國式現代化全過程。貫徹落實《決定》部署要求，需要聚焦重點、聚合力量，採取更加務實的措施辦法，確保改革有力有效推進。

（一）健全推進新型城鎮化體制機制。城鎮化是現代化的必由之路。2023 年末，我國常住人口城鎮化率為 66.16%，戶籍人口城鎮化率比常住人口城鎮化率低近 18 個百分點，涉及 2.5 億多人，其中絕大多數是農村流動人口，推進新型城鎮化建設還有很大潛力。加快農業轉移人口市民化。深化戶籍制度改革，放開放寬除個別超大城市外的落戶限制，因地制宜促進農業轉移人口舉家進城落戶。建立新增城鎮建設用地指標配置同常住人口增加協調機制，健全由政府、企業、個人共同參與的農業轉移人口市民化成本分擔機制。依法維護進城落戶農民的土地承包權、宅基地使用權、集體收益分配權，探索建立自願有償退出的辦法，消除進城落戶農民後顧之憂。推行由常住地登記戶口提供基本公共服務制度。按照常住人口規模和服務半徑統籌優化基本公共服務設施佈局，穩步提高基本公共服務保障能力和水平，推動符合條件的農業轉移人口社會保險、住房保障、隨遷子女義務教育等享有同遷入地戶籍人口同等權利，加快農業轉移人口市民

化。推進縣域城鄉公共服務一體配置，提升縣城市政公用設施建設水平和基本公共服務功能，提高鄉村基礎設施完備度、公共服務便利度、人居環境舒適度。**優化城鎮化空間佈局和形態。**健全城市規劃體系，引導大中小城市和小城鎮協調發展、集約緊湊佈局。加快轉變城市發展方式，推動形成超大特大城市智慧高效治理新體系。深化賦予特大鎮同人口和經濟規模相適應的經濟社會管理權改革。建立可持續的城市更新模式和政策法規，深化城市安全韌性提升行動。

（二）**鞏固和完善農村基本經營制度。**農村基本經營制度是黨的農村政策的基石。實踐證明，農村基本經營制度符合生產力發展規律，順應廣大農民需求，是一項符合我國國情農情的制度安排，必須始終堅持、毫不動搖。深化承包地所有權、承包權、經營權分置改革。有序推進第二輪土地承包到期後再延長 30 年試點，堅持"大穩定、小調整"，確保絕大多數農戶原有承包地繼續保持穩定。穩定農村土地承包關係，健全承包地集體所有權行使機制。**完善農業經營體系。**發展農業適度規模經營，完善承包地經營權流轉價格形成機制，促進農民合作經營。推進新型農業經營主體提質增效，推動新型農業經營主體扶持政策同帶動農戶增收掛鈎。健全便捷高效的農業社會化服務體系，創新組織形式和服務模式，擴展服務領域和輻射範圍。**發展新型農村集體經濟。**強化農村集體經濟組織管理集體資產、開發集體資源、發展集體經濟、服務集體成員等功能作用，構建產權明晰、分配合理的運行機制，賦予農民更加充分的財產權益。因地制宜探索資源發包、物業出租、居間服務、經營性財產參股等多樣化途徑發展新型農村集體經濟，提高集體經濟收入，帶動農民增收。

（三）**完善強農惠農富農支持制度。**當前，農業基礎還比較薄弱，農村發展仍然滯後，必須不斷加大強農惠農富農政策力度，確保人力投入、物力配置、財力保障等與鄉村振興目標任務相適應。**加快健全種糧農民收益保障機制。**全方位夯實糧食安全根基，推動糧食等重要農產品價格保持在合理水平，保障糧食等重要農產品穩定安全供給。統籌建立糧食產銷區省際橫向利益補償機制，在主產區利益補償上邁出實質步伐。統籌推進糧食購銷和儲備管理體制機制改革，建立監管新模式。**優化農業補貼政策體系**。堅持將農業農村作為一般公共預算優先保障領域，創新鄉村振興投融資機制。從價格、補貼、保險等方面強化農業支持保護政策，進一步提高政策精準性和有效性。發展多層次農業保險，健全政策性保險、商業性保險等農業保險產品體系，推動農業保險擴面、增品、提標，更好滿足各類農業經營主體多元化保險需求。**完善覆蓋農村人口的常態化防止返貧致貧機制**。推動防止返貧幫扶政策與農村低收入人口常態化幫扶政策銜接併軌，建立農村低收入人口和欠發達地區分層分類幫扶制度。建立以提升發展能力為導向的欠發達地區幫扶機制，促進跨區域經濟合作和融合發展。加強涉農資金項目監管，健全脫貧攻堅國家投入形成資產的長效管理機制。**引導生產要素向鄉村流動**。壯大縣域富民產業，構建多元化食物供給體系，培育鄉村新產業新業態。引導金融機構把更多金融資源配置到農村經濟社會發展的重點領域和薄弱環節，強化對信貸業務以縣域為主的金融機構貨幣政策精準支持。實施鄉村振興人才支持計劃，有序引導城市各類專業技術人才下鄉服務。運用"千萬工程"經驗，健全推動鄉村全面振興長效機制。

（四）深化土地制度改革。土地是發展的重要資源，人多地少是我國的基本國情。完善城鄉融合發展體制機制，必須毫不動搖堅持最嚴格的耕地保護制度和節約集約用地制度，優化土地利用結構，提高土地利用效率。**嚴格保護耕地**。健全耕地數量、質量、生態"三位一體"保護制度體系，改革完善耕地佔補平衡制度，各類耕地佔用納入統一管理，完善補充耕地質量驗收機制，確保達到平衡標準，堅決守住耕地紅線。加大高標準農田投入和管護力度，提高建設質量和標準，完善高標準農田建設、驗收、管理機制，確保建一塊、成一塊。健全保障耕地用於種植基本農作物管理體系，優先保障糧食等重要農產品生產。**盤活閒置土地資源**。允許農戶合法擁有的住房通過出租、入股、合作等方式盤活利用。有序推進農村集體經營性建設用地入市改革，健全土地增值收益分配機制。**優化土地管理**。健全同宏觀政策和區域發展高效銜接的土地管理制度，提高土地要素配置精準性和利用效率，優先保障主導產業、重大項目合理用地。優化城市工商業土地利用，加快發展建設用地二級市場，推動土地混合開發利用、用途合理轉換，盤活存量土地和低效用地。

健全全過程人民民主制度體系

李鴻忠

黨的二十屆三中全會通過的《中共中央關於進一步全面深化改革、推進中國式現代化的決定》（以下簡稱《決定》），聚焦發展全過程人民民主這一中國式現代化的本質要求，就健全全過程人民民主制度體系作出全面部署、提出明確要求，對於新征程上堅持和完善我國根本政治制度、基本政治制度、重要政治制度，豐富各層級民主形式，把人民當家作主具體、現實體現到國家政治生活和社會生活各方面，具有十分重要的意義。

一、深刻認識全過程人民民主的重大理論和實踐意義

黨的十八大以來，以習近平同志為核心的黨中央堅持走中國特色社會主義政治發展道路，全面發展全過程人民民主，社會主義民主政治制度化、規範化、程序化全面推進，中國特色社會主義政治制度優越性得到更好發揮，生動活潑、安定團結的政治局面得到鞏固和發展。習近平總書記堅持運用"兩個結合"，深刻把握民主政治發展規律，原創性提出了全過程人民民主重大理念，豐富和發展了馬克思主義國家學說和社會主義民主政治理論，標誌著我們黨對民主政治發展規律的認識達到新的高度。"發展全過程人民民主"納入習近平新時代中國特色社會主義思想"十個明確"的重要內容，確定為中國式現代化的本質要求之一，為推進新時代社會主義民主政治建設提供了指引和遵循。

全過程人民民主清晰表明了中國共產黨和中國人民的民主觀。習近平

總書記鮮明指出，民主是全人類的共同價值，是中國共產黨和中國人民始終不渝堅持的重要理念。對於什麼是真正的、有效的民主，習近平總書記創造性提出"八個能否"、"四個要看，四個更要看"的標準，揭示了民主真諦，廓清了民主"迷思"。以什麼樣的思路來謀劃和推進中國社會主義民主政治建設，在國家政治生活中具有管根本、管全局、管長遠的作用。習近平總書記提出我們黨始終高舉人民民主旗幟的五個基本觀點：一是人民民主是社會主義的生命，沒有民主就沒有社會主義，就沒有社會主義的現代化，就沒有中華民族偉大復興。二是人民當家作主是社會主義民主政治的本質和核心，發展社會主義民主政治就是要體現人民意志、保障人民權益、激發人民創造活力，用制度體系保證人民當家作主。三是中國特色社會主義政治發展道路是符合中國國情、保證人民當家作主的正確道路，是近代以來中國人民長期奮鬥歷史邏輯、理論邏輯、實踐邏輯的必然結果，是堅持黨的本質屬性、踐行黨的根本宗旨的必然要求。四是人民通過選舉、投票行使權利和人民內部各方面在重大決策之前進行充分協商，儘可能就共同性問題取得一致意見，是中國社會主義民主的兩種重要形式，共同構成了中國社會主義民主政治的制度特點和優勢。五是發展社會主義民主政治關鍵是要把我國社會主義民主政治的特點和優勢充分發揮出來，不斷推進社會主義民主政治制度化、規範化、程序化，為黨和國家興旺發達、長治久安提供更加完善的制度保障。習近平總書記的重要論述，彰顯了堅定的道路自信、理論自信、制度自信、文化自信，增強了全黨全國各族人民走中國特色社會主義政治發展道路的信心和定力，為人類政治文明進步作出充滿中國智慧的貢獻。

全過程人民民主集中反映了我國社會主義民主政治的本質屬性和特點優勢。全過程人民民主體現社會主義國家性質，堅持中國共產黨領導，堅持走社會主義道路，為全面建成社會主義現代化強國、實現中華民族偉大復興凝聚智慧和力量。全過程人民民主是全鏈條、全方位、全覆蓋的民主，不僅有完整的制度程序，而且有完整的參與實踐。我國實行工人階級領導的、以工農聯盟為基礎的人民民主專政的國體，實行人民代表大會制度的政體，實行中國共產黨領導的多黨合作和政治協商制度、民族區域自治制度、基層群眾自治制度等基本政治制度，鞏固和發展最廣泛的愛國統一戰線，形成了全面、廣泛、有機銜接的人民當家作主制度體系，構建了多樣、暢通、有序的民主渠道。在我國全過程人民民主實踐中，全體人民依法實行民主選舉、民主協商、民主決策、民主管理、民主監督，依法通過各種途徑和形式管理國家事務，管理經濟和文化事業，管理社會事務，把人民當家作主落實到國家政治生活和社會生活之中。全過程人民民主是最廣泛、最真實、最管用的民主，實現了過程民主和成果民主、程序民主和實質民主、直接民主和間接民主、人民民主和國家意志相統一。在黨的領導下，全體人民以國家主人翁的地位投身社會主義建設，創造了舉世矚目的經濟快速發展奇跡和社會長期穩定奇跡，人民的獲得感、幸福感、安全感不斷提升。

發展全過程人民民主必須堅定不移走中國特色社會主義政治發展道路，堅持黨的領導、人民當家作主、依法治國有機統一。黨的領導是發展全過程人民民主的根本保證，中國共產黨的領導，就是保證和支持人民當家作主。在我國政治生活中，加強黨的集中統一領導，支持人大、政府、政協和監委、法院、檢察院依法依章程履行職能、開展工作、發揮作用，這兩個方面是統一的。發展全過程人民民主，必須堅持黨總攬全局、協調各方的領導核心作用，堅決維護黨中央權威和集中統一領導，保證黨的理論、路線、方針政策和決策部署得到全面貫徹和有效執行。保證人民當家作主是全過程人民民主的本質要求。我國是人民民主專政的社會主義國家，國家一切權力屬人民。發展全過程人民民主，必須堅持以人民為中心，健全民主制度，豐富民主形式，拓寬民主渠道，確保人民享有廣泛而真實的民主權利，發揮人民群眾積極性、主動性、創造性。依法治國是黨領導人民治理國家的基本方式。全面依法治國是國家治理的一場深刻革命，根本目的是依法保障人民權益。發展全過程人民民主，必須堅持走中國特色社會主義法治道路，建設中國特色社會主義法治體系，建設社會主義法治國家，依照憲法法律推進國家各項事業和各項工作，維護社會公平正義，尊重和保障人權，實現國家各項工作法治化。

二、 堅持以制度體系保障和發展全過程人民民主

經過新中國成立 75 年來的不懈奮鬥，我們黨帶領人民建立並不斷鞏固完善包括國家根本政治制度、基本政治制度、重要政治制度在內的全過程人民民主制度體系，為實現全過程人民民主提供了可靠制度保障。

人民代表大會制度是我國的根本政治制度。我國憲法規定，中華人民共和國的一切權力屬人民；人民行使國家權力的機關是全國人民代表大會和地方各級人民代表大會。各級人大都由民主選舉產生，對人民負責、受人民監督；各級行政機關、監察機關、審判機關、檢察機關都由人大產生，對人大負責、受人大監督。從國家機關的性質、設置到職權劃分、運行，都體現了國家權力來自人民、對人民負責、為人民服務、受人民監督的價值理念。人民代表大會制度是堅持黨的領導、人民當家作主、依法治國有機統一的根本政治制度安排，保證黨領導人民依法有效治理國家。

中國共產黨領導的多黨合作和政治協商制度是我國的基本政治制度，是中國共產黨、中國人民和各民主黨派、無黨派人士的偉大政治創造，是從中國土壤中生長出來的新型政黨制度。在人民民主的共同旗幟下，中國共產黨與各民主黨派長期共存、互相監督、肝膽相照、榮辱與共。中國人民政治協商會議是實行中國共產黨領導的多黨合作和政治協商制度的重要機構。人民政協作為專門協商機構，在協商中促進廣泛團結、推進多黨合作、實踐人民民主，充分體現中國社會主義民主有事多商量、遇事多商量、做事多商量的特點和優勢。

民族區域自治制度是我國的基本政治制度，是中國特色解決民族問題的正確道路的重要內容和制度保障，在維護祖國統一、領土完整，在加強民族平等團結、促進民族地區發展、增強中華民族凝聚力、鑄牢中華民族共同體意識等方面都起到重要作用。

基層群眾自治制度是我國的基本政治制度。在黨的領導下，人民群眾在城鄉社區治理、基層公共事務和公益事業中依法自我管理、自我服務、自我教育、自我監督，依法直接行使民主權利，成為全過程人民民主的重要體現。

我國重要政治制度主要包括選舉制度、特別行政區制度、立法制度、國家機構組織制度等，這些制度由根本政治制度和基本政治制度派生而來，在國家政治生活的重要領域、重點環節中發揮重要作用。

實踐充分證明，全過程人民民主制度體系能夠有效保證人民享有更加廣泛、更加充實的權利和自由，保證人民廣泛參加國家治理和社會治理；能夠有效調節國家政治關係，發展充滿活力的政黨關係、民族關係、宗教關係、階層關係、海內外同胞關係，增強民族凝聚力，形成安定團結的政治局面；能夠集中力量辦大事，有效促進社會生產力解放和發展，促進現代化建設事業，促進人民生活質量和水平不斷提高；能夠有效維護國家獨立自主，有力維護國家主權、安全、發展利益，維護中國人民和中華民族的福祉。在新征程上，我們要毫不動搖堅持、與時俱進完善我國根本政治制度、基本政治制度、重要政治制度，進一步提高全過程人民民主制度化、規範化、程序化水平，更好把制度優勢轉化為治理效能，全面推進國家治理體系和治理能力現代化。

三、 充分發揮人民代表大會制度在實現我國全過程人民民主中的重要制度載體作用

習近平總書記指出，人民代表大會制度是實現我國全過程人民民主的

重要制度載體。這一重大論斷豐富和拓展了人民代表大會制度的科學內涵、基本特徵和本質要求，賦予人民代表大會制度建設和人大工作新的使命任務。要深入學習貫徹習近平總書記關於堅持和完善人民代表大會制度的重要思想，貫徹落實全會《決定》關於加強人民當家作主制度建設、深化立法領域改革的任務要求，堅持好、完善好、運行好人民代表大會制度，穩中求進推動人大工作高質量發展，為發展更加廣泛、更加充分、更加健全的全過程人民民主提供法治保障。

一要支持和保證人民通過人民代表大會行使國家權力。在黨的領導下，保證人民依法行使選舉權利、民主選舉產生人大代表，不斷擴大人民有序政治參與，維護人民依法享有的廣泛權利和自由，保證人民的知情權、參與權、表達權、監督權落實到人大工作各方面各環節全過程，確保黨和國家在決策、執行、監督落實各個環節都能聽到來自人民的聲音。

二要完善以憲法為核心的中國特色社會主義法律體系。堅持憲法規定、憲法原則、憲法精神全面貫徹，堅持憲法實施、憲法解釋、憲法監督系統推進，健全保證憲法全面實施制度體系，建立憲法實施情況報告制度，完善合憲性審查、備案審查制度，不斷提高憲法實施和監督水平。完善黨委領導、人大主導、政府依託、各方參與的立法工作格局，發揮人大及其常委會在立法工作中的主導作用，推進科學立法、民主立法、依法立法，切實提高立法質量。統籌立改廢釋纂，加強重點領域、新興領域、涉外領域立法，健全國家治理急需、滿足人民日益增長的美好生活需要必備、維護國家安全所急的法律制度，加快完善體現權利公平、機會公平、規則公平的法律制度，加強人權法治保障，以良法促進發展、保障善治。探索區域協同立法。堅持改革和法治相統一，確保重大改革於法有據，及時把改革成果上升為法律制度。

三要健全人大對行政機關、監察機關、審判機關、檢察機關監督制度。完善監督法及其實施機制，強化人大預算決算審查監督和國有資產管理監督、政府債務管理監督。實行正確監督、有效監督、依法監督，聚焦黨中央重大決策部署，聚焦人民群眾所思所盼所願，推動解決制約經濟社會發展的突出矛盾和問題。統籌運用法定監督方式，提升監督工作的針對性、實效性，保證憲法法律全面有效實施，保證各國家機關依法行使權力，保證人民群眾合法權益得到維護和實現。

四要健全吸納民意、彙集民智工作機制。總結新時代人民代表大會制度實踐的成果和經驗，健全人大議事規則和論證、評估、評議、聽證制度，不斷提高議事質量和效率。豐富人大代表連絡人民群眾的內容和形式，加強人大常委會同人大代表的聯繫，提高代表議案建議審議辦理質量，建好用好代表之家、代表聯絡站等聯繫群眾的平台，使發揮人大代表作用成為人民當家作主的重要體現。完善人大民主民意表達平台和載體，健全人民群眾參與立法、監督等工作機制，認真研究處理公民、組織對規範性文件提出的審查建議，建設好基層立法聯繫點，提高人大信訪工作質量和水平，做好意見吸納和反饋工作。發揮工會、共青團、婦聯等群團組織聯繫服務群眾的橋樑紐帶作用。大興調查研究，增進同人民群眾的感情，最大限度凝聚各方面共識，夯實人大工作的民意基礎。

五要加強人大及其常委會自身建設。深刻領悟"兩個確立"的決定性意義，增強"四個意識"、堅定"四個自信"、做到"兩個維護"，把各級人大及其常委會建設成為自覺堅持中國共產黨領導的政治機關、保證人民當家作主的國家權力機關、全面擔負憲法法律賦予的各項職責的工作機關、始終同人民群眾保持密切聯繫的代表機關，打造政治堅定、服務人民、尊崇法治、發揚民主、勤勉盡責的人大工作隊伍，為發展全過程人民民主作出新貢獻。

完善大統戰工作格局

石泰峰

完善大統戰工作格局，是習近平總書記關於做好新時代黨的統一戰綫工作的重要思想的重要內容，是做好新時代統戰工作的重要保障，也是進一步全面深化改革、為推進中國式現代化凝心聚力的重要舉措。黨的二十屆三中全會通過的《中共中央關於進一步全面深化改革、推進中國式現代化的決定》（以下簡稱《決定》），就完善大統戰工作格局作出重要部署，意義重大、影響深遠。

一、 深入學習領會習近平總書記關於大統戰工作格局的重要論述，切實增強貫徹落實的政治自覺、思想自覺、行動自覺

黨的十八大以來，習近平總書記從"兩個大局"的戰略高度，對構建完善大統戰工作格局作出一系列重要論述，強調人心向背、力量對比是決定黨和人民事業成敗的關鍵，是最大的政治，統戰工作的本質要求是大團結大聯合，解決的就是人心和力量問題；強調統一戰綫在維護國家主權、安全、發展利益上的作用更加重要，在圍繞中心、服務大局上的作用更加重要，在增強黨的階級基礎、擴大黨的群眾基礎上的作用更加重要；強調統戰工作是全黨的工作，必須全黨重視、大家共同來做，構建完善黨委統一領導、統戰部門牽頭協調、有關方面各負其責的大統戰工作格局；強調統戰工作是各級黨委必須做好的分內事、必須種好的責任田，各地區各部門各單位都要把凝聚人心、彙聚力量作為想問題、作決策的重要原則，增

強統戰意識，搞好分工協作；等等。這些重大的原創性論斷，深刻回答了什麼是大統戰工作格局、為什麼要完善大統戰工作格局、怎樣完善大統戰工作格局等理論和實踐問題，進一步明確了新時代統戰工作的領導力量、根本目標、重要原則、方式方法。我們要深入學習領會，充分認識完善大統戰工作格局的重大意義，不斷增強做好新時代統戰工作的責任感和使命感。

（一）完善大統戰工作格局是加強黨對統戰工作全面領導特別是黨中央集中統一領導的必然要求。習近平總書記強調：“加強新時代統一戰綫工作，根本在於堅持黨的領導，形成全黨上下一齊動手、有關方面協同聯動的工作局面。”統一戰綫包含不同黨派、不同民族、不同階層、不同群體、不同宗教信仰以及生活在不同社會制度下的各界人士，要把這麼多人團結凝聚起來，必須有一個具有強大凝聚力、影響力和號召力的堅強領導核心，必須始終堅持黨對統戰工作的全面領導特別是黨中央集中統一領導。

加強黨對統戰工作的全面領導特別是黨中央集中統一領導，首要的是堅定擁護“兩個確立”、堅決做到“兩個維護”，不折不扣貫徹落實黨中央關於統戰工作重大決策部署，把統一戰綫各方面成員緊密團結在黨的周圍。《決定》強調完善大統戰工作格局，這是新時代加強黨對統戰工作全面領導特別是黨中央集中統一領導、推動黨的意志和主張在統一戰綫各領域各方面得到堅決貫徹落實的重要制度保障，有利於更好發揮黨總攬全局、協調各方的領導核心作用，確保統一戰綫始終沿著正確政治方向前進。

（二）完善大統戰工作格局是充分發揮統一戰綫強大法寶作用、為推進中國式現代化凝心聚力的必然要求。習近平總書記強調，以中國式現代化全面推進強國建設、民族復興偉業，是新時代新征程黨和國家的中心任務。統一戰綫歷來是為黨和國家的中心任務服務的，始終是黨的事業取得勝利的重要法寶。當前，我國社會結構、階層關係、思想觀念、利益格局等發生深刻變化，特別是世界正經歷百年未有之大變局，統一戰綫面臨的時和勢、肩負的使命和任務發生了某些重大變化，為推進中國式現代化凝心聚力的任務更加艱巨繁重，更加需要發揮統一戰綫強大法寶作用。

統一戰綫成員廣泛分佈於各領域各層次，統戰工作涉及方方面面，只有各地區各部門各單位都切實肩負起團結引導黨外人士的職責任務，才能把數量龐大、構成多元的統一戰綫各方面成員凝聚起來。《決定》強調完善大統戰工作格局，是著眼新時代新征程黨的使命任務作出的重大決策部署，有利於全黨增強統戰意識、樹立統戰思維，從黨和國家事業發展全局的戰略高度認識統一戰綫、做好統戰工作，形成推進強國建設、民族復興偉業的強大合力。

（三）完善大統戰工作格局是促進"五大關係"和諧、推動新時代統戰工作高質量發展的必然要求。促進政黨關係、民族關係、宗教關係、階層關係、海內外同胞關係和諧，促進海內外中華兒女團結奮鬥，為全面建成社會主義現代化強國、實現中華民族偉大復興彙聚磅礴偉力，是新時代愛國統一戰綫基本任務的重點內容，是新時代統戰工作高質量發展的方向目標。

"五大關係"事關我國基本政治制度和基本經濟制度，都是我國政治領域和社會領域中涉及黨和國家工作全局的重大關係。其中每一個關係，都不是某一個部門能夠處理好的。只有各地區各部門各單位都高度重視，共同抓好統一戰綫各項政策和任務落實，才能增強統戰工作的系統性、整體性、協同性，推動統戰工作高質量發展，更好促進"五大關係"和諧。

二、深刻理解黨中央關於完善大統戰工作格局的政策舉措和任務要求，準確把握統戰工作領域進一步全面深化改革的著力重點

《決定》將完善大統戰工作格局作為黨和國家事業改革發展的重要舉措，既從政策舉措上對發揮統一戰綫強大法寶作用提出明確要求，又從制度機制上對統一戰綫各領域創新發展的重點任務作出重要部署，要準確理

解把握，切實貫徹落實。

（一）完善發揮統一戰綫凝聚人心、彙聚力量政治作用的政策舉措。堅持黨對統戰工作的全面領導，完善大統戰工作格局，關鍵是要扭住"責任制"這個"牛鼻子"。要健全統戰工作責任制，明確黨委（黨組）以及黨員領導幹部的統戰工作責任內容、履責方式、重點任務，建立健全統戰工作納入領導班子、領導幹部目標管理和考核體系的有效機制。要完善統戰工作領導小組運行機制，理順領導小組機制和統一戰綫各領域日常工作機制的關係。要聚焦思想政治引領主責主業，建立健全統一戰綫思想政治工作體系和長效機制，完善統一戰綫各類主題教育和政治培訓制度、同黨外人士聯誼交友和談心談話制度，賦予每項工作以凝聚人心、加強團結、增進共識的意義。

（二）堅持好、發展好、完善好中國新型政黨制度。中國共產黨領導的多黨合作和政治協商制度是從中國土壤中生長出來的新型政黨制度。堅持好、發展好、完善好中國新型政黨制度，必須始終把有利於鞏固黨的領導和執政地位作為根本前提，把加強黨的全面領導貫穿全過程，引導各民主黨派和無黨派人士在事關道路、制度、旗幟、方向等根本問題上始終同以習近平同志為核心的黨中央保持高度一致。要著眼提升中國新型政黨制度效能，完善知情明政、協商反饋機制，提高政黨協商質量，健全議政建言機制，有序開展民主監督。要支持民主黨派加強中國特色社會主義參政黨建設，推動各民主黨派健全內部監督機制，做中國共產黨的好參謀、好幫手、好同事。要加快構建中國新型政黨制度理論體系和話語體系，提升社會影響力和國際話語權。

（三）健全鑄牢中華民族共同體意識制度機制。鑄牢中華民族共同體意識是新時代黨的民族工作的主綫，也是民族地區各項工作的主綫。要構建鑄牢中華民族共同體意識宣傳教育常態化機制，納入幹部教育、黨員教育、國民教育體系。要堅持和完善民族區域自治制度，健全民族政策和法律法規體系，制定民族團結進步促進法。要加快建設互嵌式社會結構和社區環境，持續深化民族團結進步創建工作，促進各族群眾交往交流交融。要加強中華民族共同體重大問題研究，加快形成中國自主的中華民族共同體史料體系、話語體系、理論體系。

（四）系統推進我國宗教中國化，加強宗教事務治理法治化。推進我國宗教中國化是引導宗教與社會主義社會相適應的必然要求，是防範化解宗教領域風險隱患的治本之策。要引導和支持我國宗教以社會主義核心價值觀為引領，以增進宗教界人士和信教群眾對偉大祖國、中華民族、中華文化、中國共產黨、中國特色社會主義的認同為目標，促進教義教規、管理制度、禮儀習俗、行為規範等方面逐步形成中國特色，同中華優秀傳統文化相融合，與社會主義社會相適應。要堅持保護合法、制止非法、遏制極端、抵禦滲透、打擊犯罪，進一步健全宗教工作法律體系和政策框架，支持宗教界全面從嚴治教，不斷增強宗教界人士和信教群眾尊法學法守法用法意識，提高宗教工作法治化水平。要健全宗教工作體制機制，建立健全三級宗教工作網絡和兩級責任制，建立健全分級負責、屬地管理和責任追究制度。

（五）完善黨外知識分子和新的社會階層人士政治引領機制。黨外知識分子工作是統一戰線的基礎性、戰略性工作。要堅持政治引領、價值觀引領、事業引領，引導黨外知識分子自覺用黨的創新理論凝心鑄魂。要堅持信任尊重、團結引導、組織起來、發揮作用的思路，創新社會化網絡化工作方法，為新的社會階層人士成長營造良好環境。要發揮高等學校、科研院所、國有企業和文化衛生單位的重要陣地作用，推動黨外知識分子聯誼會、留學人員聯誼會、新的社會階層人士聯誼會等組織加強規範化建設，鼓勵支持黨外知識分子和新的社會階層人士在推進中國式現代化中更好施展才華抱負。

（六）健全促進非公有制經濟健康發展、非公有制經濟人士健康成長工作機制。促進"兩個健康"是重大經濟問題，也是重大政治問題。要堅持和完善社會主義基本經濟制度，不斷完善落實"兩個毫不動搖"的體制機制，制定出台民營經濟促進法，落實促進民營經濟發展壯大的相關政策措施，從制度和法律上把對國企民企平等對待的要求落下來。要深入開展理想信念教育和社會主義核心價值觀教育，不斷完善加強民營經濟人士思想政治引領的工作機制，完善綜合評價體系，更好促進民營經濟人士健康成長。要全面構建親清政商關係，建立健全政企溝通協商制度，引導規範民營經濟人士政治參與行為。要深化工商聯改革和建設，深化行業協會商會改革，推動統戰工作向商會組織有效覆蓋。

（七）完善港澳台和僑務工作機制。港澳台和僑務工作的重點是爭取人心。要堅持和完善"一國兩制"制度體系，堅定貫徹"愛國者治港"、"愛國者治澳"原則，發展壯大愛國愛港愛澳力量，形成更廣泛的國內外支持"一國兩制"的統一戰綫。要貫徹新時代黨解決台灣問題的總體方略，堅定支持島內愛國統一力量，持續推進反"獨"促統，堅定不移推進祖國統一大業。要加強和改進僑務工作，完善涉僑法律法規政策，加強海外愛國力量建設，形成共同致力中華民族偉大復興的強大力量。

（八）健全黨外代表人士隊伍建設制度。培養使用黨外代表人士是我們黨的一貫政策。要加強培養、提高素質，科學使用、發揮作用，著力培養一批同我們黨親密合作的黨外代表人士。要把黨外代表人士隊伍建設納入幹部和人才隊伍建設總體規劃，在優秀年輕幹部隊伍中統籌考慮黨外幹部。要建立健全組織部門、統戰部門協作配合機制，完善黨外人士選育管用機制，加大組織培養力度，更好發揮黨外人士作用。

三、 以釘釘子精神抓好統戰工作領域各項改革任務落實，更好發揮大統戰工作格局的優勢作用

學習貫徹黨的二十屆三中全會精神，是當前和今後一個時期的重大政

治任務。要提高政治站位，不折不扣抓好統戰工作領域各項改革任務落實，通過完善大統戰工作格局，真正把統戰工作做到黨中央的關注點上、黨和國家事業發展的關鍵點上，進一步形成全黨共同做好統戰工作的強大合力。

（一）始終堅持科學理論指導。要把深入學習貫徹《決定》精神，同深入學習貫徹習近平新時代中國特色社會主義思想特別是習近平總書記關於做好新時代黨的統一戰線工作的重要思想結合起來，深刻領會完善大統戰工作格局的重大意義、豐富內涵、實踐要求、具體舉措及其蘊含的科學領導方法、思想方法、工作方法。要加強對《決定》精神的宣傳解讀工作，引導統一戰線廣大成員切實把思想和行動統一到黨中央關於進一步全面深化改革的各項決策部署上來。

（二）切實細化實化政策舉措。要對標對錶黨中央決策部署，完善和落實黨委（黨組）統戰工作責任制，結合自身資源稟賦和工作實際，明確有關方面的統戰工作責任清單和任務清單，統籌推進改革任務落實。要加強對落實情況的監督檢查，補齊影響大統戰工作格局作用發揮的短板和弱項，推動統戰工作更好融入基層黨建和社會治理體系，提升大統戰工作格局的整體效能。

（三）努力提高統戰工作能力。要加強黨的統一戰線理論方針政策學習培訓，教育引導黨員、幹部特別是領導幹部提升統戰理論和政策素養，掌握統戰工作特點和規律，善於運用統戰資源和統戰方法，調動各種積極因素、解決各類矛盾問題，推動統戰工作與經濟社會發展各領域工作相互促進、融合發展。要提高政治判斷力、政治領悟力、政治執行力，善於從政治上分析研究、謀劃部署統戰工作，確保完善大統戰工作格局政策舉措落地落實。

完善中國特色社會主義法治體系

陳文清

全面推進依法治國的總目標是建設中國特色社會主義法治體系，建設社會主義法治國家。建設中國特色社會主義法治體系，就是要在黨的領導下，形成完備的法律規範體系、高效的法治實施體系、嚴密的法治監督體系、有力的法治保障體系，形成完善的黨內法規體系。黨的二十屆三中全會站在黨和國家事業發展全局的戰略高度，著眼以中國式現代化推進強國建設、民族復興偉業，對完善中國特色社會主義法治體系作出新的重大決策部署。我們要加快建設中國特色社會主義法治體系，更好發揮法治固根本、穩預期、利長遠的保障作用，為強國建設、民族復興偉業提供堅實法治保障。

一、 深刻認識完善中國特色社會主義法治體系的重大意義

建設中國特色社會主義法治體系，是習近平法治思想的重要內容，是全面推進依法治國的總抓手。完善中國特色社會主義法治體系，對於進一步全面深化改革、推進中國式現代化具有重大而深遠的意義。

（一）完善中國特色社會主義法治體系，是堅持和發展中國特色社會主義的內在要求。習近平總書記強調："中國特色社會主義法治體系，本質上是中國特色社會主義制度的法律表現形式。"中國特色社會主義制度是中國特色社會主義法治體系的根本制度基礎，中國特色社會主義法治體系是中國特色社會主義制度的重要組成部分。走什麼樣的法治道路、建設什麼樣的法治體系，是由一個國家的基本國情決定的。堅持和發展中國特

色社會主義，必須堅定不移走中國特色社會主義法治道路，建設中國特色社會主義法治體系，從法治上為解決黨和國家事業發展面臨的一系列問題提供制度化方案，不斷彰顯中國特色社會主義的制度優勢。

（二）完善中國特色社會主義法治體系，是在法治軌道上全面建設社會主義現代化國家的重要任務。黨的二十大報告明確提出，今後五年全面建設社會主義現代化國家的主要目標任務之一，就是"中國特色社會主義法治體系更加完善"。法治是國家治理體系和治理能力的重要依託，法治體系是國家治理體系的骨幹工程，法治是中國式現代化的重要保障。在法治軌道上全面建設社會主義現代化國家，必然要求把改革發展穩定、內政外交國防、治黨治國治軍等各方面工作納入法治軌道，以法治的理念、法治的思維、法治的程序、法治的方式開展工作，以國家各方面工作的法治化推進中國式現代化。

（三）完善中國特色社會主義法治體系，是全面推進依法治國的總抓手。習近平總書記強調："全面推進依法治國涉及很多方面，在實際工作中必須有一個總攬全局、牽引各方的總抓手，這個總抓手就是建設中國特色社會主義法治體系。"與法律體系不同，法治體系是法律制定和法治實施、監督、保障各方面的有機統一，是立法、執法、司法、守法各環節的有機統一。我們必須緊緊圍繞完善中國特色社會主義法治體系這個總抓手，堅持依法治國、依法執政、依法行政共同推進，法治國家、法治政府、法治社會一體建設，實現科學立法、嚴格執法、公正司法、全民守法，努力建設更高水平的法治中國。

二、 認真總結中國特色社會主義法治體系建設的偉大成就

黨的十八大以來，以習近平同志為核心的黨中央從堅持和發展中國特色社會主義的全局和戰略高度定位法治、佈局法治、厲行法治，將全面依

法治國納入"四個全面"戰略佈局予以有力推進，推動中國特色社會主義法治體系建設取得歷史性成就，為書寫經濟快速發展和社會長期穩定兩大奇跡新篇章提供了有力保障。

（一）形成了習近平法治思想。黨的十八大以來，我們在社會主義法治建設上取得的最重要成就，就是形成了習近平法治思想。習近平法治思想把馬克思主義法治理論同中國法治建設具體實際相結合、同中華優秀傳統法律文化相結合，具有鮮明的理論創新特質、時代特徵和民族特色，為在強國建設、民族復興新征程上推進全面依法治國提供了科學行動指南，為推動構建新型國際法治秩序、推進人類法治文明進步貢獻了中國智慧。

（二）黨對法治建設的領導更加有力。黨中央組建中央全面依法治國委員會，"建設中國特色社會主義法治體系"寫入黨章，黨領導立法、保證執法、支持司法、帶頭守法形成制度性安排。黨的十八屆四中全會和中央全面依法治國工作會議專題研究全面依法治國問題並作出全面部署，黨的十九屆四中全會對堅持和完善中國特色社會主義法治體系進行專章部署。制定《中國共產黨政法工作條例》，制定實施法治中國建設規劃和法治政府建設實施綱要、法治社會建設實施綱要，黨運用法治方式領導和治理國家能力顯著增強。

（三）中國特色社會主義法律體系日趨完善。通過憲法修正案，頒佈民法典，制定香港特別行政區維護國家安全法和維護國家安全條例，國家和社會生活各方面總體實現有法可依。截至 2024 年 6 月，我國現行有效法律 303 件、行政法規 598 件、地方性法規 1.4 萬餘件。現行有效中央黨內法規 225 部、部委黨內法規 227 部、地方黨內法規 3485 部，形成了比較完善的黨內法規體系。

（四）法治服務保障大局的作用充分彰顯。依法打擊違法犯罪活動，深入推進掃黑除惡常態化，2023 年全國群眾安全感為 98.2%，我國是公認的最安全的國家之一。制定實施黨委（黨組）國家安全責任制、維護社會穩定責任制規定，充分發揮法治防範化解重大風險的重要作用。堅持和發展新時代“楓橋經驗”，立足預防、立足調解、立足法治、立足基層，推進矛盾糾紛預防化解法治化。深入推進法治化營商環境建設，依法平等保護各類經營主體，持續激發市場活力。

（五）社會公平正義保障更為堅實。司法責任制改革全面推開，法官檢察官辦案主體地位逐步確立，85% 的人力資源集中到辦案一綫。以審判為中心的刑事訴訟制度改革深入推進，依法糾正一批重大冤錯案件，制定實施防止干預司法“三個規定”，著力解決人民群眾反映強烈的立案難、執行難等問題，執法司法質量、效率和公信力持續提升。

（六）全面依法治國總體格局基本形成。法治政府建設率先突破，行政執法體制改革深入推進，嚴格規範公正文明執法水平普遍提高。啟動實施“八五”普法規劃，人民群眾法治意識不斷增強。全面加強法治工作隊伍建設，法官、檢察官法學專業出身與本科以上學歷的比例均超過95%，律師人數十多年來由 30 萬人增至 72.5 萬人，辦成世界上規模最大的法學教育體系，每年培養輸送 10 萬餘名法治專門人才。

同時，我國法治體系建設還存在一些短板和不足，比如法治實施體系還不夠高效、法治監督體系還不夠嚴密、法治保障體系還不夠有力、涉外法治短板還比較明顯等等。推進法治體系建設，必須抓重點、強弱項、補短板，在繼續完善法律規範體系、黨內法規體系基礎上，重點加強法治實施體系、法治監督體系、法治保障體系建設，推進法律正確實施。

三、 準確把握完善中國特色社會主義法治體系的正確方向

全面推進依法治國這件大事能不能辦好，最關鍵的是方向是不是正確、政治保證是不是堅強有力。要始終以習近平法治思想為根本遵循和行動指南，站穩政治立場，堅持正確方向，確保中國特色社會主義法治體系

建設行穩致遠。

（一）堅持黨的絕對領導。黨的領導是我國社會主義法治之魂，是我國法治同西方資本主義國家法治最大的區別。實踐證明，只有中國共產黨才能擔負起領導人民推進全面依法治國的歷史使命和時代重任，只有在黨的領導下依法治國、厲行法治，人民當家作主才能充分實現，國家和社會生活法治化才能有序推進。堅持黨對全面依法治國的領導，最重要的是深刻領悟“兩個確立”的決定性意義，增強“四個意識”、堅定“四個自信”、做到“兩個維護”，不斷提高政治判斷力、政治領悟力、政治執行力，把黨的主張貫徹到依法治國全過程和各方面。

（二）堅持中國特色社會主義這個定性。中國特色社會主義法治體系，是扎根中國文化、立足中國國情、解決中國問題的法治體系，是我們黨領導中國人民在法治領域進行的偉大歷史實踐，是社會主義的而不是其他的法治體系。要牢牢把握中國特色社會主義這個定性，堅定不移走中國特色社會主義法治道路，決不能被西方錯誤思潮所誤導，決不照搬別國模式和做法，決不走西方所謂“憲政”、“三權鼎立”、“司法獨立”的路子。

（三）堅持以人民為中心。我國社會主義法治是人民的法治，西方資本主義法治是資本的法治。堅持以人民為中心，是中國特色社會主義法治區別於資本主義法治的根本所在。要始終堅持法治建設為了人民，著力解決好人民群眾最關心的公共安全問題、最關切的權益保障問題、最關注的公平正義問題，用法治保障人民美好生活。要始終堅持法治建設依靠人民，充分調動人民的積極性、主動性、創造性，拓寬人民群眾參與、表達、監督渠道，使法治建設深深扎根於人民創造性實踐中。

四、 全面落實完善中國特色社會主義法治體系的重點任務

《中共中央關於進一步全面深化改革、推進中國式現代化的決定》從

深化立法領域改革等方面，明確了完善中國特色社會主義法治體系的重點任務。我們必須全面把握，認真貫徹落實。

（一）堅持立法先行，深化立法領域改革。良法是善治之前提。要健全保證憲法全面實施制度體系，建立憲法實施情況報告制度，完善合憲性審查、備案審查制度，維護國家法制統一、尊嚴、權威。要完善黨委領導、人大主導、政府依託、各方參與的立法工作格局，統籌立改廢釋纂，不斷提高立法質量。要緊緊圍繞重點領域、新興領域、涉外領域，完善以憲法為核心的中國特色社會主義法律體系。要健全黨內法規同國家法律法規銜接協調機制，提高立法系統性、整體性、協同性、時效性。要建設全國統一的法律法規和規範性文件信息平台，推動法律統一正確實施。

（二）聚焦高效實施，深入推進依法行政。法律的生命力在於實施。要推進政府機構、職能、權限、程序、責任法定化，完善重大決策、規範性文件合法性審查機制，加強政府立法審查。要深化行政執法體制改革，完善基層綜合執法體制機制，健全行政執法監督體制機制，完善行政處罰等領域行政裁量權基準制度，推動行政執法標準跨區域銜接，完善行政處罰和刑事處罰雙向銜接制度，做到嚴格規範公正文明執法。要完善垂直管理體制和地方分級管理體制，健全垂直管理機構和地方協作配合機制，穩妥推進人口小縣機構優化，深化開發區管理制度改革，優化事業單位結構佈局。

（三）強化制約監督，健全公正執法司法體制機制。加強制約監督是實現公正的重要保障。要健全監察機關、公安機關、檢察機關、審判機關、司法行政機關各司其職，監察權、偵查權、檢察權、審判權、執行權相互配合、相互制約的體制機制，確保執法司法各環節全過程在有效制約監督下運行。要深化審判權和執行權分離改革，健全國家執行體制，切實解決執行難問題。要完善執法司法救濟保護制度，完善國家賠償制度，深化和規範司法公開，落實和完善司法責任制，推動執法司法權力規範高效行使。要完善涉及公民人身權利強制措施以及查封、扣押、凍結等強制措施的制度，推進刑事案件律師辯護全覆蓋，加強人權執法司法保障。

（四）突出標本兼治，完善推進法治社會建設機制。法治社會是構築法治國家的基礎。要深化律師制度、公證體制、仲裁制度、調解制度、司法鑒定管理體制改革，健全覆蓋城鄉的公共法律服務體系，改進法治宣傳教育，讓法治走到人民群眾身邊。要貫徹教育、感化、挽救方針，加強和改進未成年人權益保護，強化未成年人犯罪預防和治理，制定專門矯治教育規定。要完善以實踐為導向的法學院校教育培養機制，健全法學院校與法治實務部門協同育人機制，提高法治人才培養質量。

（五）注重一體推進，加強涉外法治建設。法治是國家核心競爭力的重要內容。要統籌推進國內法治和涉外法治，建立一體推進涉外立法、執法、司法、守法和法律服務、法治人才培養的工作機制。要完善涉外法律法規體系和法治實施體系，深化執法司法國際合作，更好維護國家主權、安全、發展利益。要完善涉外民事法律關係中當事人依法約定管轄、選擇適用域外法等司法審判制度，健全國際商事仲裁和調解制度，打造國際商事爭端解決優選地。要積極發展涉外法律服務，培育國際一流仲裁機構、律師事務所，為我國公民、企業走出去提供有力法治保障。

（六）抓住領導幹部這個"關鍵少數"。領導幹部是全面依法治國的重要組織者、推動者、實踐者，要貫徹落實黨中央關於全面依法治國的重大決策部署，把自己擺進去，做尊法學法守法用法的模範。要提高運用法治思維和法治方式深化改革、推動發展、化解矛盾、維護穩定、應對風險的能力，做到辦事依法、遇事找法、解決問題用法、化解矛盾靠法。要牢記職權法定，堅持法定職責必須為、法無授權不可為，做到依照"三定"履職、依照法制辦事、依照崗位責任落實。要牢記法律紅綫不可逾越、法律底綫不可觸碰，以身作則、遵紀守法。

深化文化體制機制改革

李書磊

　　文化關乎國本、國運，文化興則國運興，文化強則民族強。黨的二十屆三中全會通過的《中共中央關於進一步全面深化改革、推進中國式現代化的決定》（以下簡稱《決定》），立足強國建設、民族復興的戰略高度，著眼賡續中華文脈、推動文化繁榮的重大使命，聚焦建設社會主義文化強國，提出深化文化體制機制改革重大任務，明確改革路徑和具體舉措，為新時代新征程文化改革發展提供了根本遵循、指明了前進方向。

一、充分認識深化文化體制機制改革的重大意義

　　中國式現代化是物質文明和精神文明相協調的現代化，既要通過經濟體制改革，解放和發展社會生產力，實現物質富裕，也要通過文化體制改革，激發文化生命力、創造力，實現精神富足。當今世界百年未有之大變局加速演進，文化越來越成為綜合國力競爭的重要力量；中華民族偉大復興進入關鍵時期，文化越來越成為強國建設、民族復興的強大支撐。在新的歷史起點上深化文化體制機制改革、推動文化繁榮興盛，事關中國式現代化建設全局，事關國家長治久安、民族永續發展。

　　（一）深化文化體制機制改革，是擔負新的文化使命的必然要求。中國共產黨是具有高度文化自覺和文化自信的馬克思主義政黨，自覺致力於在賡續歷史文脈中推進文化創造，在傳承中華文明中推動文化進步。黨的十八大以來，以習近平同志為核心的黨中央從全局和戰略高度，對宣傳思

想文化工作作出系統謀劃和部署，推動新時代宣傳思想文化事業取得歷史性成就、發生歷史性變革。特別是我們把馬克思主義基本原理同中國具體實際、同中華優秀傳統文化相結合，造就了一個有機統一的新的文化生命體。面向新時代新征程，習近平總書記提出新的文化使命。完成這一使命，關鍵在改革。必須通過改革進一步破解深層次體制機制障礙，激發文化創新創造活力，為推動文化繁榮、建設文化強國提供強大動力和制度保障。

（二）深化文化體制機制改革，是豐富人民精神文化生活的內在要求。相對於物質滿足，文化是一種精神力量，是一種訴諸長遠、訴諸千秋萬代的視野與情懷。越是物質富足，人們的精神文化需求越是強烈。而且，隨著人們文化素質、文化水準提高，人們對文化作品質量的要求更高了。這些年，我國文藝創作生產能力大幅提升，各種文化產品和服務供給數量高速增長，文化供給的主要矛盾已由"夠不夠"轉向"好不好"。這就要求我們進一步深化改革，加快建立有利於優質文化產品服務不斷湧現的體制機制，更好豐富人民精神世界、增強人民精神力量。

（三）深化文化體制機制改革，是加快適應信息技術迅猛發展新形勢的迫切需要。從歷史上看，每一次信息技術革命都推動傳播革命。當前，新一輪科技革命方興未艾，新的信息技術迅猛發展，在文化領域不斷催生各類新業態、新應用、新模式，深刻改變文化創作生產和傳播消費方式，深刻重塑媒體形態、輿論生態和文化業態，深刻推動不同文化和價值觀念交流交融交鋒。信息技術迅猛發展也推動國際傳播格局和國際話語場深刻調整，為我們佔據國際傳播制高點、構築國際話語新優勢提供了契機。面對新形勢，唯改革者勝。要推進文化體制機制全方位改革，推進工作理念、內容、形式、方法、手段全方位創新，把互聯網思維和信息技術應用系統貫穿到宣傳思想文化工作中，實現全面徹底的數字化賦能、信息化轉型。

（四）深化文化體制機制改革，是提升國家文化軟實力和中華文化影響力的時代要求。當前，世界之變、時代之變、歷史之變正以前所未有的方式展開，人類社會正站在十字路口。一方面，通過文明交流互鑒應對共同挑戰、邁向美好未來的呼聲日益強烈，國際社會對中華文化的關注與日俱增，期待中華文化對人類文明發展進步發揮更大作用。另一方面，宣揚文化競爭並挑起文明衝突、意識形態對抗的傾向也有增無減。尤其是中國快速發展引起個別國家強烈不安，他們憑藉信息優勢和輿論霸權醜化我國形象，歪曲抹黑的輿論攻勢不斷加劇。無論是推動文明交流互鑒，還是應對國際文化競爭，都要求我們深化改革，完善國際傳播體制機制，構建具有鮮明中國特色的戰略傳播體系，不斷提升國家文化軟實力和中華文化影響力，以真正在國際文化激蕩中站穩腳跟。

二、牢牢把握深化文化體制機制改革的基本要求

文化兼具產業屬性和意識形態屬性，決定了文化體制機制改革更具複雜性。要貫徹《決定》精神，堅持正確改革方向，牢牢把握基本要求，穩妥有序推進改革。

（一）堅持馬克思主義在意識形態領域指導地位的根本制度。堅持以什麼樣的思想理論為指導，是文化改革發展的首要問題。馬克思主義是我們立黨立國、興黨興國的根本指導思想，在新時代，堅持和鞏固馬克思主義指導地位，最重要的就是堅持和鞏固習近平新時代中國特色社會主義思想指導地位。要以高度的政治自覺、思想自覺、行動自覺深入學習貫徹習近平新時代中國特色社會主義思想，堅定擁護"兩個確立"，堅決做到"兩個維護"，確保我國文化改革發展始終沿著正確方向前進。習近平文化思想是習近平新時代中國特色社會主義思想的文化篇，高舉起新時代中國共產黨的文化旗幟，為做好新時代新征程宣傳思想文化工作、擔負起新的文化使命

提供了強大思想武器和科學行動指南。要堅定不移用習近平文化思想指導文化體制機制改革，自覺把這一思想貫徹落實到文化改革全過程各方面。

（二）增強文化自信。文化自信是一個國家、一個民族發展中最基本、最深沉、最持久的力量，有文化自信的民族，才能立得住、站得穩、行得遠。增強文化自信，是深化文化體制機制改革、推動文化繁榮發展的根本前提和先決條件。必須堅持走自己的路，既不盲從各種教條，也不照搬外國理論，該改的、能改的堅決改，不該改的、不能改的堅決不改。文化自信來自於我們的文化主體性，要堅持"兩個結合"，以馬克思主義推動中華文明的生命更新和現代轉型，在更廣闊的文化空間中，充分運用中華優秀傳統文化的寶貴資源，發展面向現代化、面向世界、面向未來的，民族的科學的大眾的社會主義文化，鞏固文化主體性，堅守精神獨立性。

（三）培育形成規模宏大的優秀文化人才隊伍。文化生產是創造性勞動，核心在人，人才濟濟、人物輩出，文化才能繁榮興盛。文化體制機制改革要"目中有人"，把育人才、強隊伍作為十分緊迫的戰略任務，健全符合文化領域特點、遵循人才成長規律的人才選拔、培養、使用機制，改革人才評價激勵機制，努力培育形成規模宏大、結構合理、銳意創新的文化人才隊伍。文化人才的出現有其自身規律和特點，要通過改革營造有利於人才脫穎而出的政策環境，營造有利於人才創新創造的文化生態。要能識才、重才、愛才，健全聯繫服務機制，真正把人才凝聚到黨的宣傳思想文化事業中來。

（四）激發全民族文化創新創造活力。創新創造是文化的生命力，是文化繁榮興盛的活力源泉，也是文明綿延繁盛的不竭動力。中華文化之所以源遠流長，中華文明之所以綿延不絕，一個重要原因是中華民族始終以"苟日新，日日新，又日新"的精神進行文化創新創造，湧現出一個個文化高峰。可以說，一部中華文化發展史，就是一部文化創新創造史。深化文化體制機制改革要把激發全民族創新創造活力作為中心環節，加快完善遵循文化發展規律、有利於激發活力的文化管理體制和生產經營機制。要充分發揚學術民主、藝術民主，鼓勵解放思想、大膽探索，營造積極健康、寬鬆和諧的氛圍，讓一切文化創新源泉充分湧流，讓一切文化創造活力持續迸發。

三、堅定不移將文化體制機制改革引向深入

文化體制機制改革是文化領域一場廣泛而深刻的變革。要聚焦重點領域、關鍵環節、瓶頸問題，以戰略性、引領性改革舉措不斷深化改革，努力開創新時代宣傳思想文化工作新局面。

（一）完善意識形態工作責任制。意識形態決定文化前進方向和發展道路。黨的十八大以來，我國意識形態領域形勢發生全局性、根本性轉變，但形勢依然複雜嚴峻，鬥爭和較量有時十分尖銳，必須進一步完善意識形態工作責任制，牢牢掌握意識形態領導權。馬克思主義是社會主義意識形態的旗幟和靈魂，要健全用黨的創新理論武裝全黨、教育人民、指導實踐工作體系，完善黨委（黨組）理論學習中心組學習制度，推動學習貫徹習近平新時代中國特色社會主義思想常態化制度化。哲學社會科學是意識形態的重要支撐，要創新馬克思主義理論研究和建設工程，實施哲學社會科學創新工程，面向中國田野、解決中國問題、形成中國理論，構建中國哲學社會科學自主知識體系，使中國特色哲學社會科學真正屹立於世界學術之林。輿論工作是意識形態工作的重要組成部分，要順應數字化、網絡化、智能化趨勢，實施全媒體傳播建設工程，用互聯網思維主導資源配置，構建適應全媒體生產傳播的工作機制和評價體系，推進主流媒體系統性變革，推動主力軍全面挺進主戰場。

全社會共同認可的核心價值觀是意識形態中最持久、最深層的力量，要完善培育和踐行社會主義核心價值觀制度機制，用社會主義核心價值觀

引領社會思潮，在全黨全社會形成共同理想信念、強大精神力量、基本道德規範，提高全民族文明程度。農村是精神文明建設的重點，要深入實施文明鄉風建設工程，弘揚新風正氣，倡導科學精神，推進移風易俗，煥發鄉村文明新氣象。要深入實施公民道德建設工程，構建中華傳統美德傳承體系，健全社會公德、職業道德、家庭美德、個人品德建設體制機制，健全誠信建設長效機制，教育引導全社會自覺遵守法律、遵循公序良俗，堅決反對拜金主義、享樂主義、極端個人主義和歷史虛無主義。要積極探索網上思想道德教育分眾化、精準化實施機制，創新方式方法，增強說服力感染力。建立健全道德領域突出問題協同治理機制，解決好群眾反映強烈的道德問題。

（二）優化文化服務和文化產品供給機制。沉實厚重、豐富多彩的文化產品，是一個時代文化高度的重要標誌，也是滿足人民精神文化生活的關鍵所在。文藝作品是文化產品最重要的組成部分，要堅持以人民為中心的創作導向，把提高質量作為文藝創作的生命綫，推出更多優秀作品，從"高原"向"高峰"邁進。要堅持出成果和出人才相結合，尊重文藝人才，尊重文藝創造，形成文藝精品和文藝人才不斷湧現的良好局面；堅持抓作品和抓環境相貫通，積極營造健康的文化生態、活躍的文化環境，形成文藝精品和文化環境相互生成的生動情景。要改進文藝創作生產服務、引導、組織工作機制，引導廣大作家、藝術家立足生活的深厚沃土，自覺運用中華優秀傳統文化的寶貴資源，學習借鑒人類一切優秀文明成果，充分發揮個性與創造力，推出更多熔鑄古今、匯通中西的文化成果。

文化遺產承載燦爛文明，傳承歷史文化，維繫民族精神，是不可再生、不可替代的寶貴財富，保護好祖國的文化遺產是我們的歷史責任、神聖使命。習近平總書記對文化遺產十分珍視，強調要像愛惜自己的生命一樣保護好歷史文化遺產，對文化遺產保護有一系列深刻論述、明確要求，我們要深入貫徹落實。要理順體制機制，建立文化遺產保護傳承工作協調機構，建立文化遺產保護督察制度，組織開展文化遺產保護督察，著力推動文物古跡、古老建築、名城名鎮、歷史街區、傳統村落、文化景觀、非遺民俗等文化遺產系統性保護和統一監管，加快構建大保護格局。

（三）健全網絡綜合治理體系。習近平總書記鮮明指出："人在哪兒，宣傳思想工作的重點就在哪兒。"現在，網絡空間已經成為人們生產生活的新空間，那就也應該成為文化建設的新空間。要深化網絡管理體制改革，統籌和打通網絡內容生產和傳播各環節各領域，按照歸口領導、集中統一、高效協調的原則，進一步整合網絡內容建設和管理職能，推進新聞宣傳和網絡輿論一體化管理，推動形成更加科學高效有序的治網格局。生成式人工智能是目前最具革命性、引領性的科學技術之一，要儘快完善生成式人工智能發展和管理機制，推動這一重要領域的產業發展、技術進步與安全保障，做到趨利避害、安全使用。網絡空間不是法外之地、輿論飛地，要加強網絡空間法治建設，健全網絡生態治理長效機制，使互聯網始終在法治軌道上健康運行。

（四）構建更有效力的國際傳播體系。一個大國發展興盛，必然要求文化傳播力、文明影響力大幅提升。習近平總書記強調："我們有本事做好中國的事情，還沒有本事講好中國的故事？我們應該有這個信心！"要推進國際傳播格局重構，促進宣傳、外交、經貿、旅遊、體育等領域協調配合，推動部門、地方、媒體、智庫、企業、高校等主體協同發力，加快構建多渠道、立體式對外傳播格局。要加快構建中國話語和中國敘事體系，著力打造融通中外的新概念、新範疇、新表述，用好中華文化資源、緊扣國際關切講好新時代中國故事，展現可信、可愛、可敬的中國形象。善用文化文明的力量，是提升國際傳播效能的必然要求。要建設全球文明倡議踐行機制，推動文明交流雙邊多邊合作機制建設，深入實施中華文明全球傳播工程，廣泛參與世界文明對話，擴大國際人文交流合作，為推動構建人類命運共同體作出積極貢獻。

推進國家安全體系和能力現代化

王小洪

推進國家安全體系和能力現代化，是黨的二十大作出的重大戰略部署。黨的二十屆三中全會通過的《中共中央關於進一步全面深化改革、推進中國式現代化的決定》（以下簡稱《決定》），將推進國家安全體系和能力現代化單列一部分，從黨和國家事業發展全局的高度，進一步明確了新時代新征程推進國家安全體系和能力現代化的目標任務、重點舉措，為我們做好工作進一步指明了前進方向、提供了根本遵循。推進國家安全體系和能力現代化，是積極應對各類風險挑戰，服務保障強國建設、民族復興偉業的內在要求，是續寫兩大奇跡新篇章、有效滿足人民日益增長的美好生活需要的必然舉措，也是主動適應世界之變、時代之變、歷史之變，完善全球安全治理的客觀需要。我們要堅持以習近平新時代中國特色社會主義思想為指導，深入學習貫徹黨的二十屆三中全會精神，深刻領悟“兩個確立”的決定性意義，增強“四個意識”、堅定“四個自信”、做到“兩個維護”，堅定不移貫徹總體國家安全觀，扎實推進國家安全體系和能力現代化，有效防範和化解影響我國現代化進程的各種風險，努力建設更高水平平安中國，為以中國式現代化全面推進強國建設、民族復興偉業提供堅強安全保障。

一、 堅定不移貫徹總體國家安全觀

總體國家安全觀是習近平新時代中國特色社會主義思想的國家安全

篇，系統回答了新時代為什麼維護國家安全、維護怎樣的國家安全、怎樣維護國家安全等一系列重大理論和實踐問題，形成了系統全面、邏輯嚴密、內涵豐富、內在統一的科學理論體系，是推進國家安全體系和能力現代化的強大思想武器和行動指南，必須深入學習領會、堅決貫徹落實。

（一）準確把握核心要義。總體國家安全觀的核心要義，集中體現為習近平總書記提出的"十個堅持"，即堅持黨對國家安全工作的絕對領導，堅持中國特色國家安全道路，堅持以人民安全為宗旨，堅持統籌發展和安全，堅持把政治安全放在首要位置，堅持統籌推進各領域安全，堅持把防範化解國家安全風險擺在突出位置，堅持推進國際共同安全，堅持推進國家安全體系和能力現代化，堅持加強國家安全幹部隊伍建設。這"十個堅持"是我們黨對國家安全工作規律性認識的深化、拓展、昇華，深刻回答了新時代新征程如何既解決好大國發展進程中面臨的共性安全問題、又處理好中華民族偉大復興關鍵階段面臨的特殊安全問題這個重大時代課題，既有政治性、理論性，又有歷史性、實踐性。這其中，堅持黨對國家安全工作的絕對領導，是"根"和"魂"。要始終堅持黨對國家安全工作的集中統一領導，堅定不移貫徹中央國家安全委員會主席負責制，完善高效權威的國家安全領導體制，不折不扣把黨中央關於國家安全工作的各項決策部署落到實處。

（二）準確把握大安全理念。當前，我國國家安全的內涵和外延比歷史上任何時候都要豐富，時空領域比歷史上任何時候都要寬廣，內外因素比歷史上任何時候都要複雜。在此背景下，總體國家安全觀強調的是大安全理念，主張國家安全是全面、系統的安全，是共同、整體的安全，涵蓋政治、軍事、國土、經濟、金融、文化、社會、科技、網絡、糧食、生態、資源、核、海外利益、太空、深海、極地、生物、人工智能、數據等諸多領域，突破了傳統的國家安全觀，並且還將隨著時代和實踐的發展不斷豐富。要始終堅持總體為要，注重從整體視角認識國家安全問題的多樣性、關聯性和動態性,構建集各領域安全於一體的國家安全體系,築牢各領域安全底綫。

(三)準確把握原則方法。針對全球化、網絡化時代背景下安全問題的內外聯動性、跨域傳導性、突變放大性等特點,總體國家安全觀把科學統籌作為國家安全工作的重要原則和基本方法。在黨和國家事業層面,強調統籌高質量發展和高水平安全,注重國家安全工作與經濟社會發展各項工作的協同性,做到一起謀劃、一起部署,把國家安全貫穿到黨和國家工作全局各方面各環節。在國家安全本身層面,強調統籌外部安全和內部安全、國土安全和國民安全、傳統安全和非傳統安全、自身安全和共同安全,統籌維護和塑造國家安全。要統籌發展和安全,推動國家安全各方面工作統籌開展、協調同步,有效防範各類風險傳導、疊加。

二、 全力抓好推進國家安全體系和能力現代化的重點舉措

《決定》明確要求,聚焦建設更高水平平安中國,健全國家安全體系,強化一體化國家戰略體系,增強維護國家安全能力,創新社會治理體制機制和手段,有效構建新安全格局。我們要對照《決定》部署的各項重點任務,逐一研究細化,抓好推進落實。

(一)健全國家安全體系。國家安全體系是國家安全制度及其執行能力的集中體現。要強化國家安全工作協調機制,根據國家安全形勢新特點新變化,完善重點領域安全保障體系和重要專項協調指揮體系,健全重大風險跨部門實時監測、分級預警、快速核查、提示通報等機制,健全國家安全審查和監管制度、危機管控機制、督促檢查和責任追究機制等,形成體系性合力和戰鬥力。要完善國家安全法治體系、戰略體系、政策體系、風險監測預警體系,積極推進太空安全、深海安全、數據安全等重要領域國家安全立法,加強對國家安全有關法律法規執行的檢查監督工作,提升

國家安全工作法治化水平；加強國家安全戰略謀劃和頂層設計，優化國家安全戰略指導方針、目標、中長期規劃，統籌用好各種戰略資源和戰略手段；堅持因時而動、因勢而變，完善國家安全政策體系和重點領域政策舉措。要完善國家安全力量佈局，構建聯動高效的國家安全防護體系。要推進國家安全科技賦能，聚焦重大需求加強關鍵核心技術攻關，全面增強科技維護和塑造國家安全能力，更好發揮科技創新對國家安全的支撐保障作用。

（二）完善公共安全治理機制。公共安全一頭連著千家萬戶，一頭連著經濟社會發展，是社會安定有序的風向標。要堅持安全第一、預防為主，不斷完善公共安全治理機制，推動公共安全治理模式向事前預防轉型，提高公共安全治理水平。要健全重大突發公共事件處置保障體系，完善大安全大應急框架下應急指揮機制，增強應對突發公共事件的人力財力物力等各方面支撐保障，強化基層應急基礎和力量，提高防災減災救災能力，有效預防、減輕、消除危害。要完善安全生產風險排查整治和責任倒查機制，加強制度化常態化安全監管，嚴格落實安全生產責任制，從源頭上防範化解重大安全風險，堅決遏制重特大事故發生。要完善食品藥品安全責任體系，全面落實企業安全主體責任，壓實地方政府屬地管理責任和有關部門監管責任，強化全流程、全生命週期安全監管，依法打擊危害食品藥品安全犯罪，守護人民群眾"舌尖上的安全"。要健全生物安全監管預警防控體系，全面提高國家生物安全治理能力，織牢國家生物安全防護網。要加強網絡安全體制建設，完善網絡空間治理法律法規，健全網絡安全等級保護、關鍵信息基礎設施安全保護、數據安全保護等制度，防範抵禦網絡攻擊，築牢網絡安全"防火牆"。要建立人工智能安全監管制度，加快人工智能立法進程，完善科技倫理監管規則，加強分級分類監管，加強對有關風險的動態分析、評估預警、技術攻堅，確保人工智能始終朝著不斷增進人民福祉的方向發展。

（三）健全社會治理體系。社會治理體系科學合理，國家安全工作才能事半功倍。要堅持和發展新時代"楓橋經驗"，健全黨組織領導的自治、法治、德治相結合的城鄉基層治理體系，完善共建共治共享的社會治理制度，形成問題聯治、風險聯控、平安聯創的局面，提升基層治理能力和水平。要探索建立全國統一的人口管理制度。要堅持專群結合、群防群治，健全社會工作體制機制，加強黨建引領基層治理，加強社會工作者隊伍建設，推動志願服務體系建設，更好組織群眾、發動群眾，為國家安全工作贏得最可靠、最牢固的群眾基礎和力量源泉。要推進信訪工作法治化，聚焦"權責明、底數清、依法辦、秩序好、群眾滿意"目標，充分發揮《信訪工作條例》的規範、保障和引領作用，推進預防法治化、受理法治化、辦理法治化、監督追責法治化、維護秩序法治化，確保群眾的每一項訴求都有人辦理、群眾的每一項訴求都依法推進。要準確把握把重大風險防控化解在市域的要求，充分整合資源力量，完善市域社會治理的組織架構和組織方式，提高市域社會治理能力。要強化市民熱綫等公共服務平台功能，推進"12345"、"110"等平台對接；健全"高效辦成一件事"重點事項清單管理機制和常態化推進機制，實現辦事方式多元化、辦事流程最優化、辦事材料最簡化、辦事成本最小化。要健全社會心理服務體系和危機干預機制，塑造自尊自信、理性平和、親善友愛的社會心態。要健全發揮家庭家教家風建設在基層治理中作用的機制。要深化行業協會商會改革，進一步激發內生動力和活力，更好發揮獨特優勢和作用。要健全社會組織管理制度，加強規範管理、擴大有序參與，促進社會組織提升服務質效和社會公信力。要健全鄉鎮（街道）職責和權力、資源相匹配制度，加強鄉鎮（街道）服務管理力量。要完善社會治安整體防控體系，加強重點區域、部位巡防巡控，提升社會治安掌控力；健全掃黑除惡常態化等工作機制，依法嚴懲涉黑涉惡、電信網絡詐騙、跨境賭博、涉槍涉爆、侵害婦女兒童權益和黃賭毒、盜搶騙等群眾反映強烈的違法犯罪活動，全力維護人民群眾生命財產安全。

（四）完善涉外國家安全機制。隨著我國公民、企業走出去越來越多，涉外安全在國家安全工作全局中的地位愈加重要。要深入學習貫徹習近平外交思想，積極踐行全球安全倡議，高站位、高標準謀劃推進涉外國家安全工作，努力創造於我有利的國際環境，堅決捍衛國家主權、安全、發展利益。要建立健全周邊安全工作協調機制，推進同周邊國家安全合作。要強化海外利益和投資風險預警、防控、保護體制機制，建立涉外項目法律風險評估制度，引導中資企業境外依法合規經營，增強海外風險防控意識和能力；深化安全領域國際執法合作，擴大執法安全合作"朋友圈"，有力維護我國公民、法人在海外合法權益。要健全反制裁、反干涉、反"長臂管轄"機制，加強涉外安全領域立法，充實法律"工具箱"。要健全維護海洋權益機制，完善跨軍地、跨部門工作模式，有效防範化解涉海重大安全風險。要完善參與全球安全治理機制，堅持共同、綜合、合作、可持續的安全觀，維護以聯合國為核心的國際體系、以國際法為基礎的國際秩序、以聯合國憲章宗旨和原則為基礎的國際關係基本準則，尊重各國主權、領土完整，重視各國合理安全關切，積極參與聯合國框架下的雙多邊機制，發揮上海合作組織、金磚合作、"中國＋中亞五國"和全球公共安全合作論壇（連雲港）等機制平台作用，推動構建均衡、有效、可持續的安全架構，共同應對地區爭端和全球性安全問題，實現普遍安全、共同安全。

三、 推進國家安全體系和能力現代化的基本要求

推進國家安全體系和能力現代化，必須明確工作要求，科學組織、嚴密推進。

（一）增強系統思維。推進國家安全體系和能力現代化，是一項複雜

的系統工程。要運用系統思維來觀察安全形勢、分析安全問題、謀劃安全對策，善於觀大勢、謀大事，既見樹木、更見森林，加強前瞻性思考、全局性謀劃、戰略性佈局、整體性推進，強化協同高效、狠抓制度貫通，打破部門和地方壁壘，推動各領域各方面國家安全工作銜接協調、一體推進。

（二）夯實基層基礎。基礎不牢，地動山搖。隨著推進國家安全體系和能力現代化逐步走向深入，一些基礎性、深層次的問題愈發凸顯。要準確把握當前面臨的形勢任務特點，扎扎實實做好抓基層、打基礎、利長遠的工作，加強基層力量、基礎工作、基本能力建設，針對性完善機制、創新方法、豐富手段，下大氣力補短板、強弱項、固底板，夯實維護國家安全的根基。

（三）加強宣傳教育。維護國家安全是一項正義的事業，不僅要堅定不移地"做"，也要理直氣壯地"說"。要堅持集中性宣傳教育與經常性宣傳教育相結合，創新內容、方式和載體，開展人民群眾喜聞樂見的宣傳教育活動，並延伸到基層、拓展到各個單位、覆蓋到廣大群眾，營造國家安全人人有責的濃厚氛圍，引導廣大人民群眾增強國家安全意識、擔當國家安全責任、提升維護國家安全能力。

（四）強化責任落實。維護國家安全是全社會的共同責任。要克服"等靠要"思想，主動擔當、積極作為，明確職責、細化分工，形成一級抓一級、層層抓落實的工作格局，做到守土有責、守土負責、守土盡責。特別是對難點問題，要發揚釘釘子精神，加強研究，集中攻關，確保取得突破。同時，要加強溝通協調、攥指成拳，靠前一步、不留縫隙，形成彙聚黨政軍民學各戰綫各方面各層級的強大合力。

持續深化國防和軍隊改革

張又俠

　　黨的二十屆三中全會通過的《中共中央關於進一步全面深化改革、推進中國式現代化的決定》，把持續深化國防和軍隊改革納入進一步全面深化改革總盤子，充分體現了以習近平同志為核心的黨中央對國防和軍隊建設的高度重視，彰顯了以改革創新加快國防和軍隊現代化的決心意志和深遠考量。我們要深入學習貫徹黨中央、習主席決策部署，以習近平強軍思想為引領，深入實施改革強軍戰略，推動國防和軍隊建設高質量發展，奮力實現建軍一百年奮鬥目標，加快把人民軍隊建成世界一流軍隊。

　　一、堅定不移深化改革，為加快國防和軍隊現代化提供有力保障。黨的十八大以來，黨中央、習主席以前所未有的決心和力度，領導開展新中國成立以來最為廣泛、最為深刻的國防和軍隊改革，壓茬推進改革"三大戰役"，深入破解長期制約國防和軍隊建設的體制性障礙、結構性矛盾、政策性問題，人民軍隊體制一新、結構一新、格局一新、面貌一新。新時代新征程，習主席站在統籌"兩個大局"的高度，把握新的形勢任務要求，作出持續深化國防和軍隊改革的戰略擘畫，為鞏固拓展改革成果、開創改革強軍新局面指明了前進方向，必將有力推動新時代強軍事業邁出更大步伐。

　　（一）這是推進中國式現代化的重大時代課題。鞏固國防和強大人民軍隊，是實現中華民族偉大復興的戰略支撐。習主席始終堅持強國強軍一體運籌，把國防和軍隊現代化放在中國式現代化的大棋局中謀劃推進，領導開闢出中國特色強軍之路，進一步豐富發展了馬克思主義軍事理論創新和軍事實踐創造。這條適合國情軍情、順應時代發展的我軍現代化新路，極具開拓性探索性艱巨性。面對永葆性質宗旨本色的嚴峻考驗，如何貫徹落實新時代政治建軍方略，深化政治整訓、正風反腐，把我們黨領導的這支英雄軍隊鍛造得更加堅強？面對風高浪急甚至驚濤駭浪的風險挑戰，如何全面提升向強制強的打贏能力，有效履行新時代使命任務？面對跨越發展、邁向一流的歷史重任，如何打掉強軍路上的"攔路虎"，實現軍事理論現代化、軍隊組織形態現代化、軍事人員現代化、武器裝備現代化？回答和解決這些重大時代課題，都必須一以貫之用黨在新時代的強軍目標審視、引領、推進改革，圍繞往哪強、強什麼、怎麼強等重大問題探索創新，不斷解放和發展戰鬥力、解放和增強軍隊活力，按照國防和軍隊現代化新"三步走"戰略安排，一步步把習主席謀定的強軍藍圖變成現實，為推進中國式現代化作出新的更大貢獻。

（二）這是實現建軍一百年奮鬥目標的關鍵一招。習主席明確未來幾年我軍建設的中心任務是實現建軍一百年奮鬥目標，發出打好攻堅戰的政治號令，要求全力以赴、務期必成。完成這一硬任務，必須大力發揚改革創新精神，聚力破解制約高質量發展的卡點堵點，推動我軍建設質量變革、效率變革、動力變革。軍隊建設"十四五"規劃執行已進入能力集成交付關鍵期，打破體系梗阻迫在眉睫，需要創新聚合增效的抓建模式，促進戰鬥力建設加速提質；塑造安全態勢、遏控危機衝突、打贏局部戰爭有機統一的要求更高，需要加快練兵備戰轉型升級，提高捍衛國家主權、安全、發展利益戰略能力；深層次解決我軍建設管理粗放問題，需要全面加強軍事治理，提高軍事系統運行效能和國防資源使用效益；人才供給與打仗需求還不夠完全匹配，需要構建完善新型軍事人才體系，全方位培養用好人才；等等。推進我軍高質量發展，必須深刻領會貫徹習主席關於向改革要戰鬥力的重要指示要求，轉變發展理念，創新發展模式，增強發展質效，為實現建軍一百年奮鬥目標提供強大動力。

（三）這是搶佔國際軍事競爭戰略制高點的迫切需要。習主席深刻洞察科技之變、戰爭之變、對手之變，反復強調要搶抓世界新軍事革命歷史機遇，抓住了就能掌握先機、贏得主動，抓不住就可能陷入被動、錯過整整一個時代。從戰爭形態演進看，戰爭的信息化程度不斷提高、智能化特徵日益顯現，網絡信息體系成為核心支撐，戰爭制勝觀念、制勝要素、制勝方式發生重大變化。從博弈鬥爭樣式看，國家戰略競爭力、社會生產力、軍隊戰鬥力深度耦合關聯，多領域多手段博弈趨於常態，基於綜合國力的整體較量更加凸顯。從軍事發展態勢看，戰略高新技術群體迸發，新興領域軍事佈局加速調整，科技創新對軍事革命的引擎驅動愈發強勁。習主席對制勝未來的變革開新設計，充分體現主動識變應變求變的歷史自覺和戰略遠見，指引我們在國際軍事競爭中謀取新優勢、站上新高地。必須著眼機械化信息化智能化融合發展，下大力打造先進戰鬥力新的增長極，把建設創新型人民軍隊大踏步推向前進，牢牢掌握軍事競爭和戰爭主動權。

二、扭住關鍵要害攻堅，著力破解制約新時代備戰打仗能力提升的深層次矛盾。習主席反復強調，改革要牢牢把握能打仗、打勝仗這個聚焦點，把主攻方向放在事關戰鬥力生成和提高的重要領域和關鍵環節上。習主席重要指示為持續深化國防和軍隊改革立牢了指揮棒、標定了基準綫，是我們奔著問題去、盯著問題改的根本遵循。必須貫徹新時代軍事戰略方針，堅持軍委管總、戰區主戰、軍種主建總原則不動搖，扭住備戰打仗短板弱項深化改革，推動軍事鬥爭準備走深走實。

（一）完善人民軍隊領導管理體制機制。領導管理體制機制，在軍隊組織形態中處於中樞和主導地位。習主席著眼大力加強政治建軍，領導推進這個領域改革，從立起新體制"四樑八柱"到不斷動態完善，進一步強固黨對人民軍隊的絕對領導，有效提升軍事治理水平。隨著強軍打贏實踐的深化拓展，我軍領導管理體制機制也要跟進調整優化，保證領導掌握部隊更為有力高效。在健全貫徹軍委主席負責制的制度機制上，進一步完善請示報告、督促檢查、信息服務工作機制，推進貫徹軍委主席負責制法治化規範化程序化，確保黨指揮槍要求貫到底、落到位。在深化戰略管理創新上，優化軍委機關部門職能配置，健全戰建備統籌推進機制，加強各領域、全鏈路、各層級治理，以軍事治理新加強助推強軍事業新發展。在健全依法治軍工作機制上，加強頂層謀劃、統籌協調、整體推進和督促落實，突出依法治官、依法治權完善監督體系，加快治軍方式根本性轉變。在體系優化軍事政策制度上，扭住作戰戰備、軍事人力資源等重要領域，完善配套措施，拿出治本之舉，持續釋放改革效能。在深化軍隊院校改革上，把院校教育作為軍事鬥爭準備的關鍵一環，面向戰場、面向部隊、面向未來推進教育教學改革，推動實現內涵式發展、發揮人才培養主渠道作用。通過一系列體制設計和制度安排，把習主席確立的新時代政治建軍方略貫徹到軍隊建設各領域全過程，把中國特色社會主義軍事制度優勢轉化為推進國防和軍隊現代化的強大力量。

（二）深化聯合作戰體系改革。建好聯合作戰體系是打勝仗的重要保障。習主席深刻把握現代戰爭規律和戰爭指導規律，對構建一體化聯合作戰體系作出一系列戰略提領，強調指揮是一個決定性因素，要打造堅強高效的聯合作戰指揮機構；強調精兵作戰、精兵制勝關鍵在一個"精"字，要形成以精銳力量為主體的聯合作戰力量體系；強調發展新領域、新技術、新手段是我軍謀取發展優勢的主要突破口，要加快生成和提高基於網絡信息體系的聯合作戰能力、全局作戰能力。我們必須把習主席重要指示領悟好貫徹好，綱舉目張把聯合作戰體系改革引向深入。著重建強指揮中樞，完善軍委聯合作戰指揮中心職能，健全重大安全領域指揮功能，優化戰區聯合作戰指揮中心編成，推動聯合作戰指揮向下延伸，確保作戰指揮鏈順暢高效運行。著重優化力量佈局，統籌各戰略方向力量布勢和軍兵種轉型發展需要，加快發展戰略威懾力量，統籌加強傳統作戰力量，深化部隊編成改革創新，以體系結構迭代發展促進作戰能力整體提升。著重培育新質能力，搞好新興領域戰略預置，加快無人智能作戰力量發展，增加新型作戰力量比重，成體系推進新域新質作戰能力建設。當前最緊要的是重塑網絡信息體系，推動實現網信賦能聯合作戰的新跨越。習主席親自決策組建信息支援部隊，親自授予軍旗並致訓詞，在構建新型軍兵種結構佈局、完善中國特色現代軍事力量體繫上寫下濃墨重彩的一筆。必須深刻領會習主席決心意圖，把這支戰略性力量建設好，把網信組織形態重構好，驅動聯合作戰能力實現質的躍升。

（三）深化跨軍地改革。習主席著眼更好統籌發展和安全、統籌經濟建設和國防建設，對鞏固提高一體化國家戰略體系和能力作出戰略部署，要求深化改革創新，形成各司其職、緊密協作、規範有序的跨軍地工作格局。必須按照黨中央、習主席決策部署，健全一體化國家戰略體系和能力建設工作機制，推動實現各領域戰略佈局一體融合、戰略資源一體整合、戰略力量一體運用；健全國防建設軍事需求提報和軍地對接機制，促進軍地之間雙向支撐和拉動；深化國防科技工業體制改革，優化國防科技工業佈局，增強產業鏈供應鏈韌性，改進武器裝備採購制度，建立軍品設計回報機制，構建武器裝備現代化管理體系；優化邊海防領導管理體制機制，完善黨政軍警民合力治邊機制，提升強邊固防綜合能力。還有完善軍地標準化工作統籌機制，加強航天、軍貿等領域建設和管理統籌，深化民兵制度改革等，也要科學論證設計、扎實推進落實。跨軍地改革是一篇大文章，必須在黨中央、習主席堅強領導下，軍地協力向更高層次、更廣領域拓展，促進新質生產力同新質戰鬥力高效融合，努力推動國防實力與經濟實力同步提升。

三、注重體系謀劃推進，確保各項改革強軍戰略部署落地見效。持續深化國防和軍隊改革是重大政治任務和複雜系統工程，必須用習近平強軍思想蘊含的軍事觀和方法論來推進實施，增強改革落實的系統性、整體性、協同性，確保取得實效、達到預期目標。

（一）強化政治引領。改革重大部署體現的是黨的意志主張，一定要從政治上讀懂改革、吃透改革、落實改革，始終做到與黨中央、習主席保持高度一致。要深學深悟習主席關於進一步全面深化改革的重要論述，準確把握改革強軍的新部署新要求，始終堅持堅定正確的政治方向。尤其是改革無論怎麼改，都必須做到守正創新，在根本政治原則問題上不能有絲毫差池。要嚴肅政治紀律和政治規矩，自覺做改革的促進派、實幹家，不折不扣貫徹執行黨中央、習主席決策指示，切實把改革初衷堅守好、實現好。

（二）貫徹治理理念。改革越往深處走，體系關聯性越強，觸及的矛盾問題越複雜。要把全局統籌貫穿始終，加強改革各項舉措的協調聯動，加強改革備戰建設各項任務的協力攻堅，加強軍地改革各項工作的協同對接，確保形成總體效應。要把群眾路綫貫穿始終，群策群力搞好改革方案深化細化，注重試點探索和實踐驗證，堅持目標導向和問題導向相結合及時動態調優。要把厲行法治貫穿始終，在法治下推進改革，在改革中完善法治，有針對性做好法規制度立改廢釋工作，充分發揮好法治的引導、推動、規範、保障作用。

（三）突出精準施策。改革重在落實、也難在落實，必須在精準謀劃實施上下足功夫。一方面，盯住最難啃的硬骨頭靶向用力，打出換腦筋、改體制、調編制、立規章等多措並舉的"組合拳"，以釘釘子精神狠抓落實、務求突破，堅決將改革進行到底。另一方面，緊跟改革進程完善配套措施，每項改革任務都要把政策保障、資源條件、力量支撐、運行機制等各條綫壓緊壓實，打通改革落地"最後一公里"，防止重大改革舉措踏虛走樣。

（四）堅持穩中求進。改革牽一髮而動全身，必須把方方面面的工作想全落細做實，確保改革蹄疾步穩、有力有序推進。要把控節奏，區分輕重緩急，排出任務表、路綫圖，力避打亂仗、"翻燒餅"。要防範風險，穩妥審慎化解各種矛盾和隱患，把安全穩定的底守住兜牢。要搞好引導，加大宣傳闡釋力度，靠上去做好一人一事工作，凝聚擁護支持改革的意志力量。要規範秩序，釐清權責界面，理順內外關係，做到初始即從嚴、起步就正規，以嶄新面貌推進改革、奮鬥強軍。

深化黨的建設制度改革

李幹傑

黨的二十屆三中全會通過的《中共中央關於進一步全面深化改革、推進中國式現代化的決定》（以下簡稱《決定》），著眼黨所處的歷史方位和肩負的使命任務，對當前和今後一個時期深化黨的建設制度改革作出戰略部署，充分體現了以習近平同志為核心的黨中央堅持用改革精神和嚴的標準管黨治黨、以黨的自我革命引領社會革命的高度自覺，必將有力推動新時代黨的建設新的偉大工程向縱深發展，為以中國式現代化全面推進強國建設、民族復興偉業提供堅強保證。

一、 充分認識新起點上深化黨的建設制度改革的重大意義

治國必先治黨，黨興才能國強。在新時代全面從嚴治黨取得歷史性開創性成就的堅實基礎上，《決定》把黨的建設制度改革擺在重要位置統籌謀劃、接續推進，有著深遠的戰略考量。

（一）這是應對重大風險挑戰、推進中國式現代化的迫切需要。推進中國式現代化是前無古人的開創性事業，必然會遇到大量從未出現過的全新課題、遭遇各種艱難險阻、經受許多風高浪急甚至驚濤駭浪的重大考驗。特別是當前世界百年變局加速演進，局部衝突和動盪頻發，來自外部的打壓遏制隨時可能升級；我國經濟持續回升向好面臨諸多挑戰，不少深層次矛盾躲不開、繞不過，各種 "黑天鵝"、"灰犀牛" 事件隨時可能發生。確保中國式現代化這艘航船乘風破浪、行穩致遠，關鍵在黨，關鍵是

要把黨建設好建設強。這就需要通過持續深化黨的建設制度改革，完善黨的領導體制和執政方式，充分發揮黨總攬全局、協調各方的領導核心作用，團結帶領人民群眾依靠頑強鬥爭打開事業發展新天地。

（二）這是進一步全面深化改革、推進國家治理體系和治理能力現代化的應有之義。黨的建設制度改革既是全面深化改革的重要內容，也是重要保證。黨的十八大以來，以習近平同志為核心的黨中央把黨的建設制度改革納入全面深化改革一體謀劃部署，扎實推進黨的組織制度、幹部人事制度、基層組織建設制度、人才發展體制機制改革，不斷把黨的政治優勢、組織優勢、制度優勢轉化為黨和國家的治理優勢。新時代以來，新制定修訂的黨內法規佔現行有效黨內法規的比例超過70%，成為黨的歷史上制度成果最豐碩、制度體系最健全、制度執行最嚴格的時期。全面深化改革永遠在路上，全面從嚴治黨永遠在路上。這就需要通過持續深化黨的建設制度改革，固根基、揚優勢、補短板、強弱項，增強黨內法規權威性和執行力，不斷提高管黨治黨的制度化規範化科學化水平，更好以“中國共產黨之治”引領保障“中國之治”。

（三）這是解決大黨獨有難題、建設更加堅強有力的馬克思主義政黨的必然要求。我們黨作為世界上最大的馬克思主義政黨，在14億多人口的大國長期執政，既有辦大事、建偉業的巨大優勢，也面臨治黨治國的特殊難題。從時間上看，我們黨已經走過100多年光輝歷程，在全國執政近75年，將長期面臨“四大考驗”、“四種危險”，需要時刻警惕會不會變得老態龍鍾、疾病纏身。從體量上看，截至2023年底，全國共有黨組織532.9萬個、黨員9918.5萬名，把每個組織建強、每名黨員管好，保持黨的團結統一、步調一致極為不易。習近平總書記深刻指出，黨要永葆先進性和純潔性，集中性的打掃、洗滌很有必要，但從長計議還得靠改革、靠制度。這就需要通過持續深化黨的建設制度改革，健全全面從嚴治黨體系，解決好“六個如何始終”的大黨獨有難題，不斷推進黨的自我淨化、自我完善、自我革新、自我提高，確保黨始終成為時代先鋒、民族脊樑。

二、準確把握深化黨的建設制度改革的方向原則

《決定》緊扣推進中國式現代化這個主題，明確了進一步全面深化改革的指導思想、總目標和原則。我們要深入學習領會、準確理解把握，貫徹落實到黨的建設制度改革全過程各方面。

（一）**必須以習近平新時代中國特色社會主義思想為科學指引。**習近平新時代中國特色社會主義思想是堅持"兩個結合"的光輝典範，是我們做好一切工作的根本指針。特別是習近平總書記關於全面深化改革的一系列新思想、新觀點、新論斷，深刻回答了"為什麼改"、"往哪裏改"、"怎麼改"的時代課題，把黨的改革理論和改革實踐推向新的歷史高度；習近平總書記關於黨的建設的重要思想，深刻回答了建設什麼樣的長期執政的馬克思主義政黨、怎樣建設長期執政的馬克思主義政黨的重大問題，極大豐富和發展了馬克思主義建黨學說。深化黨的建設制度改革，就要以此為總遵循、總依據、總指引，經常對標對錶、及時校正糾偏，確保改革始終沿著正確政治方向前進。

（二）**必須以堅持黨的全面領導為根本原則。**黨的領導是進一步全面深化改革、推進中國式現代化的根本保證。深化黨的建設制度改革，一定要朝著有利於堅持和加強黨的全面領導、鞏固黨的執政地位去推進。堅持黨的領導，首要的是堅持黨中央權威和集中統一領導；維護黨中央權威和集中統一領導，最關鍵的是堅決維護習近平總書記黨中央的核心、全黨的核心地位。要完善加強和維護黨中央集中統一領導的各項制度，完善黨中央重大決策部署落實機制，健全黨的全面領導制度，推動全黨堅定擁護"兩個確立"、堅決做到"兩個維護"，始終在思想上政治上行動上同以

習近平同志為核心的黨中央保持高度一致。

（三）必須以提高黨的領導水平和長期執政能力為重要目標。堅持黨的領導，需要不斷改善黨的領導。現在，形勢環境變化之快、改革發展穩定任務之重、矛盾風險挑戰之多、治國理政考驗之大前所未有，對黨的執政能力建設提出了新的更高要求。深化黨的建設制度改革，就要注重創新和改進領導方式、執政方式，不斷提高黨把方向、謀大局、定政策、促改革能力，提高各級領導班子和領導幹部推動高質量發展本領、服務群眾本領、防範化解風險本領，使黨的領導更好適應時代發展、實踐需要、人民期盼。

（四）必須以調動全黨抓改革、促發展的積極性、主動性、創造性為著力點。全面深化改革的根本指向，是堅決破除妨礙推進中國式現代化的思想觀念和體制機制弊端，著力破解深層次體制機制障礙和結構性矛盾，進一步解放和發展社會生產力、激發和增強社會活力。深化黨的建設制度改革，就要通過立規明矩、獎優罰劣、激濁揚清，持續釋放重實幹、重實績、重擔當的強烈信號，推動各級黨組織和廣大黨員、幹部爭做改革發展的促進派和實幹家，帶動全社會理解改革、支持改革、參與改革，為中國式現代化注入強勁動力。

三、 全面落實深化黨的建設制度改革的重點任務

《決定》從頂層設計的高度對深化黨的建設制度改革作出部署安排，明確了路綫圖、任務書。我們要提高政治站位、強化責任擔當，以釘釘子精神把改革任務一項一項抓落地、抓到位、抓見效。

（一）建立健全以學鑄魂、以學增智、以學正風、以學促幹長效機制。理論武裝越徹底，理想信念就越堅定，思想就越敏銳，行動就越自覺。要鞏固拓展主題教育成果，突出學習貫徹習近平新時代中國特色社會主義思

想主題主綫，扎實開展大規模、體系化、全覆蓋教育培訓，引導廣大黨員、幹部深學細悟蘊含其中的世界觀、方法論特別是"六個必須堅持"的精髓要義，自覺做堅定信仰者和忠實實踐者。要健全黨的創新理論學習制度，認真落實領導班子讀書班、"第一議題"、專題黨課、專題研討等具體制度，建立經常性和集中性相結合的紀律教育機制，把理論武裝不斷引向深入。要大力弘揚理論聯繫實際的馬克思主義學風，創新學習方式方法，完善理論學習考核評價機制，推動學習成效轉化為立足崗位推進中國式現代化的實際行動。

（二）持續深化幹部人事制度改革。應變局、育新機、開新局、謀復興，關鍵是要把領導班子配優建強、把幹部隊伍管好用好。要堅持黨管幹部原則，鮮明樹立選人用人正確導向，大力選拔政治過硬、敢於擔當、銳意改革、實績突出、清正廉潔的幹部。要聚焦解決亂作為問題，健全有效防範和糾治政績觀偏差工作機制，加強正確政績觀教育，改進推動高質量發展的政績考核，督促引導領導幹部悟透以人民為中心的發展思想，樹立和踐行正確政績觀。要聚焦解決不作為問題，研究制定推進領導幹部能上能下實施細則，進一步明確"下"的情形、優化"下"的程序、拓寬"下"的渠道、壓實"下"的責任，加大調整不適宜擔任現職幹部力度，推動形成能者上、優者獎、庸者下、劣者汰的良好局面。要聚焦解決不敢為問題，研究制定落實"三個區分開來"實施辦法，正確看待幹部在履職中的失誤和錯誤，把從嚴管理監督和鼓勵擔當作為高度統一起來，旗幟鮮明為擔當者擔當、為負責者負責、為幹事者撐腰、為創新者鼓勁。要聚焦解決不善為問題，健全常態化培訓特別是基本培訓機制，強化專業訓練和實踐鍛煉，有組織有計劃地把幹部放到改革發展主戰場、重大鬥爭最前沿、服務群眾第一綫去磨煉，全面提高幹部現代化建設能力。要完善和落實領導幹部任期制，保持黨政領導班子成員任職穩定，健全領導班子主要負責人變動交接制度，防止頻繁調整滋長浮躁情緒、誘發短期行為，防止搞"擊鼓傳花"、"新官不理舊賬"。要健全政治監督具體化、精準化、常態化機制，健全加強對"一把手"和領導班子監督配套制度，強化日常管理監督的穿透力，管好關鍵人、管到關鍵處、管住關鍵事、管在關鍵時。

（三）增強黨組織政治功能和組織功能。黨的力量來自組織，黨的領導、黨的全部工作要靠黨的堅強組織體系去實現。要著眼橫向到邊、縱向到底，統籌推進各層級各領域黨組織建設，完善上下貫通、執行有力的組織體系，推動各級黨組織全面進步、全面過硬。要深入推進抓黨建促鄉村振興，運用"千萬工程"經驗，突出抓好鄉鎮黨委和村黨組織建設，優化駐村第一書記和工作隊選派管理，常態化防範和整治"村霸"問題。要加強黨建引領基層治理，健全黨組織領導的自治、法治、德治相結合的城鄉基層治理體系，堅持和發展新時代"楓橋經驗"，制定鄉鎮（街道）履行職責事項清單，健全為基層減負長效機制，持續破解基層治理"小馬拉大車"突出問題。要探索加強新經濟組織、新社會組織、新就業群體黨的建設有效途徑，加快構建統得起、兜得住、管得好的黨建工作格局，擴大黨在新興領域的號召力凝聚力影響力。

（四）完善黨員教育管理、作用發揮機制。黨的先進性和純潔性要通過黨員的先進性和純潔性來體現，黨的執政使命要通過黨員卓有成效的工作來完成。要嚴格把好黨員隊伍入口關，把政治標準放在首位，加強政治審查，重點考察入黨動機和政治素質，源源不斷把各方面先進分子特別是優秀青年吸收到黨內來。要健全新時代黨員教育培訓體系，善於運用信息化手段抓好基層黨員的直接培訓，嚴格執行"三會一課"、組織生活會、民主評議黨員、主題黨日等基本制度。要加強和改進流動黨員管理，落實流入地、流出地黨組織和流動黨員本人責任，做細做實組織關係轉接工作，使每名黨員都納入黨組織有效管理。要認真實施不合格黨員組織處置辦法，進一步暢通出口、純潔隊伍。要針對不同群體黨員實際，設立黨員示範崗、黨員責任區，開展設崗定責、承諾踐諾等，引導黨員立足崗位建功立業。要健全黨組織和黨員在網絡空間發揮作用的機制，走好網上群眾路綫，推動正能量形成大流量並始終充盈網絡空間。

（五）實施更加積極、更加開放、更加有效的人才政策。人才是最寶貴的資源，是推進中國式現代化的基礎性、戰略性支撐。要統籌推進教育科技人才體制機制一體改革，以建設國家高水平人才高地和吸引集聚人才平台為總抓手，加快建設國家戰略人才力量，著力培養造就戰略科學家、一流科技領軍人才和創新團隊，著力培養造就卓越工程師、大國工匠、高技能人才，建設一流產業技術工人隊伍，提高各類人才素質。要完善人才自主培養機制，建立科技發展、國家戰略需求牽引的學科設置調整機制和人才培養模式，加強基礎學科、新興學科、交叉學科建設和拔尖人才培養，完善青年創新人才發現、選拔、培養機制。要完善人才有序流動機制，打通高校、科研院所和企業人才交流通道，深化東中西部人才協作，促進人才區域合理佈局。要強化人才激勵機制，堅持向用人主體授權、為人才鬆綁，賦予科學家更大技術路綫決定權、更大經費支配權、更大資源調度權，健全保障科研人員專心科研制度，更好保障青年科技人員待遇。要建立以創新能力、質量、實效、貢獻為導向的人才評價體系，持續深化"唯帽子"問題治理，避免簡單以人才稱號、學術頭銜確定薪酬待遇、配置學術資源。要完善海外引進人才支持保障機制，探索建立高技術人才移民制度，加快形成具有國際競爭力的人才制度體系，更好地聚天下英才而用之。

為進一步全面深化改革、推進中國式現代化營造良好外部環境

王　毅

服務於以中國式現代化全面推進強國建設、民族復興偉業，是中國特色大國外交的光榮使命。黨的二十屆三中全會通過的《中共中央關於進一步全面深化改革、推進中國式現代化的決定》（以下簡稱《決定》）強調，對外工作必須"為進一步全面深化改革、推進中國式現代化營造良好外部環境"。這是以習近平同志為核心的黨中央統攬中華民族偉大復興戰略全局和世界百年未有之大變局，立足進一步全面深化改革、推進中國式現代化的目標任務，對當前和今後一個時期對外工作提出的明確要求。我們要深刻領會、堅決貫徹《決定》精神，緊緊圍繞黨和國家中心工作謀劃和推進外交工作，為實現黨在新時代新征程的中心任務營造更有利國際環境、提供更堅實戰略支撐。

一、 深刻領會進一步全面深化改革、推進中國式現代化的時代價值和世界意義

《決定》強調，"中國式現代化是走和平發展道路的現代化"，繼續把改革推向前進"是推動構建人類命運共同體、在百年變局加速演進中贏得戰略主動的必然要求"。今日之中國是世界之中國，改革開放是中國攜手世界共同發展進步的偉大歷史進程。黨的十八大以來，全面深化改革向縱深推進，許多領域實現歷史性變革、系統性重塑、整體性重構，推動我國

邁上全面建設社會主義現代化國家新征程，為人類和平與發展崇高事業作出了新的重大貢獻。

為維護世界和平穩定彰顯中國力量。習近平總書記指出："改革開放這場中國的第二次革命，不僅深刻改變了中國，也深刻影響了世界"。我們貫徹新發展理念、構建新發展格局、推進高質量發展，14億多中國人民昂首邁向現代化，帶動發展中國家整體實力不斷壯大，推動國際力量對比發生近代以來最具進步意義的重大變化。書寫了經濟快速發展和社會長期穩定兩大奇跡的新篇章，實現近1億農村貧困人口全部脫貧，對世界減貧貢獻率超過70%，對世界經濟增長貢獻率連續多年超過30%，有力推進了全球發展事業。我們把堅持走和平發展道路寫入黨章和憲法，提出推動構建相互尊重、公平正義、合作共贏的新型國際關係，走出了一條與傳統大國崛起截然不同的新路。提出堅持共同、綜合、合作、可持續的新安全觀，是安理會常任理事國中派遣維和人員最多的國家。推動五核國發表關於防止核戰爭的聯合聲明，探索並踐行中國特色熱點問題解決之道，取得促成沙特伊朗和解復交等重要成果。一個矢志改革創新的中國不斷發展壯大，必將成功跨越所謂"修昔底德陷阱"、"中等收入陷阱"，必將進一步增強世界和平與國際正義的力量。

為推動全球開放合作展現中國擔當。習近平總書記指出，要"以擴大開放促進深化改革，以深化改革促進擴大開放"。面對保護主義逆流，習近平總書記在世界經濟論壇高舉經濟全球化旗幟，指引推動建設開放型世界經濟的前進方向。在國內，深入推進高水平制度型開放，全面實行外商投資准入前國民待遇加負面清單管理制度，全面取消製造業領域外資准入限制措施，有力強化知識產權保護，營商環境全球排名從96位躍升至31位，貨物貿易和吸引外資總額居世界前列。在國際，堅定維護以世界貿易組織為核心的多邊貿易體制，同世界上超過3/4的國家攜手高質量共建"一帶一路"，打造中國國際進口博覽會新平台，推動達成並高水平實施

《區域全面經濟夥伴關係協定》，構建面向全球的高標準自由貿易區網絡。國際社會普遍認為，中國堪稱當今世界推動貿易和投資自由化便利化的最大旗手、引領開放合作潮流的中堅力量。

為引領全球治理體系變革完善提供中國方案。習近平總書記指出："隨著國際力量對比消長變化和全球性挑戰日益增多，加強全球治理、推動全球治理體系變革是大勢所趨。"對外工作頂層設計更加科學，成立中央外事工作委員會，召開中央外事工作會議，不斷完善對外工作體制機制。創立習近平外交思想，提出構建人類命運共同體重要理念和全球發展倡議、全球安全倡議、全球文明倡議，倡導平等有序的世界多極化、普惠包容的經濟全球化，給出世界之問的中國答案。倡導踐行共商共建共享的全球治理觀，堅持真正的多邊主義，推動達成氣候變化《巴黎協定》，支持金磚國家、上海合作組織發展壯大，推動全球治理體系朝著更加公正合理方向發展。聯合國秘書長古特雷斯表示，中國已成為多邊主義的重要支柱。

為攜手實現世界現代化注入中國活力。習近平總書記指出："中國追求的不是獨善其身的現代化，願同各國一道，實現和平發展、互利合作、共同繁榮的世界現代化"。我們黨團結帶領中國人民全面深化改革，不斷實現理論和實踐上的創新突破，成功推進和拓展了中國式現代化，創造了人類文明新形態，使廣大發展中國家看到了新的希望，堅定了自主選擇發展道路的信心。我們平等開展治國理政經驗交流，全力支持發展中國家增強自主發展能力，設立全球發展和南南合作基金，成立全球發展促進中心，同非洲國家共同實施"九項工程"，為太平洋島國量身打造應對氣變等"六大合作平台"。中國式現代化道路越走越寬廣，為世界現代化進程注入新的活力。

方向決定道路，道路決定命運。《決定》提出全面建成高水平社會主義市場經濟體制等一系列重大目標，具有極為重要和深遠的影響，將是人類社會首次在 10 億以上人口超大規模層級上整體推進現代化，實現人的全面發展。中國在改革開放中走到今天、融入世界，也必將在全面深化改革中邁向未來、惠及全球，以中國式現代化新成就為世界發展提供新機遇，發揮更具國際影響力、創新引領力、道義感召力的負責任大國作用。

二、 正確認識外部環境中的戰略機遇和風險挑戰

《決定》牢牢堅持統籌國內國際兩個大局，科學研判紛繁複雜的國際國內形勢，準確把握改革發展前進道路上的外部環境，充分體現了黨中央高瞻遠矚的世界眼光和戰略思維。

當前，世界之變、時代之變、歷史之變正以前所未有的方式展開。世界百年未有之大變局加速演進，新一輪科技革命和產業變革深入發展，國際力量對比深刻調整，"全球南方"聲勢卓然壯大，和平、發展、合作、共贏已是人心所向、大勢所趨，我國發展面臨新的戰略機遇。同時，國際形勢變亂交織，逆全球化思潮抬頭，單邊主義、保護主義明顯上升，局部衝突和動盪頻發，全球性挑戰不斷加劇，個別大國大搞強權霸凌、肆意圍堵打壓新興力量，我國發展進入戰略機遇和風險挑戰並存、不確定難預料因素增多的時期。

不畏浮雲遮望眼，亂雲飛渡仍從容。放眼世界，人類發展進步的大方向不會改變，世界歷史曲折前進的大邏輯不會改變，國際社會命運與共的大趨勢不會改變。中華民族偉大復興已進入不可逆轉的歷史進程。今天，我們已能夠更多把握歷史主動、更大程度影響世界發展方向。

習近平總書記指出，中華民族以改革開放的姿態繼續走向未來，有著深遠的歷史淵源、深厚的文化根基。只要保持信心定力、積極擔當作為，敢於善於鬥爭、主動識變應變求變，就一定能逢山開路、遇水架橋，依靠頑強鬥爭不斷打開事業發展新天地。

三、 全力推進新時代對外工作，營造良好外部環境

《決定》擘畫了進一步全面深化改革、推進中國式現代化的宏偉藍圖，就對外工作為此營造良好外部環境提出了明確要求。當前和今後一個時期，對外工作要以習近平新時代中國特色社會主義思想為指導，深入學習貫徹黨的二十屆三中全會精神，高舉構建人類命運共同體旗幟，堅持自信自立、開放包容、公道正義、合作共贏的方針原則，奮力開創中國特色大國外交新局面，為進一步全面深化改革、推進中國式現代化營造良好外部環境。

（一）堅定奉行獨立自主的和平外交政策，維護和平穩定的國際環境。要堅持依據事情本身的是非曲直決定自己的立場和政策，維護國際關係基本準則，維護國際公平正義。堅持在和平共處五項原則基礎上同各國發展友好合作，推動構建新型國際關係。堅持促進大國協調和良性互動，推動中俄新時代全面戰略協作夥伴關係全方位發展，以相互尊重、和平共處、合作共贏為努力方向探索中美正確相處之道，推動中歐全面戰略夥伴關係健康穩定發展。堅持親誠惠容和與鄰為善、以鄰為伴周邊外交方針，深化同周邊國家友好互信和利益融合。堅持真實親誠理念和正確義利觀加強同發展中國家團結合作，維護發展中國家共同利益。堅持拓展平等、開放、合作的全球夥伴關係，擴大同各國利益的匯合點，構建遍佈全球的"朋友圈"。

（二）積極推進高水平對外開放，服務構建新發展格局。開放是中國式現代化的鮮明標識。要堅持以開放促改革，在擴大國際合作中提升開放能力，同各國共享發展機遇和紅利。加強中外交流互鑒，助力高水平社會主義市場經濟體制建設。完善推進高質量共建"一帶一路"機制，構建立體互聯互通網絡。積極開展經濟外交，便利中外人員往來，為外資外貿創造市場化、法治化、國際化一流營商環境。主動對接國際高標準經貿規

則，擴大面向全球的高標準自由貿易區網絡。擴大自主開放，擴大對最不發達國家單邊開放。推動金融高水平開放，穩慎扎實推進人民幣國際化。支持實施高水平教育開放，推進國際科技交流合作。鞏固提升香港國際金融、航運、貿易中心地位，健全香港、澳門在國家對外開放中更好發揮作用機制。

（三）推進"三大全球倡議"走深走實，引領共謀發展、共築安全、共興文明的國際潮流。全面推進落實全球發展倡議，充分發揮"之友小組"作用，用好全球發展項目庫和資金庫、全球發展促進中心網絡，共建全球發展夥伴關係，培育全球發展新動能。全面踐行全球安全倡議，推動各國堅持共同、綜合、合作、可持續的新安全觀，踐行中國特色熱點問題解決之道，積極參與全球安全治理，推動落實《全球人工智能治理倡議》、《全球數據安全倡議》。建設全球文明倡議踐行機制，弘揚平等、互鑒、對話、包容的文明觀，用好文明古國論壇等平台，擴大國際人文交流合作，全面提升國際傳播效能，展現可信、可愛、可敬的中國形象。

（四）倡導平等有序的世界多極化、普惠包容的經濟全球化，推動全球治理體系變革完善。堅持"平等"，國家不分大小強弱都應在多極化進程中平等參與、享受權利、發揮作用，切實推進國際關係民主化，增強廣大發展中國家的代表性和發言權，反對霸權主義和強權政治。堅持"有序"，堅定維護以聯合國為核心的國際體系、以國際法為基礎的國際秩序、以聯合國憲章宗旨和原則為基礎的國際關係基本準則，秉持真正的多邊主義，反對陣營化、碎片化、無序化。堅持"普惠"，做大並分好經濟發展的蛋糕，妥善解決國家間和各國內部發展失衡問題，促進國際宏觀經濟政策協調，實現互利共贏和共同繁榮。堅持"包容"，支持各國走符合自身國情的發展道路，維護以世界貿易組織為核心的多邊貿易體制，積極參與全球經濟治理體系改革和國際金融治理，反對各種形式的單邊主義、保護主義，抵制歧視性排他性的標準、規則，維護全球產業鏈供應鏈穩定暢通。

（五）推動構建人類命運共同體，攜手建設世界現代化。構建人類命運共同體是世界各國人民的前途所在。要高舉這一光輝旗幟，在世界變局亂局中開闢長治久安、共同繁榮的人間正道，在複雜風險挑戰中把握團結合作、同舟共濟的正確方向。弘揚和平、發展、公平、正義、民主、自由的全人類共同價值，促進各國人民相知相親。推動更多雙邊和地區命運共同體建設落地生根，推動衛生健康、氣候變化、網絡安全等各領域命運共同體建設走實見效。倡導以和平發展超越衝突對抗，以共同安全取代絕對安全，以互利共贏摒棄零和博弈，以交流互鑒防止文明衝突，以綠色發展呵護地球家園，同各國一道建設持久和平、普遍安全、共同繁榮、開放包容、清潔美麗的世界，為推進世界現代化進程、開創人類更加美好未來彙聚合力。

（六）全面貫徹總體國家安全觀，為現代化建設提供堅強安全保障。堅決捍衛黨的領導和中國特色社會主義制度，堅決維護國家統一和領土完整，堅決反對外部勢力利用台灣、涉港、涉疆、涉藏、人權等問題干涉我國內政、攻擊抹黑我國形象。建立健全周邊安全工作協調機制，為營造長治久安的周邊環境提供堅實依託。強化海外利益和投資風險預警、防控、保護體制機制，深化安全領域國際執法合作，維護我國公民、法人在海外合法權益。加強涉外法治建設，健全反制裁、反干涉、反"長臂管轄"機制，健全維護海洋權益機制，健全追逃防逃追贓機制。

（七）堅持和加強黨的領導，建設堪當時代重任的外交隊伍。毫不動搖堅持外交大權在黨中央，自覺堅持黨中央集中統一領導，認真落實黨領導外事工作條例，進一步強化黨領導對外工作的體制機制，確保黨中央對外工作決策部署不折不扣貫徹落實。深化援外體制機制改革，實現全鏈條管理。全面加強外交戰綫黨的建設，堅持守正創新，加強思想理論武裝，建立健全以學鑄魂、以學增智、以學正風、以學促幹長效機制。深化外事工作機制改革，推動外交工作在觀念、體制、能力等方面不斷革新提升。堅持以嚴的基調強化正風肅紀，馳而不息推進外交隊伍建設，鍛造一支對黨忠誠、勇於擔當、敢鬥善鬥、紀律嚴明的新時代外交鐵軍。

藍圖已經繪就，奮鬥開創未來。我們要更加緊密地團結在以習近平同志為核心的黨中央周圍，深刻領悟"兩個確立"的決定性意義，增強"四個意識"、堅定"四個自信"、做到"兩個維護"，以更加積極主動的歷史擔當、更加富有活力的創造精神，全面推進中國特色大國外交，為進一步全面深化改革、推進中國式現代化不懈奮鬥！

新時代全面深化改革的重大成就

曲青山

黨的十八大以來，中國特色社會主義進入新時代。新時代全面深化改革，既是改革開放和社會主義現代化建設新時期改革的繼續，又是改革在新時代的重新開啟。黨的二十屆三中全會通過的《中共中央關於進一步全面深化改革、推進中國式現代化的決定》指出："黨的十一屆三中全會是劃時代的，開啟了改革開放和社會主義現代化建設新時期。黨的十八屆三中全會也是劃時代的，開啟了新時代全面深化改革、系統整體設計推進改革新征程，開創了我國改革開放全新局面。"正確認識和科學把握新時代全面深化改革的重大成就，對於全黨全國人民深入學習貫徹黨的二十屆三中全會精神，統一思想、提高認識，堅定信心、鼓舞鬥志，具有重要意義。

黨的十八大在確定全面建成小康社會宏偉目標的同時，明確提出了全面深化改革的戰略部署。黨的十八屆三中全會正式拉開了新時代全面深化改革的大幕，對改革作出全面戰略部署，確定了全面深化改革的總目標、戰略重點、優先順序、主攻方向、工作機制、推進方式和時間表、路綫圖。改革總目標之明確、內容之全面系統、力度之大、影響之廣泛前所未有。

習近平總書記親自謀劃、親自領導改革工作，主持召開 72 次中央全面深化改革委員會（領導小組）會議，統一思想認識、進行工作部署、審議重大改革方案、分析改革形勢、推動改革落實，為全面深化改革提供了堅強有力的領導保障。在黨中央堅強領導下，經過全黨全軍全國各族人民共同努力，黨的十八屆三中全會確定的改革任務總體完成。新時代全面深化改革砥礪前行、攻堅克難，解決了許多長期想解決而沒有解決的難題，辦成了許多過去想辦而沒有辦成的大事。新時代全面深化改革是全方位、深層次、根本性的，取得的成就是歷史性、革命性、開創性的。

新時代全面深化改革在經濟建設領域取得重大成就。新時代經濟體制改革，緊緊圍繞使市場在資源配置中起決定性作用、更好發揮政府作用深化改革，堅持和完善基本經濟制度，加快完善現代市場體系、宏觀調控體系、開放型經濟體系，加快轉變經濟發展方式，加快建設創新型國家，推動經濟更高質量、更有效率、更加公平、更可持續、更為安全發展。我們毫不動搖鞏固和發展公有制經濟，推動國有經濟佈局優化和結構調整；毫不動搖鼓勵、支持、引導非公有制經濟發展，構建親清政商關係。堅持按勞分配為主體、多種分配方式並存，完善按要素分配的體制機制，中等收入群體規模不斷擴大。加快完善社會主義市場經濟體制，產權保護、公平競爭等基礎制度不斷改進，信用體系建設穩步推進，市場化法治化國際化營商環境日臻完善。市場准入負面清單制度全面實施，反壟斷和防止資本無序擴張不斷強化，高標準市場體系建設穩步推進，全國統一大市場規模效應持續顯現。經濟體制改革有力推動我國經濟高質量發展。2012 年至 2023 年，我國經濟增速在世界主要經濟體中位居前列，是世界經濟增長的最大貢獻國；國內生產總值從 51.9 萬億元增至 126.1 萬億元；科技自立自強成果持續湧現，新技術新業態新模式蓬勃發展，城鄉融合發展體制機制不斷健全；京津冀協同發展、長江經濟帶發展、粵港澳大灣區建設、長三角一體化發展、黃河流域生態保護和高質量發展等區域重大戰略和區域協調發展戰略深入推進。經濟體制改革進一步激發市場活力。截至 2023 年底，各類經營主體數量超過 1.84 億戶，其中個體工商戶突破 1.24 億戶，發展活力競相迸發、充分湧流。實施更加積極主動的開放戰略，高水平開放型經濟新體制加快形成。共建"一帶一路"深入人心、成果豐碩，中歐班列持續發揮國際鐵路聯運獨特優勢。外商投資准入前國民待遇加負面清單管理制度全面實行，面向全球的貿易、投融資、生產、服務網絡加快構建，規則、規制、管理、標準等制度型開放加快推進，22 個自由貿易試驗區和海南自由貿易港建設蓬勃展開。目前，我國已成為世界貨物貿易第一大國、服務貿易第二大國、使用外資第二大國、對外投資第一大國，是近 200 個經濟體的主要貿易夥伴，全方位、多層次、寬領域的全面開放新格局加速形成。通過新時代全面深化改革，我國經濟發展平衡性、協調性、可持續性明顯增強，國家經濟實力、科技實力、綜合國力躍上新台階。

新時代全面深化改革在政治建設領域取得重大成就。新時代政治體制改革，緊緊圍繞堅持黨的領導、人民當家作主、依法治國有機統一深化改革，加快推進社會主義民主政治制度化、規範化、程序化，發展更加廣泛、更加充分、更加健全的人民民主。我們加強和維護黨中央權威和集中統一領導，積極發展全過程人民民主，健全全面、廣泛、有機銜接的人民當家作主制度體系，構建多樣、暢通、有序的民主渠道，豐富民主形式，從各層次各領域擴大人民有序政治參與，使各方面制度和國家治理更好體現人民意志、保障人民權益、激發人民創造，堅持中國特色社會主義法治道路，推動社會主義民主政治穩步發展。通過新時代全面深化改革，中國特色社會主義政治制度優越性得到更好發揮，生動活潑、安定團結的政治局面得到鞏固和發展。中國特色社會主義法治體系不斷健全，法治中國建設邁出堅實步伐，法治固根本、穩預期、利長遠的保障作用進一步發揮，黨運用法治方式領導和治理國家的能力顯著增強。

新時代全面深化改革在文化建設領域取得重大成就。新時代文化體制改革，緊緊圍繞建設社會主義核心價值體系、社會主義文化強國深化改革，加快完善文化管理體制和文化生產經營機制，建立健全現代公共文化服務體系、現代文化市場體系，推動社會主義文化大發展大繁榮。我們確立和堅持馬克思主義在意識形態領域指導地位的根本制度，健全意識形態工作責任制，推動全黨動手抓宣傳思想工作。推動用黨的創新理論武裝全黨、教育人民、指導實踐。高度重視傳播手段建設和創新，推動媒體融合發展，健全互聯網領導和管理體制，堅持依法管網治網。堅持以社會主義核心價值觀引領文化建設，廣泛開展中國特色社會主義和中國夢宣傳教育，推動理想信念教育常態化制度化，完善思想政治工作體系。推進文化事業和文化產業全面發展，完善公共文化服務體系，加大文化遺產保護力度，加快國際傳播能力建設。通過新時代全面深化改革，我國意識形態領域形勢發生全局性、根本性轉變，全黨全國各族人民文化自信明顯增強，全社會凝聚力和向心力極大提升，為新時代開創黨和國家事業新局面提供了堅強思想保證和強大精神力量。

新時代全面深化改革在社會建設領域取得重大成就。新時代社會體制改革，緊緊圍繞更好保障和改善民生、促進社會公平正義深化改革，改革收入分配制度，促進共同富裕，推進社會領域制度創新，推進基本公共服務均等化，加快形成科學有效的社會治理體制，確保社會既充滿活力又和諧有序。我們打贏脫貧攻堅戰，歷史性地解決了絕對貧困問題，全面建成小康社會目標如期實現。在收入分配、就業、教育、社會保障、養老託育、醫療衛生、住房保障等領域推出一系列重大改革舉措，在幼有所育、學有所教、勞有所得、病有所醫、老有所養、住有所居、弱有所扶上取得長足進展，建成世界上規模最大的社會保障體系。我們完善社會治理體系，健全黨組織領導的自治、法治、德治相結合的城鄉基層治理體系，建設共建共治共享的社會治理制度。通過新時代全面深化改革，我國社會建設全面加強，人民生活全方位改善，社會治理社會化、法治化、智能化、專業化水平大幅度提升，發展了人民安居樂業、社會安定有序的良好局面，續寫了社會長期穩定奇跡。

新時代全面深化改革在生態文明建設領域取得重大成就。新時代生態文明體制改革，緊緊圍繞建設美麗中國深化改革，加快建設生態文明制度，健全國土空間開發、資源節約利用、生態環境保護的體制機制，推動形成人與自然和諧發展現代化建設新格局。我們深入貫徹綠水青山就是金山銀山的理念，完善大氣、水、土壤污染防治機制，著力打贏污染防治攻堅戰，統籌推進山水林田湖草沙一體化保護和系統治理，環境質量總體改善。我們建立源頭嚴防、過程嚴管、損害賠償、後果嚴懲等生態文明基礎性框架，加大生態系統保護和修復力度，推動形成節約資源和保護環境的空間格局、產業結構、生產方式、生活方式。建立實施中央生態環境保護督察制度。積極參與全球環境與氣候治理，作出力爭 2030 年前實現碳達峰、2060 年前實現碳中和的莊嚴承諾，體現了負責任大國的擔當。通過新時代全面深化改革，美麗中國建設邁出重大步伐，全黨全國推動綠色發展的自覺性和主動性顯著增強，我國生態環境保護發生歷史性、轉折性、全局性變化。

新時代全面深化改革在國家安全建設領域取得重大成就。新時代國家安全領域改革，緊緊圍繞推進國家安全體系和能力建設深化改革。我們堅持總體國家安全觀，設立中央國家安全委員會，完善集中統一、高效權威的國家安全領導體制，完善國家安全法治體系、戰略體系和政策體系，建立國家安全工作協調機制和應急管理機制。黨把安全發展貫穿國家發展各領域全過程，嚴密防範和嚴厲打擊敵對勢力滲透、破壞、顛覆、分裂活動，頂住和反擊外部極端打壓遏制，開展涉港、涉台、涉疆、涉藏、涉海等鬥爭，有效維護國家安全。通過新時代全面深化改革，國家安全得到全面加強，經受住了來自政治、經濟、意識形態、自然界等方面的風險挑戰考驗，為黨和國家興旺發達、長治久安提供了有力保證。

新時代全面深化改革在國防和軍隊建設領域取得重大成就。新時代國防和軍隊改革，緊緊圍繞建設同我國國際地位相稱、同國家安全和發展利益相適應的鞏固國防和強大人民軍隊深化改革，堅持新時代軍事戰略方針，落實新時代強軍目標。我們毫不動搖堅持黨對人民軍隊絕對領導的根本原則和制度，堅持人民軍隊最高領導權和指揮權屬於黨中央和中央軍委，全面深入貫徹落實軍委主席負責制。重構人民軍隊領導指揮體制、現代軍事力量體系、軍事政策制度，形成軍委管總、戰區主戰、軍種主建新格局。通過新時代全面深化改革，人民軍隊實現整體性革命性重塑，重整行裝再出發，國防實力和經濟實力同步提升，一體化國家戰略體系和能力加快構建。人民軍隊堅決履行新時代使命任務，以頑強鬥爭精神和實際行動捍衛了國家主權、安全、發展利益。

新時代全面深化改革在黨的建設領域取得重大成就。新時代黨的建設制度改革，緊緊圍繞提高科學執政、民主執政、依法執政水平深化改革，加強民主集中制建設，完善黨的領導體制和執政方式，保持黨的先進性和純潔性，為改革開放和社會主義現代化建設提供堅強政治保證。黨健全黨的領導制度體系，建立健全黨對重大工作的領導體制，強化黨中央決策議事協調機構職能作用，完善推動黨中央重大決策落實機制，嚴格執行向黨中央請示報告制度，強化政治監督，深化政治巡視。制定和落實中央八項規定，持之以恆糾治"四風"。堅持思想建黨和制度治黨同向發力，樹立正確用人導向，糾正選人用人上的不正之風。堅持紀嚴於法、執紀執法貫通，用好監督執紀"四種形態"。形成比較完善的黨內法規體系，嚴格制度執行。黨領導完善黨和國家監督體系，推動設立國家監察委員會，構建巡視巡察上下聯動格局，構建以黨內監督為主導、各類監督貫通協調的機制，加強對權力運行的制約和監督。通過新時代全面深化改革，黨的領導制度體系不斷完善，黨的自我淨化、自我完善、自我革新、自我提高能力顯著增強，管黨治黨寬鬆軟狀況得到根本扭轉，反腐敗鬥爭取得壓倒性勝利並全面鞏固，全面從嚴治黨的政治引領和保障作用充分發揮，黨在革命性鍛造中更加堅強。

緊緊圍繞推進中國式現代化
進一步全面深化改革

江金權

　　黨的二十屆三中全會通過的《中共中央關於進一步全面深化改革、推進中國式現代化的決定》（以下簡稱《決定》）指出：“緊緊圍繞推進中國式現代化進一步全面深化改革。”這是《決定》的點題之句，即進一步全面深化改革必須聚焦推進中國式現代化這個主題。《決定》全篇正是緊緊圍繞這個主題來謀劃和部署各領域改革的。壹引其綱，萬目皆張。全面深入學習貫徹《決定》，首先必須把這個主題理解好、領悟好、貫徹好。

一、 推進中國式現代化需要進一步全面深化改革

　　習近平總書記指出：“改革開放是黨和人民事業大踏步趕上時代的重要法寶，是黨和國家保持生機活力的關鍵，是當代中國最鮮明的特色，也是當代中國共產黨人最鮮明的品格。”黨的十一屆三中全會以來，我們黨領導人民成功開創中國特色社會主義，大踏步趕上時代，靠的是改革開放。黨的十八大以來，以習近平同志為核心的黨中央領導人民推動中國特色社會主義進入新時代，如期實現第一個百年奮鬥目標，成功開啟向第二個百年奮鬥目標進軍的新征程，靠的也是改革開放。新時代新征程上，要把黨的二十大描繪的中國式現代化藍圖變為現實，根本仍在於進一步全面深化改革。

　　《決定》指出：“中國式現代化是在改革開放中不斷推進的，也必將在

改革開放中開闢廣闊前景。"中國式現代化與改革開放相伴而生，沒有改革開放就沒有中國式現代化。同樣，改革開放是中國式現代化的內在要求，不持續深入推進改革開放就實現不了中國式現代化。面對紛繁複雜的國際國內形勢，面對新一輪科技革命和產業變革，面對人民群眾新期待，唯有把改革開放進行到底，不斷推動生產關係和生產力、上層建築和經濟基礎、國家治理和社會發展更好相適應，才能為中國式現代化提供強大動力和制度保障。這就是黨的二十大報告將堅持深化改革開放作為推進中國式現代化五項重大原則之一的深刻依據，也是黨的二十屆三中全會重點研究進一步全面深化改革的基本考量。

《決定》指出的"六個必然要求"，既集中概括了推進中國式現代化面臨的形勢，又鮮明提出了進一步全面深化改革需要回答的重大課題，深刻闡明了進一步全面深化改革對推進中國式現代化的重大意義。

第一，進一步全面深化改革是堅持和完善中國特色社會主義制度、推進國家治理體系和治理能力現代化的必然要求。中國特色社會主義制度是當代中國發展進步的根本制度保障。黨的十八大以來，以習近平同志為核心的黨中央圍繞完善和發展中國特色社會主義制度、推進國家治理體系和治理能力現代化總目標全面深化改革，推動我國國家制度和治理體系建設取得重大成效。同時要深刻認識到，中國特色社會主義制度的完善是一個動態的歷史過程，需要通過進一步全面深化改革固根基、揚優勢、補短板、強弱項，推動各項制度更加完善，把我國制度優勢更好轉化為國家治理效能。

第二，進一步全面深化改革是貫徹新發展理念、更好適應我國社會主要矛盾變化的必然要求。高質量發展是中國式現代化的首要任務，而不斷深化體制機制改革則是推動高質量發展的重要條件。黨的十八大以來，以習近平同志為核心的黨中央把握我國社會主要矛盾變化，立足新發展階段，提出和貫徹新發展理念，加快構建新發展格局，著力推進關係我國發展全局的深刻變革，推動高質量發展不斷取得重大進展。當前，以新發展理念指引推動高質量發展依然面臨不少體制機制障礙和卡點堵點，需要通過進一步全面深化改革來有效破解，為實現中國式現代化加油賦能。

第三，進一步全面深化改革是堅持以人民為中心、讓現代化建設成果更多更公平惠及全體人民的必然要求。全體人民共同富裕是中國式現代化的本質特徵，也是區別於西方現代化的顯著標誌。黨的十八大以來，以習近平同志為核心的黨中央堅持以人民為中心，採取有力措施保障和改善民生，打贏脫貧攻堅戰，全面建成小康社會，為促進共同富裕創造了良好條件。當前，我們要扎實推進共同富裕，面臨許多涉及深層次利益關係調整的複雜難題，必須通過進一步全面深化改革來建立健全同促進全體人民共同富裕相適應的制度體系，使人民獲得感、幸福感、安全感更加充實、更有保障、更可持續。

第四，進一步全面深化改革是應對重大風險挑戰、推動黨和國家事業行穩致遠的必然要求。中國式現代化是強國建設、民族復興的康莊大道，但康莊大道不等於一馬平川。當前，我國發展進入戰略機遇和風險挑戰並存、不確定難預料因素增多的時期，需要應對的風險挑戰、需要防範化解的矛盾問題比以往更加嚴峻複雜。在這種條件下推進中國式現代化，必須準確識變、科學應變、主動求變，善於轉危為安、化危為機。最根本的還是要向改革要辦法，以改革提前量應對各種風險變量，依靠健全的治理體系和強大的治理能力戰勝前進道路上的各種風險挑戰。

第五，進一步全面深化改革是推動構建人類命運共同體、在百年變局加速演進中贏得戰略主動的必然要求。在堅定維護世界和平和發展中謀求自身發展，又以自身發展更好維護世界和平和發展，推動構建人類命運共同體，是中國式現代化的突出特徵。當前，世界百年未有之大變局加速演進，進入新的動盪變革期，我國發展面臨的外部環境日益嚴峻。我們要在激烈的國際競爭特別是大國博弈中贏得戰略主動，就必須進一步全面深化改革，健全落實"中國主張"、"中國倡議"和維護中國主權、安全、發展利益的制度安排，不斷提升我國國際影響力、感召力、塑造力，為推進中國式現代化營造良好外部環境。

第六，進一步全面深化改革是深入推進新時代黨的建設新的偉大工程、建設更加堅強有力的馬克思主義政黨的必然要求。黨的領導直接關係中國式現代化的根本方向、前途命運、最終成敗。推進中國式現代化必須毫不動搖地堅持黨的全面領導。打鐵還需自身硬。堅持黨的領導，就必須深入推進新時代黨的建設新的偉大工程，堅定不移推進黨的自我革命。黨的十八大以來，以習近平同志為核心的黨中央以巨大政治勇氣堅定不移推進全面從嚴治黨，黨在革命性鍛造中更加堅強。同時，我們黨還面臨著一系列需要持續深入解決的大黨獨有難題，要求我們用改革精神和嚴的標準管黨治黨，健全全面從嚴治黨體系，確保黨始終成為中國特色社會主義事業的堅強領導核心。

二、進一步全面深化改革必須聚焦推進中國式現代化

習近平總書記指出："圍繞黨的中心任務謀劃和部署改革，是黨領導改革開放的成功經驗。"回顧改革開放和社會主義現代化建設的歷程可以看到，我們黨總是在黨的歷次全國代表大會報告中把握歷史的階段性特徵，確立發展目標和中心任務，用以統一意志、凝心聚力，然後再在三中全會上重點研究改革議題，把服務中心任務和戰略目標作為改革的主題，通過改革為完成中心任務、實現戰略目標增添動力。黨的二十大確立了以中國式現代化全面推進強國建設、民族復興偉業的中心任務。推進中國式現代化，是新時代新征程上凝聚全黨全國人民智慧和力量的旗幟，也必然是進一步全面深化改革的主題。

《決定》緊緊圍繞推進中國式現代化，在進一步全面深化改革的總目

標中強調了"七個聚焦"，為進一步全面深化改革如何聚焦主題指明了方向。

一是聚焦構建高水平社會主義市場經濟體制。高質量發展是推進中國式現代化的首要任務，構建促進高質量發展的經濟體制是進一步全面深化改革的重點。《決定》15 個部分中有 6 個部分直接涉及經濟體制改革，釋放了進一步解放和發展社會生產力、激發和增強社會活力的強烈信號。只有堅持和發展我國基本經濟制度，不斷完善高質量發展的體制機制，才能建設好現代化經濟體系。

二是聚焦發展全過程人民民主。發展全過程人民民主是中國式現代化的本質要求，健全完善全過程人民民主制度體系是進一步全面深化改革的應有之義。只有堅持黨的領導、人民當家作主、依法治國有機統一，推動國家根本政治制度、基本政治制度、重要政治制度更加完善，才能更好順應民心、彙集智慧、激發力量，確保進一步全面深化改革始終保持活躍有序、活而不亂的動態平衡，推動中國式現代化順利向前發展。

三是聚焦建設社會主義文化強國。中國式現代化是物質文明和精神文明相協調的現代化，深化文化體制機制改革是進一步全面深化改革的重要內容。只有堅持馬克思主義在意識形態領域指導地位的根本制度，不斷健全文化事業、文化產業發展體制機制，才能推動文化繁榮，使全體人民精神財富極大豐富、在思想文化上自信自強，更好培育推進中國式現代化的精神力量。

四是聚焦提高人民生活品質。在發展中保障和改善民生是中國式現代化的重大任務，健全保障和改善民生制度體系是進一步全面深化改革的重要內容。只有從人民的整體利益、根本利益、長遠利益出發謀劃和推進改革，在推動人的全面發展、全體人民共同富裕上不斷取得更為明顯的實質性進展，改革才能得到人民群眾的擁護和支持，中國式現代化才能獲得強大動力源泉。

五是聚焦建設美麗中國。中國式現代化是人與自然和諧共生的現代化，深化生態文明體制改革是進一步全面深化改革的重要內容。我們必須統籌經濟發展和生態環境保護，不能走西方現代化"先污染，後治理"的老路。只有聚焦建設美麗中國，健全生態環境保護體制機制，完善生態文明制度體系，推動經濟社會發展全面綠色轉型，才能以高品質生態環境支撐高質量發展。

六是聚焦建設更高水平平安中國。國家安全是中國式現代化行穩致遠的重要前提，完善維護國家安全體制機制是進一步全面深化改革的應有之義。沒有國家安全就不可能實現中國式現代化。只有統籌發展和安全，堅定不移貫徹總體國家安全觀，健全國家安全體系，有效構建新安全格局，中國式現代化才能行穩致遠。

七是聚焦提高黨的領導水平和長期執政能力。黨的領導是進一步全面深化改革、推進中國式現代化的根本保證。只有始終保持以黨的自我革命引領社會革命的高度自覺，深化黨的建設制度改革，健全全面從嚴治黨體系，不斷推進黨的自我淨化、自我完善、自我革新、自我提高，才能提高黨的領導水平和長期執政能力，確保黨始終成為中國特色社會主義事業的堅強領導核心。

三、 把握落實圍繞推進中國式現代化進一步全面深化改革要求的有效方法

進一步全面深化改革，各項改革舉措都要緊扣推進中國式現代化這個主題不散光、不走神，以科學方法把圍繞推進中國式現代化進一步全面深化改革要求落實到位。

一是堅持目標導向和問題導向相結合，增強圍繞推進中國式現代化進一步全面深化改革的精準性。要以黨的二十大確立的中國式現代化戰略目

標和《決定》確立的改革目標為方向引領，堅持從各種制約中國式現代化順利推進的問題入手，查找體制機制障礙和制約因素，探求標本兼治之策。具體來講，就是要以解決阻礙高質量發展的堵點問題、影響社會公平正義的熱點問題、民生方面的難點問題、黨的建設的突出問題、各領域的風險問題等為突破口，實行靶向治療，著力破除深層次體制機制障礙和結構性矛盾，增強改革舉措的針對性、精準度。

二是堅持整體推進和突出重點相結合，增強圍繞推進中國式現代化進一步全面深化改革的協同性。《決定》對進一步全面深化改革、推進中國式現代化進行謀篇佈局，既覆蓋了全局，又突出了重點，體現了全面深化和重點突破辯證統一的鮮明特點。落實《決定》確立的改革任務，要把握這個特點。一方面，加強各項改革舉措的協調配套，推動各領域各方面的改革舉措同向發力、形成合力，增強改革的系統性、整體性、協同性，防止和克服各行其是、一盤散沙甚至相互掣肘的現象。另一方面，注重抓主要矛盾和矛盾的主要方面，哪裏矛盾和問題最突出，哪裏疙瘩最難解，就把改革矛頭指向哪裏，防止"眉毛鬍子一把抓"、四面出擊、平均用力，力求取得以重點帶動全盤、以重點突破推動整體協同的良好效果。

三是堅持積極主動和扎實穩健相結合，增強圍繞推進中國式現代化進一步全面深化改革的實效性。《決定》確立的改革任務，各地區各部門要積極主動抓落實，但改革的步子要穩健。要堅持破立並舉、先立後破，防止破而不立帶來管理混亂等負面效應。要因地制宜、適時而動，把握好改革時度效，綜合考慮必要性和可行性，做好每項改革舉措的論證評估，全面把握現實條件、社會預期和對其他方面的影響，充分考慮承受能力和可能帶來的後果，把可能出現的情況考慮全，把應對各種風險的措施預備足，確保改革方案務實、管用、可行，防止脫離實際、盲目冒進，為發展留下隱患。要以實績實效和人民群眾滿意度檢驗改革，實施對中國式現代化有意義、有價值的改革，防止為追求轟動效應搞勞而無功、勞民傷財的形象工程。

　　緊緊圍繞推進中國式現代化進一步全面深化改革，必須堅持以習近平新時代中國特色社會主義思想為指導，深刻領悟"兩個確立"的決定性意義，增強"四個意識"、堅定"四個自信"、做到"兩個維護"。要深入學習貫徹習近平總書記關於全面深化改革的一系列新思想、新觀點、新論斷，掌握貫穿其中的立場觀點方法並運用於改革實踐，著力強化戰略思維、歷史思維、辯證思維、系統思維、創新思維、法治思維、底綫思維，不斷提高黨對進一步全面深化改革、推進中國式現代化的領導水平。

進一步全面深化改革的總目標

黃守宏

　　黨的二十屆三中全會通過的《中共中央關於進一步全面深化改革、推進中國式現代化的決定》（以下簡稱《決定》），全面貫徹習近平新時代中國特色社會主義思想，深入貫徹習近平總書記關於全面深化改革的一系列新思想、新觀點、新論斷，緊扣推進中國式現代化這個主題，明確了進一步全面深化改革的總目標，對新時代新征程各領域改革提出新要求。我們要充分認識進一步全面深化改革總目標的重大意義、豐富內涵和實踐要求，把準方向、守正創新、真抓實幹，在新時代新征程上奮力譜寫改革開放新篇章。

一、深刻理解進一步全面深化改革的總目標

　　習近平總書記指出："一個國家要發展，明確目標和路徑很重要。"目標就是方向，目標就是引領，目標就是動力。我們黨成立 100 多年來，之所以能夠戰勝無數艱難險阻、不斷從勝利走向勝利，一條重要經驗就是始終堅持實現共產主義的最高理想和最終目標，科學謀劃確定革命、建設、改革各個歷史時期的奮鬥目標，以此指引全黨全國人民的前進方向，凝聚起萬眾一心、團結奮進的強大力量，引領黨和國家事業闊步前進。

　　改革開放 40 多年來，我們黨在探索和實踐過程中，不斷深化對改革的規律性認識，逐步確立了全面深化改革的總目標，引領改革不斷取得新的重大成就。黨的十一屆三中全會作出把黨和國家工作中心轉移到經濟建

設上來、實行改革開放的歷史性決策，改革從農村到城市、從沿海到內地、從經濟領域到其他領域迅速推進、不斷拓展。針對改革不斷深入所面臨的時代性、體系性、全局性問題，黨的十八大提出了全面深化改革的戰略任務。習近平總書記指出："全面深化改革，全面者，就是要統籌推進各領域改革，就需要有管總的目標，也要回答推進各領域改革最終是為了什麼、要取得什麼樣的整體結果這個問題。"黨的十八屆三中全會提出了全面深化改革的總目標，就是"完善和發展中國特色社會主義制度，推進國家治理體系和治理能力現代化"。黨的十九大將全面深化改革總目標作為習近平新時代中國特色社會主義思想的重要內容並載入新修改的黨章。全面深化改革總目標的確立，不僅實現了改革由局部探索、破冰突圍到系統集成、全面深化的轉變，而且為今後的改革指明了方向、提供了依據，具有重大現實意義和深遠歷史意義。在以習近平同志為核心的黨中央堅強領導下，在全面深化改革總目標引領下，各領域基礎性制度框架基本建立，許多領域實現歷史性變革、系統性重塑、整體性重構，開創了我國改革開放全新局面，為黨和國家事業取得歷史性成就、發生歷史性變革，為實現黨的第一個百年奮鬥目標、開啟第二個百年奮鬥目標新征程，注入了強大動力和活力。

《決定》提出了進一步全面深化改革的總目標，就是"繼續完善和發展中國特色社會主義制度，推進國家治理體系和治理能力現代化"，這同黨的十八屆三中全會提出的總目標相比，在前面增加了"繼續"兩字，表明我們黨在改革上道不變、志不改和接續奮鬥的堅定決心。同時《決定》明確了到 2035 年的階段性改革目標、分領域具體改革目標和時間表、路綫圖、任務書。進一步全面深化改革總目標與黨的十八屆三中全會提出的總目標既一脈相承，又有新的豐富和發展，體現了改革實踐發展的連續性和階段性，體現了黨對改革認識的深化和系統化。深刻理解這個總目標，對於完成新時代新征程改革歷史任務、貫徹落實好《決定》作出的各項改革部署、推進中國式現代化至關重要。

深刻理解進一步全面深化改革的總目標，堅定自覺緊扣中國式現代化這個主題。黨的二十大擘畫了全面建設社會主義現代化國家的宏偉藍圖，確立了以中國式現代化全面推進強國建設、民族復興偉業的中心任務，全面深化改革要服從和服務於這個中心任務。只有深刻理解和錨定進一步全面深化改革的總目標，繼續完善和發展中國特色社會主義制度，堅決破除妨礙推進中國式現代化的思想觀念和體制機制弊端，著力破解深層次體制機制障礙和結構性矛盾，才能為完成中心任務、實現戰略目標增添強勁動力、提供有力制度保障。

深刻理解進一步全面深化改革的總目標，引領改革始終沿著正確的方向前進。改革開放是一場深刻革命，必須堅持正確方向、沿著正確道路推進才能取得成功。進一步全面深化改革總目標，規定了進一步全面深化改革的根本方向是中國特色社會主義道路，體現了在根本方向指引下完善和發展中國特色社會主義制度的鮮明指向。只有深刻理解這一總目標並以此為根本尺度，才能做到對改什麼、怎麼改心中有數，堅持黨的全面領導、堅持馬克思主義、堅持中國特色社會主義道路、堅持人民民主專政等根本的東西不動搖，把該改的、能改的切實改好、改到位。

深刻理解進一步全面深化改革的總目標，不斷增強改革的系統性、整體性、協同性。當前全面深化改革進入攻堅期和深水區，面臨的國內外形勢更為複雜，涉及的利益格局調整和制度體系變革更為深刻，改革措施的關聯性、耦合性、敏感性更加突出。只有深刻認識和充分發揮進一步全面深化改革總目標的統領作用，才能更好把握深化改革的戰略重點、優先順序、主攻方向、工作機制和推進方式，也才能更好制定和統籌實施各領域各方面的改革舉措，協同發力、形成合力，增強整體效能，防止和克服各行其是、相互掣肘、效應對衝或合成謬誤等問題。

二、準確把握到 2035 年的改革目標和分領域改革目標任務

綜合考慮當前和今後一個時期改革開放和推進中國式現代化的形勢任務，《決定》提出的進一步全面深化改革的總目標中，明確了到 2035 年的階段性改革目標和"七個聚焦"的分領域改革目標，要求到 2029 年完成本決定提出的改革任務。這就形成了總目標統領下有總有分、總分結合、系統完備的目標體系。

在到 2035 年的階段性改革目標中，突出全面深化改革的重點，明確"全面建成高水平社會主義市場經濟體制"；緊扣全面深化改革的主軸，明確"中國特色社會主義制度更加完善，基本實現國家治理體系和治理能力現代化"；圍繞新時代新征程黨的中心任務，明確"基本實現社會主義現代化，為到本世紀中葉全面建成社會主義現代化強國奠定堅實基礎"。這些目標，與黨的十九大、二十大戰略部署安排相一致，展現了進一步全面深化改革、推進中國式現代化的壯麗前景。

在"七個聚焦"的分領域改革目標中，對深化經濟、政治、文化、社會、生態文明、國家安全和黨的建設等領域改革，提出了前瞻性、戰略性、引領性的目標要求。同黨的十八屆三中全會提出的分領域改革目標相比，增加了國家安全領域改革的目標，進一步凸顯改革的全面性、系統性。

（一）聚焦構建高水平社會主義市場經濟體制，充分發揮市場在資源配置中的決定性作用，更好發揮政府作用，堅持和完善社會主義基本經濟制度，推進高水平科技自立自強，推進高水平對外開放，建成現代化經濟體系，加快構建新發展格局，推動高質量發展。推動市場經濟基礎制度更加完善，宏觀經濟治理體系更加健全，有效市場和有為政府更好結合。國家創新體系效能全面提升，進入創新型國家前列，建成教育強國、科技強國、人才強國。新質生產力發展的堵點難點有效破除，現代化經濟體系構

建形成，新型工業化、信息化、城鎮化、農業現代化基本實現。建成更高水平開放型經濟新體制，構建新發展格局、推動高質量發展的制度保障更加有力。

（二）聚焦發展全過程人民民主，堅持黨的領導、人民當家作主、依法治國有機統一，推動人民當家作主制度更加健全、協商民主廣泛多層制度化發展、中國特色社會主義法治體系更加完善，社會主義法治國家建設達到更高水平。推動全過程人民民主制度體系更加健全，充分體現人民意志、保障人民權益、激發人民創造活力。人民當家作主制度保障全面加強，社會主義民主政治建設進一步發展。協商民主體系更為完善。依法治國得到全面落實，形成完備的法律規範體系、高效的法治實施體系、嚴密的法治監督體系、有力的法治保障體系。

（三）聚焦建設社會主義文化強國，堅持馬克思主義在意識形態領域指導地位的根本制度，健全文化事業、文化產業發展體制機制，推動文化繁榮，豐富人民精神文化生活，提升國家文化軟實力和中華文化影響力。在新的歷史起點上繼續推進文化自信自強，激發全民族文化創新創造活力，增強實現中華民族偉大復興的精神力量。文化體制進一步完善，現代公共文化服務體系更加健全，現代文化產業體系和市場體系基本形成。中國話語和中國敘事體系加快構建，中華文化影響力、中華民族凝聚力顯著增強。

（四）聚焦提高人民生活品質，完善收入分配和就業制度，健全社會保障體系，增強基本公共服務均衡性和可及性，推動人的全面發展、全體人民共同富裕取得更為明顯的實質性進展。推動收入分配制度改革完善，基本形成以中等收入群體為主體的"橄欖型"社會結構，就業公共服務體系和勞動者權益保障制度更加完善。多層次社會保障體系和分層分類的社會救助體系更加健全，實現基本公共服務覆蓋全民、兜住底綫、均等享有。人的全面發展能力持續提升，人民群眾獲得感、幸福感、安全感更加充實、更有保障、更可持續。

（五）聚焦建設美麗中國，加快經濟社會發展全面綠色轉型，健全生態環境治理體系，推動生態優先、節約集約、綠色低碳發展，促進人與自然和諧共生。深入踐行綠水青山就是金山銀山的理念，綠色生產生活方式廣泛形成。清潔低碳安全高效的能源體系和綠色低碳循環發展的經濟體系基本建立。生態安全屏障體系基本形成，生態環境根本好轉，美麗中國目標基本實現。

（六）聚焦建設更高水平平安中國，健全國家安全體系，強化一體化國家戰略體系，增強維護國家安全能力，創新社會治理體制機制和手段，有效構建新安全格局。堅定不移貫徹總體國家安全觀，國家安全法治體系、戰略體系、政策體系、人才體系和運行機制更加健全，維護國家安全體系和能力全面加強。公共安全保障能力全面提高。共建共治共享的社會治理制度更加健全，社會治理效能明顯提升，社會大局保持安全穩定。

（七）聚焦提高黨的領導水平和長期執政能力，創新和改進領導方式和執政方式，深化黨的建設制度改革，健全全面從嚴治黨體系。堅持和加強黨中央集中統一領導，黨總攬全局、協調各方的領導體制更加健全，科學執政、民主執政、依法執政能力全面提高。黨的建設制度改革持續深化，新時代黨的建設新的偉大工程深入推進。黨的自我革命制度規範體系更加完善，黨的自我淨化、自我完善、自我革新、自我提高全面推進。

三、 以進一步全面深化改革的總目標引領改革不斷取得新成效

進一步全面深化改革，必須深入學習貫徹習近平總書記關於全面深化改革的重要論述，把握好習近平新時代中國特色社會主義思想的世界觀和方法論，錨定繼續完善和發展中國特色社會主義制度、推進國家治理體系和治理能力現代化這個總目標，突出改革重點，把牢價值取向，處理好重

大關係，講求方式方法。要堅持黨中央對全面深化改革的集中統一領導，深刻領悟 "兩個確立" 的決定性意義，增強 "四個意識"、堅定 "四個自信"、做到 "兩個維護"，為全面深化改革提供根本政治保證。要堅持以人民為中心，堅持以促進社會公平正義、增進人民福祉為出發點和落腳點，從人民的整體利益、根本利益、長遠利益出發謀劃和推進改革，不斷滿足人民對美好生活的新期待。要堅持目標導向和問題導向相結合，圍繞進一步全面深化改革的總目標，抓住主要矛盾和矛盾的主要方面，奔著問題去、盯著問題改，著力解決制約構建新發展格局和推動高質量發展的卡點堵點問題、發展環境和民生領域的痛點難點問題、有悖社會公平正義的焦點熱點問題。要堅持系統觀念，更加注重改革的系統集成，明確優先序，把握時度效，促進各項改革舉措在目標取向上相互配合、在實施過程中相互促進、在改革成效上相得益彰。要堅持破立並舉、先立後破，該立的要積極主動立起來，該破的要在立的基礎上堅決破，在破立統一中逐步實現進一步全面深化改革的總目標。

遵循進一步全面深化改革 "六個堅持" 的原則

田培炎

　　黨的二十屆三中全會通過的《中共中央關於進一步全面深化改革、推進中國式現代化的決定》（以下簡稱《決定》），深刻總結改革開放以來特別是新時代全面深化改革的寶貴經驗，提出 "六個堅持" 的原則，為進一步全面深化改革提供了重要遵循。

一、堅持黨的全面領導，堅定維護黨中央權威和集中統一領導，發揮黨總攬全局、協調各方的領導核心作用，把黨的領導貫穿改革各方面全過程，確保改革始終沿著正確政治方向前進

　　中國共產黨領導是中國特色社會主義最本質的特徵，是中國特色社會主義制度的最大優勢。堅持黨的全面領導，是我國改革開放成功推進的根本保證。進一步全面深化改革涉及範圍廣、觸及利益深、攻堅難度大，需要不斷深化對改革的規律性認識，以新的理論指導新的實踐，增強改革的科學性、預見性、主動性、創造性；需要正確判斷形勢，準確把握改革面臨的時與勢、危與機、有利與不利，為改革決策提供科學依據；需要順應實踐發展新要求、人民群眾新期待，舉旗定向、謀篇佈局，明確改革目標任務、優先序、時間表、路綫圖；需要以巨大的政治勇氣和頑強的意志品質，剷除頑瘴痼疾，打破利益固化藩籬，堅決破除妨礙中國式現代化順利推進的思想觀念和體制機制弊端；需要廣泛凝心聚力，形成有利於改革的

興論氛圍、政治生態和外部環境。所有這些，一刻也離不開黨的堅強領導。黨的十八大以來，全面深化改革推動實現改革由局部探索、破冰突圍到系統集成、全面深化的轉變，各領域基礎性制度框架基本建立，許多領域實現歷史性變革、系統性重塑、整體性重構，根本在於有習近平總書記領航掌舵，在於有習近平新時代中國特色社會主義思想科學指引。

　　進一步全面深化改革必須堅持黨中央集中統一領導，改革的總體設計、統籌協調、整體推進都要由黨中央統一指揮、統一號令。各級黨委（黨組）要落實領導責任，緊密結合實際，謀劃好、推動好本地區本部門的改革，抓好重大改革舉措的組織實施。各級黨政主要負責同志要親自抓改革，做到既掛帥又出征，重要改革親自部署、重大方案親自把關、關鍵環節親自協調、落實情況親自督察。要把重大改革落實情況納入監督檢查和巡視巡察內容，推動改革舉措落地見效。堅持以改革精神和嚴的標準管黨治黨，深化黨的建設制度改革，落實 "三個區分開來"，著力解決幹部 "亂作為、不作為、不敢為、不善為" 問題，激勵幹部擔當作為，充分調動全黨抓改革、促發展的積極性主動性創造性，不斷提高黨對進一步全面深化改革、推進中國式現代化的領導水平。

二、 堅持以人民為中心，尊重人民主體地位和首創精神，人民有所呼、改革有所應，做到改革為了人民、改革依靠人民、改革成果由人民共享

　　人民是歷史的主體，也是改革的主體。改革的目的是為了人民，改革的動力源自人民，改革的成效要由人民來評判。把更好滿足人民日益增長的美好生活需要，推動人的全面發展、全體人民共同富裕取得更為明顯的實質性進展作為根本目的，改革就能牢牢佔據道義制高點，贏得人民衷心擁護和支持。充分激發人民主人翁精神，彙聚蘊藏在人民之中的無窮智

慧，激發全社會創造活力，改革就能擁有最廣泛、最深厚、最持久的力量源泉。讓人民來評判，改革的靶向就會更加精準，改革的成效就會更加顯著。黨的十八大以來，以習近平同志為核心的黨中央，堅持改革為了人民、改革依靠人民、改革成果由人民共享，緊緊依靠人民推進改革，根據人民群眾的訴求和期盼設置改革議題，從解決人民群眾反映強烈的突出問題中找準改革的切入點和突破口，在人民群眾的意見建議中尋求改革的金點子、妙法子，使全面深化改革成為人民群眾共同參與、普遍受益的過程。

進一步全面深化改革要以促進社會公平正義、增進人民福祉為出發點和落腳點，把以人民為中心的根本立場和價值追求貫穿改革始終。改革決策要堅持問計於民、問需於民，充分發揚民主，廣泛集中民智，真誠傾聽人民心聲，及時回應人民關切，做到人民有所呼、改革有所應，使改革舉措更加符合實際、符合人民願望。要加大惠民利民改革力度，謀劃好、落實好民生所急、民心所向的改革舉措，著力解決人民群眾就業、增收、入學、就醫、住房、託幼養老、生態環保等急難愁盼問題，讓人民群眾在改革中有實實在在的獲得感。要充分激發人民群眾參與改革的主動精神，推動形成億萬群眾滿腔熱忱投身改革、萬眾一心支持改革、齊心協力推動改革的生動局面。尊重基層和群眾首創精神，鼓勵開拓創新，用新思路新辦法探索解決新領域新實踐遇到的新問題，努力創造可複製、可推廣的新鮮經驗。

三、 堅持守正創新，堅持中國特色社會主義不動搖，緊跟時代步伐，順應實踐發展，突出問題導向，在新的起點上推進理論創新、實踐創新、制度創新、文化創新以及其他各方面創新

歷史發展有著內在規律，其作用不以人的意志為轉移。人們把握歷史規律越深刻越全面，前進方向就會越明確越堅定，開闢未來的歷史主動精神就會越強烈越持久。守正就是要堅守符合歷史發展規律的正確道路，不

為任何風險所懼，不為任何干擾所惑。創新就是要以一往無前的膽魄和勇氣變革現實、掃除障礙，沿著歷史前進的邏輯前進、順應時代發展的潮流發展。中國式現代化是我們黨團結帶領人民經過長期探索成功開闢的強國建設、民族復興的康莊大道。中國式現代化的鮮明特色、本質要求、重大原則，是我們黨對現代化建設規律的深刻揭示，是進一步全面深化改革必須一以貫之、始終堅持、不可偏廢的。同時，中國式現代化是一項前無古人的開創性事業，前進道路上必然充滿艱辛、充滿未知、充滿風險挑戰，必須在除舊布新、開拓創新中破浪前行，進一步推動生產關係和生產力、上層建築和經濟基礎、國家治理和社會發展更好相適應，使中國式現代化特色更特、優勢更優、前景更加美好。

進一步全面深化改革必須保持道不變、志不改的強大定力，既不走封閉僵化的老路，也不走改旗易幟的邪路，堅持四項基本原則這個立國之本不動搖，堅持貫通和體現中國式現代化這個主題不偏離，堅持繼續完善和發展中國特色社會主義制度、推進國家治理體系和治理能力現代化這個總目標不放鬆，堅持社會主義市場經濟改革方向不迷失。要始終保持改革的銳氣，突出問題導向，聚焦經濟、政治、文化、社會、生態文明、國家安全、黨的建設等各方面突出問題，在新的起點上推進理論創新、實踐創新、制度創新、文化創新以及其他各方面創新，該改的、能改的堅決改、改到位，不繞道、不退縮、不迴避，進一步解放和發展生產力，進一步激發和增強社會活力，確保中國式現代化始終生機勃勃。

四、 堅持以制度建設為主綫，加強頂層設計、總體謀劃，破立並舉、先立後破，築牢根本制度，完善基本制度，創新重要制度

制度優勢是一個國家的最大優勢，制度競爭是國家間最根本的競爭，制度穩則國家穩，制度強則國家強。中國特色社會主義制度凝結著黨領導

人民取得的重大成就和歷史經驗，承載著黨的政治理想、政治目標、政治綱領、戰略戰術，體現著中國特色社會主義的本質特徵，是具有鮮明中國特色、明顯制度優勢、強大自我完善能力的先進制度。這一先進制度並不是一經建立就成熟定型、盡善盡美的，而是需要在不斷改革中日益鞏固、完善和發展。黨的十八大以來，我們黨將制度建設作為全面深化改革的主綫突出出來，就是要加快推進社會主義制度的自我完善和發展，不斷彰顯中國特色社會主義制度優勢和國家治理效能。

　　進一步全面深化改革要圍繞制度建設這條主綫，固根基、揚優勢、補短板、強弱項，築牢根本制度，完善基本制度，創新重要制度。對黨的領導制度、人民代表大會制度、馬克思主義在意識形態領域指導地位制度、黨對人民軍隊絕對領導制度等根本制度，要毫不動搖堅持和鞏固；對中國共產黨領導的多黨合作和政治協商制度、民族區域自治制度、基層群眾自治制度、社會主義基本經濟制度等基本制度，要與時俱進完善和發展；對國家治理急需、滿足人民對美好生活新期待必備的重要制度，要加大創新力度。要遵循制度建設規律，堅持於法周延、於事簡便的原則，把中央要求、群眾期盼、實際需要、新鮮經驗結合起來，突出指導性、針對性、可操作性，使制度立得住、行得通、真管用，努力形成系統完備、科學規範、運行有效的制度體系。要加大制度執行力度，維護制度權威，強化剛性約束，堅持制度面前人人平等、遵守制度沒有特權、執行制度沒有例外，確保制度時時生威、處處有效。

五、 堅持全面依法治國，在法治軌道上深化改革、推進中國式現代化，做到改革和法治相統一，重大改革於法有據、及時把改革成果上升為法律制度

　　法治是國家治理最科學最有效的方式，在協調利益關係、化解社會矛

盾、規範社會行為、維護社會穩定、促進社會公平正義、確保國家長治久安等方面，發揮著不可替代的重要作用。改革是一個通過革故鼎新增活力、添動力、聚合力的過程，需要依靠法治凝聚改革共識、排除改革阻力、鞏固改革成果、有序推進改革。黨的十八大以來，我們黨把全面深化改革、全面依法治國納入 "四個全面" 戰略佈局，堅持在法治下推進改革、在改革中完善法治，堅持法治和改革同向發力、同步推進、相互促進，注重運用法治思維和法治方式破解改革難題，有效發揮法治對改革的引導、推動、規範、保障作用，以全面依法治國的突出成效推動全面深化改革向縱深發展。

進一步全面深化改革要在法治軌道上穩步推進，做到重大改革於法有據。堅持改革決策和立法決策相統一、相銜接，研究改革方案和改革措施要考慮法律依據，需要制定新法的，及時提出立法需求和立法建議，推動制定相關法律，特別是要加快推進重點領域、新興領域、涉外領域立法；實踐條件還不成熟、需要先行先試的，按照法定程序獲得授權；現有法律不適應改革要求的，及時推動相關法律的修改和廢止，防止一些過時的法律條款成為改革的 "絆馬索"。要注重運用法治威力鞏固和拓展改革成果，把實踐證明行之有效的經驗和做法及時上升為法律，使之成為必須普遍遵循的行為規範。要深化法治領域改革，協同推進立法、執法、司法、守法各環節改革，健全法律面前人人平等保障機制，弘揚社會主義法治精神，提高全體社會成員特別是各級領導幹部法治素養，把法治信仰、法治權威、法治效用貫穿和體現到改革的全部實踐中。

六、 堅持系統觀念，處理好經濟和社會、政府和市場、效率和公平、活力和秩序、發展和安全等重大關係，增強改革系統性、整體性、協同性

世界是相互聯繫的整體，是相互作用的系統。用全面系統的、普遍聯

繫的、發展變化的觀點認識世界、分析和解決問題，是馬克思主義的科學思想方法。當前，中華民族偉大復興戰略全局和世界百年未有之大變局深度互動，經濟社會各領域發展深度融合，各種社會矛盾深度交織，更加需要我們用系統觀念觀察時代、把握時代、引領時代，推動事業發展。進一步全面深化改革是一項複雜的系統工程，關聯度高、協同性強，許多改革牽一髮而動全身，既不能單打獨鬥、單兵突進，也不能平均用力、"眉毛鬍子一把抓"，必須善於運用系統思維、系統方法，堅持重點論和兩點論相統一，抓住主要矛盾和矛盾的主要方面，系統謀劃推進改革，不斷增強各項改革的系統性、整體性、協同性，使各項改革在政策取向上相互配合、在實施過程中相互促進、在實際成效上相得益彰。

全會《決定》作為進一步全面深化改革的頂層設計、總體謀劃，全篇貫徹著系統觀念，落實好全會重大部署也必須堅持好、運用好系統觀念。處理好經濟和社會、政府和市場、效率和公平、活力和秩序、發展和安全等重大關係，事關中國式現代化戰略全局，是進一步全面深化改革需要著力解決的重大課題，要從對立統一的矛盾運動中找準改革的主攻方向和發力點，促進這些重大關係更加平衡協調，更加相輔相成、相得益彰。制定每一項具體舉措，都要有全局觀、整體觀，自覺在大局下行動，切實做到上下貫通、左右協調，防止顧此失彼甚至相互掣肘。要把握改革舉措出台的時機和節奏，既不能急躁冒進、隨意搶跑，也不能消極等待、錯失良機，充分考慮可能產生的影響，讓每一項改革舉措都釋放出最大效應。

深化國資國企改革

張玉卓

　　黨的二十屆三中全會對深化國資國企改革進一步作出重大部署，這是以習近平同志為核心的黨中央著眼於全面推進中國式現代化、實現第二個百年奮鬥目標作出的重要戰略安排。我們要深入學習領會習近平總書記關於全面深化改革的重要論述，深刻認識深化國資國企改革的戰略意義，牢牢把握改革的正確方向，全力落實好各項關鍵任務，以更高站位、更大力度把國資國企改革向縱深推進，更好地履行國資國企的新責任新使命，為以中國式現代化全面推進強國建設、民族復興偉業作出更大貢獻。

一、深刻認識深化國資國企改革的戰略意義

　　國有企業是中國特色社會主義的重要物質基礎和政治基礎，是黨執政興國的重要支柱和依靠力量，在全面推進中國式現代化進程中發揮著不可替代的重要作用。深化國資國企改革，對於鞏固公有制主體地位、更好發揮國有經濟戰略支撐作用、確保黨長期執政和國家長治久安具有十分重要的意義。

　　（一）更好履行國有企業功能使命的必然要求。習近平總書記強調，推進中國式現代化，是一項前無古人的開創性事業。當前，世界百年變局全方位、深層次加速演進，國際國內形勢紛繁複雜，外部環境不確定、難預料成為常態，我國發展不平衡不充分問題仍然突出，推進強國建設、民族復興偉業任務艱巨繁重。企業興則國家興，企業強則國家強。國有企業

大多處在關係國家安全、國民經濟命脈的重要行業和關鍵領域，是實現國家戰略意圖、應對外部環境變化和重大風險挑戰的重要力量。要通過深化國資國企改革，切實把提升國有企業戰略功能價值放在優先位置，聚焦國之大者、圍繞國之所需，更好發揮科技創新、產業控制、安全支撐作用，以發展的確定性穩大局、應變局、開新局，推動黨和國家事業行穩致遠。

（二）有力提升國有企業活力效率的關鍵之舉。習近平總書記強調，國有企業要搞好就一定要改革，抱殘守缺不行，改革能成功，就能變成現代企業。黨的十八大以來，國有企業改革發展取得重大成就，一些深層次體制機制障礙有力破除，全國國資系統監管企業資產總額從 2012 年的 71.4 萬億元增長到 2023 年的 317.1 萬億元，利潤總額從 2012 年的 2.0 萬億元增長到 2023 年的 4.5 萬億元，規模實力和質量效益明顯提升。但必須清醒認識到，一些影響國有企業發展活力和內生動力的頑瘴痼疾尚未完全解決，一些企業仍然存在資產收益率不高、創新能力不足、價值創造能力不強等問題，與構建高水平社會主義市場經濟體制的要求不適應。國有企業是國家治理體系的重要組成部分。要通過深化國資國企改革，以增強活力、提高效率為中心，抓重點、補短板、強弱項，不斷提升現代企業治理能力和核心競爭力，加快鍛造發展方式新、公司治理新、經營機制新、佈局結構新的現代新國企。

（三）加快推動國有企業發展新質生產力的現實需要。習近平總書記強調，高質量發展是全面建設社會主義現代化國家的首要任務，發展新質生產力是推動高質量發展的內在要求和重要著力點。當前，新一輪科技革命和產業變革深入發展，科技創新深刻重塑生產力基本要素，新質生產力已經在實踐中形成並展示出對高質量發展的強勁推動力、支撐力。近年來，國有企業高質量發展邁出堅實步伐，但同時面臨資源環境約束不斷增多、傳統生產力條件下的經濟增長模式越來越難以為繼等問題，關鍵核心技術受制於人的狀況尚未根本扭轉，對可能產生顛覆性影響的未來技術、未來產業佈局還相對滯後。經濟長期增長取決於全要素生產率提升，企業高質量發展關鍵要靠創新驅動。要通過深化國資國企改革，著力打通束縛新質生產力發展的堵點卡點，不斷強化創新策源，加快推動科技創新基礎上的產業創新，改造提升傳統產業，培育壯大新興產業，佈局建設未來產業，開闢新領域新賽道，塑造新動能新優勢，為現代化產業體系建設提供有力支撐。

二、 牢牢把握深化國資國企改革的原則要求

貫徹落實黨的二十屆三中全會對深化國資國企改革作出的重大部署，必須以學習貫徹習近平總書記關於國有企業改革發展和黨的建設的重要論述精神為統領，把好方向、守正創新，切實做到學思用貫通、知信行統一。

（一）堅持黨對國有企業的全面領導這一根本原則。堅定維護黨中央權威和集中統一領導，把黨的領導貫穿於深化國資國企改革各方面全過程，推動企業黨的建設與生產經營深度融合，加強國有企業領導班子和幹部人才隊伍建設，積極營造風清氣正的良好政治生態，切實發揮高質量黨建的引領保障作用。

（二）堅持做強做優做大國有資本和國有企業的總目標。堅持和落實"兩個毫不動搖"，完整、準確、全面貫徹新發展理念，圍繞實現高質量發展、服務構建新發展格局，推動國有企業既堅定不移做大、更意志堅定做強做優，不斷發展壯大國有經濟，鞏固社會主義的經濟基礎；發揮國有經濟引領帶動作用，促進各種所有制經濟優勢互補、共同發展。

（三）堅持增強核心功能、提高核心競爭力的改革重點。站位黨和國家工作大局，引導國有企業強化戰略安全、產業引領、國計民生、公共服務等功能，聚焦主責主業發展實體經濟，提升持續創新能力和價值創造能

力，加快向高質量、高效率、可持續的發展方式轉變，著力塑造能夠持續創造效益的獨特競爭優勢，培育一批具有全球競爭力的世界一流企業，切實提升國有企業功能價值，高水平實現經濟屬性、政治屬性、社會屬性的有機統一。

（四）堅持"放得活"與"管得住"的辯證統一。堅持政企分開、政資分開，持續深化體制機制改革，充分尊重和維護企業法人財產權和經營自主權，把該放的放到位，使國有企業充滿生機活力，創新創造的潛能充分激活；堅守防止國有資產流失底綫，把該管的堅決管住，落實國有資產保值增值責任，健全防範國有資產流失的制度，完善國有資產監督管理體系，引導企業依法合規經營，實現國資國企治理現代化。

三、 全面落實深化國資國企改革的重點任務

深化國資國企改革重在落實。要自覺把深化國資國企改革作為重大責任，與實施國有企業改革深化提升行動有效銜接，以釘釘子精神抓好貫徹落實，確保改革實效。

（一）深入推進國有經濟佈局優化和結構調整。推動國有資本和國有企業做強做優做大，增強核心功能，提高核心競爭力。完善主責主業管理，制定完善國有企業主責主業動態管理辦法，進一步明晰不同類型國有企業功能定位，構建依法履職、分類監管、動態調整、靈活授權的管理機制。健全國有企業投資管理制度，完善投資負面清單，建立投資後評價制度，堅決遏制部分國有企業盲目多元、"鋪攤子"傾向。推進國有經濟佈局優化和結構調整，統籌國有經濟重大生產力佈局，明確國有資本重點投資領域和方向，推動國有資本向關係國家安全、國民經濟命脈的重要行業和關鍵領域集中，向關係國計民生的公共服務、應急能力、公益性領域等集中，向前瞻性戰略性新興產業集中。健全國有資本合理流動機制，統籌推

進戰略性重組和專業化整合，加快調整存量結構，優化增量投向，加強在關鍵核心技術攻關和前瞻性戰略性產業領域的投入佈局，增加醫療衛生、健康養老、防災減災、應急保障等民生領域公共服務有效供給，增強重要能源資源托底作用，維護產業鏈供應鏈安全。深化國有資本投資、運營公司改革，打造國有資本投資佈局、整合運作和進退流轉的專業化平台，有效發揮投資公司產業投資功能和運營公司資本運作功能，促進存量資產盤活和低效無效資產處置，著力當好長期資本、耐心資本、戰略資本。完善國有資本經營預算和績效評價制度，強化國家重大戰略任務和基本民生財力保障。

（二）進一步深化分類改革、分類考核、分類核算。完善國有企業分類考核評價體系，根據企業不同功能作用，設置更有針對性、個性化的考核指標，探索實行"一業一策、一企一策"考核，充分體現對科技創新的高度重視，充分體現國家戰略導向、戰略要求，充分體現對共性量化指標與個體差異性的精準把握。建立國有企業履行戰略使命評價制度，建立科學客觀、可量化的國有企業功能價值評價體系，對國有企業履行戰略使命情況進行定期評價。開展國有經濟增加值核算，夯實國民經濟結構調整的決策基礎。推進能源、鐵路、電信、水利、公用事業等行業自然壟斷環節獨立運營和競爭性環節市場化改革，推動公共資源配置市場化，健全監管體制機制。

（三）健全國有企業推進原始創新制度安排。發揮新型舉國體制優勢，支持國有企業更大範圍、更高層次、更深程度融入國家創新體系，積極承擔國家重點研發計劃、重大科技項目，牽頭或參與國家科技攻關任務，強化項目、基地、人才、資金一體化配置，促進創新要素向企業集聚，推動國有企業真正成為原創技術創新決策、研發投入、科研組織、成果轉化的重要主體。建立多元化資金投入機制，提升原創技術研發投入佔比，建立企業研發準備金制度，鼓勵開展高風險、高價值基礎研究。加強關鍵共性技術、前沿引領技術、現代工程技術、顛覆性技術創新，推動科技創新從跟蹤型向開創型、引領型轉變。發揮國有企業市場需求、集成創新、組織平台優勢，推進產學研用深度融合，完善產業鏈上下游、大中小企業協同創新合作機制，打造創新聯合體升級版，推進從基礎研究到產業化應用的全鏈條創新，促進科技創新與產業發展的良性循環。優化創新生態，實施更加積極、更加開放、更加有效的人才政策，靈活開展股權分紅等多種形式中長期激勵，加快推進科技成果賦權改革，加快建設國家戰略人才力量，著力培養造就戰略科學家、一流科技領軍人才和創新團隊，著力培養造就卓越工程師、大國工匠、高技能人才，大力弘揚優秀企業家精神和科學家精神，對科技創新活動給予足夠包容支持。

（四）完善國資國企管理監督體制機制。完善黨領導國資國企工作的各項制度，堅持和加強黨中央對國有經濟的集中統一領導，強化對國有經濟重大戰略規劃、重要方針政策、重大決策部署的頂層設計、統籌協調、整體推進、督促落實。增強各有關管理部門戰略協同，加強政策協調和信息共享，最大程度減少行政干預，形成工作合力。不斷健全經營性國有資產出資人制度和集中統一監管制度，打造專責專業的國有資產監管機構，深入推進專業化、體系化、法治化、高效化監管，強化經營性國有資產集中統一監管。完善中國特色國有企業現代公司治理，健全推進國有企業在完善公司治理中加強黨的領導的制度機制，創新混合所有制企業黨的建設工作機制，提升董事會建設質量，完善外部董事評價和激勵約束機制，深化落實三項制度改革，深入實施經理層成員任期制和契約化管理，推動國有企業真正按市場化機制運營。健全更加精準規範高效的收入分配機制，深化國有企業工資決定機制改革，合理確定並嚴格規範國有企業各級負責人薪酬、津貼補貼等。以黨內監督為主導，促進出資人監督和紀檢監察監督、巡視監督、審計監督、社會監督等各類監督主體貫通協調，健全國有資產監督問責機制，不斷提升監督效能，堅決防止國有資產流失。

完善市場經濟基礎制度

羅　文

習近平總書記強調，要加快完善產權保護、市場准入、公平競爭、社會信用等市場經濟基礎制度。黨的二十屆三中全會對完善市場經濟基礎制度作出重要決策部署，明確提出了當前和今後一個時期完善市場經濟基礎制度的主要任務，這對構建高水平社會主義市場經濟體制、建成現代化經濟體系具有重要而深遠的意義。我們要全面貫徹習近平新時代中國特色社會主義思想，深入學習領會黨的二十屆三中全會精神，堅決落實好完善市場經濟基礎制度的各項任務。

一、 充分認識完善市場經濟基礎制度的重要意義

產權保護、市場准入、公平競爭、社會信用等市場經濟基礎制度，是社會主義市場經濟有效運行的基本保障，是確保充分發揮市場在資源配置中的決定性作用、更好發揮政府作用的必要前提，是構建高水平社會主義市場經濟體制的內在要求。

（一）產權是所有制的核心，產權保護制度是社會主義市場經濟運行的基石。只有完善歸屬清晰、權責明確、保護嚴格、流轉順暢的現代產權制度，才能依法有效保護各種所有制經濟組織和公民財產權，增強人民群眾財產財富安全感，增強社會信心，形成良好預期，增強各類經營主體創業創新動力，維護社會公平正義，保持經濟社會持續健康發展和國家長治久安。

（二）市場准入是經營主體參與經濟活動的前提，市場准入制度是政府與市場關係的集中體現。只有構建開放透明、規範有序、平等競爭、權責清晰、監管有力的市場准入制度，由政府運用法治思維和法治方式加強市場監管，才能充分發揮市場在資源配置中的決定性作用和更好發揮政府作用，落實經營主體自主權、激發市場活力，營造市場化法治化國際化一流營商環境。

（三）公平競爭是市場經濟的核心，公平競爭制度是實現資源配置效率最優化和效益最大化的重要保障。只有構建覆蓋事前、事中、事後全環節的公平競爭制度，才能實現資源優化配置和企業優勝劣汰，充分激發市場內生動力和企業創新活力，更好統籌活力和秩序、效率和公平，形成大中小企業融通發展的良性生態，維護中小企業發展空間，保障消費者權益和社會公共利益。

（四）市場經濟同時也是信用經濟，社會信用制度是市場經濟健康規範高效有序運行的重要基礎。只有形成與國民經濟體系各方面各環節深度融合的社會信用制度，才能健全經營主體信譽機制，使誠實守信成為市場運行的價值導向，推動培育高標準市場體系和高質量經營主體，構建以信用為基礎的新型監管機制，降低制度性交易成本，有效防範化解市場運行風險。

二、構建高水平社會主義市場經濟體制對完善市場經濟基礎制度提出了緊迫要求

以習近平同志為核心的黨中央高度重視完善市場經濟基礎制度。黨的十八大以來，黨中央深刻把握市場經濟發展規律，不斷加強我國市場經濟基礎制度建設。產權保護制度不斷健全，有效保障了各類經營主體財產權利；市場准入負面清單制度建立實施，有效激發了市場內生動力和經營主

體創新創業活力;競爭政策框架基本形成,有效解決了市場競爭不充分、不規範等一系列問題;社會信用體系建設加快推進,有效提高了全社會特別是經濟活動參與者的誠信意識和信用水平。總體來看,市場經濟基礎制度的建立健全,為促進我國社會主義市場經濟體制不斷完善和經濟社會健康發展提供了有力支撐。

同時要清醒認識到:把社會主義與市場經濟有機結合起來,是一個偉大創舉,既堅持社會主義基本原則、又符合市場經濟一般規律的市場經濟基礎制度還需要不斷完善;高質量發展是全面建設社會主義現代化國家的首要任務,完善推動高質量發展的激勵約束機制、塑造發展新動能新優勢,還需要市場經濟基礎制度的充分供給;發展新質生產力,必須形成與之相適應的新型生產關係,這對健全市場經濟基礎制度、促進各類先進生產要素向發展新質生產力集聚提出了更高要求;面對新一輪科技革命和產業變革,引領新業態新領域發展的市場經濟基礎制度還需要加快補齊短板。

當前和今後一個時期,是以中國式現代化全面推進強國建設、民族復興偉業的關鍵時期。高水平社會主義市場經濟體制是中國式現代化的重要保障。要實現 2035 年全面建成高水平社會主義市場經濟體制、中國特色社會主義制度更加完善的目標,必須加快完善市場經濟基礎制度的進程;貫徹進一步全面深化改革要堅持以制度建設為主綫的原則,必須把完善市場經濟基礎制度擺在更加重要的位置;推動社會主義市場經濟體制更加系統完備、更加成熟定型,必須進一步提高市場經濟基礎制度的體系化、科學化水平。因此,我們要把完善市場經濟基礎制度作為進一步全面深化改革的一項重大而緊迫的任務,為加快構建高水平社會主義市場經濟體制、推進中國式現代化提供制度保障。

三、完善市場經濟基礎制度必須遵循的原則

完善市場經濟基礎制度是構建高水平社會主義市場經濟體制的重要內容，要堅持中國特色社會主義不動搖，堅持守正創新、緊跟時代步伐、順應實踐發展，在新的起點上推進制度創新，必須遵循以下原則。

（一）堅持社會主義市場經濟改革方向。我國實行的是社會主義市場經濟體制，要堅持發揮我國社會主義制度的優越性。完善市場經濟基礎制度，必須著眼於加強黨對經濟工作的全面領導，更加有利於把黨的領導貫穿於深化經濟體制改革和加快完善社會主義市場經濟體制全過程。必須著眼於堅持以人民為中心的發展思想，更加有利於發展為了人民、發展依靠人民、發展成果由人民共享。必須著眼於堅持和落實"兩個毫不動搖"，更加有利於堅持和完善基本經濟制度，進一步解放和發展社會生產力、激發和增強社會活力。

（二）堅持正確處理政府和市場的關係。處理好政府和市場關係是經濟體制改革的核心問題，要堅持有效市場和有為政府更好結合。完善市場經濟基礎制度，必須著眼於遵循市場經濟一般規律，更加有利於充分發揮市場在資源配置中的決定性作用，著力解決政府干預過多和監管不到位問題。必須著眼於更好發揮政府作用，更加有利於保持宏觀經濟穩定、維護市場秩序和彌補市場失靈。必須著眼於釐清政府與市場邊界，更加有利於轉變政府職能、加強和優化公共服務，轉變經濟發展方式、激發全社會內生動力和創新活力。

（三）堅持在法治軌道上推動制度完善。社會主義市場經濟本質上是法治經濟，要堅持運用法治思維和法治方式引導規範各類經濟活動。完善市場經濟基礎制度，必須著眼於營造法治化營商環境，更加有利於營商環境的穩定、透明、公開、可預期，提高我國市場對各類要素資源的吸引力。必須著眼於完善法治化市場規則，更加有利於保障商品和要素自由流

動、公平交易、平等使用，強化社會主義市場經濟發展繁榮的內生動力。必須著眼於健全法治化監管制度，更加有利於規範社會主義市場經濟秩序，確保市場經濟既生機勃勃又井然有序。

（四）堅持對各種所有制經濟平等對待。公有制經濟和非公有制經濟都是社會主義市場經濟的重要組成部分，都是我國經濟社會發展的重要基礎。完善市場經濟基礎制度，必須著眼於平等使用資源要素，更加有利於推動要素配置依據市場規則、市場價格、市場競爭實現效率最優化和效益最大化。必須著眼於公開公平公正參與市場競爭，更加有利於在准入許可、經營運行、招投標等方面破除各類不合理障礙和隱性壁壘。必須著眼於同等受到法律保護，更加有利於保障公有制經濟財產權不可侵犯、非公有制經濟財產權同樣不可侵犯。

四、完善市場經濟基礎制度的主要任務

完善市場經濟基礎制度意義重大、影響深遠。要按照黨的二十屆三中全會的重要部署，既注重急用先立、突出重點，又注重系統設計、分類推進，切實抓好以下四個方面的制度建設。

（一）加快完善產權保護制度。一是健全以公平為原則的產權保護制度。健全歸屬清晰、權責明確、保護嚴格、流轉順暢的現代產權制度，依法平等長久保護各種所有制經濟產權，堅持權利平等、機會平等、規則平等，廢除對非公有制經濟各種形式的不合理規定，消除各種隱性壁壘。制定和修訂物權、債權、股權等產權法律法規，明晰產權歸屬，完善產權權能。加強數據、知識、環境等領域產權制度建設，健全自然資源資產產權制度和法律法規。二是加強產權執法司法保護。完善涉企產權案件申訴、復核、重審等保護機制，暢通涉政府產權糾紛和處理渠道，防止和糾正利用行政、刑事手段干預經濟糾紛。對侵犯各種所有制經濟產權和合法利益

的行為實行同責同罪同罰。健全依法甄別糾正涉企冤錯案件機制，完善懲罰性賠償制度。三是建立高效的知識產權綜合管理體制。加強專利、商標、原產地地理標誌等集中統一管理，優化知識產權綜合執法，提升知識產權綜合管理效能。促進知識產權行政執法標準和司法裁判標準統一。健全知識產權侵權懲罰性賠償制度和侵權糾紛行政裁決制度。

（二）持續完善市場准入制度。一是深化註冊資本認繳登記制度改革。實行實繳出資信息強制公示，強化真實出資的法律義務，實行依法按期認繳，加大對虛假出資和違反公示義務的法律責任追究。在公共安全、金融安全、社會穩定等安全風險程度較高領域，研究依法分類設定註冊資本實繳的範圍、比例和期限。健全完善經營主體登記管理法律制度體系。二是優化新業態新領域市場准入環境。加快構建綠色能源等領域准入政策體系，積極擴大數字產品市場准入。圍繞戰略性新興產業重點領域，以政策法規、技術標準、檢測認證、數據體系為抓手，更好促進新技術新產品應用。對於涉金融等經營主體，要健全與風險程度相適應的登記制度。三是完善企業退出制度。健全企業破產機制，探索建立個人破產制度，推進企業註銷配套改革。建立覆蓋所有經營主體的強制退出制度和簡易退出制度，推動代位註銷上升為制度規範。研究建立經營主體另冊管理制度，被吊銷營業執照、責令關閉、被撤銷等特殊狀態公司不再納入正常管理範圍。

（三）切實完善公平競爭制度。一是健全公平競爭政策實施機制。健全市場競爭狀況評估體系，提升競爭監管執法的前瞻性和預見性。進一步健全完善反壟斷和反不正當競爭制度規則，加強和改進監管執法，營造穩定公開透明可預期的市場競爭環境。統籌考慮交易類型、市場份額、行業特性等因素，健全經營者集中分類分級反壟斷審查機制，優化審查流程、提升審查效能。健全數字經濟公平競爭治理規則，探索建立互聯網平台規則、算法等競爭審查評估制度。二是健全公平競爭審查制度體系。實施公平競爭審查條例,制修訂實施細則及重點行業審查規則,持續破除影響市場公平競爭的障礙和隱性壁壘。健全公平競爭審查抽查、督查、舉報處理機制,加強公平競爭審查督查和重點領域專項抽查,建立健全第三方審查和評估機制。三是完善市場信息披露和商業秘密保護制度。深入實施新修訂的《企業信息公示暫行條例》,規範企業信息公示行為。修訂完善信息披露制度規則,構建清晰的分行業信息披露制度框架,研究完善信息披露豁免制度,著力提升信息披露質量。推動修訂反不正當競爭法、商業秘密保護規定,進一步完善商業秘密保護法律框架,加大商業秘密保護行政執法力度。加快推進商業秘密保護標準、指引建設,探索建立與高水平國際經貿規則相銜接的商業秘密保護體系。

(四)不斷健全社會信用制度和監管制度。一是健全以信用為基礎的新型監管機制。完善全鏈條全生命週期信用監管體系,以監管方式創新提升事前事中事後監管效能。建立健全信用分級分類監管制度,以信用風險為導向優化配置監管資源,提升監管精準性和有效性。完善信用承諾制度,探索信用合規機制建設。二是推動企業信用評價公平統一。完善信用信息標準,建立綜合性電子信用檔案,強化信用信息共享共用,全面記錄覆蓋各類經營主體全生命週期的信用狀況。健全信用評價制度,全面建立企業信用狀況綜合評價體系。健全守信激勵和失信懲戒措施安排,提升經營主體的誠信意識和信用合規水平。三是完善信用修復機制。建立健全權責清晰、運行順暢的信用修復工作機制。構建分級分類管理、梯次退出的信用修復格局,推動修復結果協同聯動、共享互認。建設完善信用修復系統,為經營主體提供高效便捷的信用修復服務,支持經營主體便捷高效重塑信用。

健全促進實體經濟和數字經濟
深度融合制度

金壯龍

黨的二十屆三中全會通過的《中共中央關於進一步全面深化改革、推進中國式現代化的決定》（以下簡稱《決定》），提出健全促進實體經濟和數字經濟深度融合制度，對加快推進新型工業化、加快構建促進數字經濟發展體制機制、完善促進數字產業化和產業數字化政策體系等作出新的部署。我們要認真學習、深刻領會、準確把握，切實抓好貫徹落實。

一、深刻認識促進實體經濟和數字經濟深度融合的重大意義

習近平總書記指出，世界經濟數字化轉型是大勢所趨，新的工業革命將深刻重塑人類社會；強調要推動實體經濟和數字經濟融合發展，以信息化培育新動能，用新動能推動新發展。要緊緊抓住數字技術變革機遇，促進實體經濟和數字經濟深度融合，為高質量發展提供新動能。

促進實體經濟和數字經濟深度融合是把握新一輪科技革命和產業變革新機遇的戰略選擇。習近平總書記指出，數字技術、數字經濟是世界科技革命和產業變革的先機。數字經濟發展速度之快、輻射範圍之廣、影響程度之深前所未有，人工智能、大數據等給全球生產力水平帶來顛覆性影響，正在成為重組全球要素資源、重塑全球經濟結構、改變全球競爭格局的關鍵力量。當前，世界各國紛紛加強前瞻性戰略佈局，數字領域國際競爭日趨激烈。面對數字化潮流，必須把促進實體經濟和數字經濟深度融合

擺在重要戰略位置，充分釋放我國製造大國和網絡大國的疊加、聚合、倍增效應，拓展經濟發展新空間，打造國際競爭新優勢，贏得未來發展主動權。

促進實體經濟和數字經濟深度融合是建設現代化產業體系的必然要求。融合化是現代化產業體系的一個基本特徵。近年來，我國數字經濟發展量質齊升，2023 年數字經濟核心產業增加值超過 12 萬億元，佔國內生產總值比重 10% 左右；5G、工業互聯網、人工智能等新動能加快發展，傳統產業數字化改造縱深推進，智能製造、服務型製造等融合發展新業態新模式不斷湧現，為發展新質生產力、建設現代化產業體系注入強勁動力。必須充分發揮數字經濟高創新性、強滲透性、廣覆蓋性特點，持續拓展實體經濟和數字經濟融合的深度和廣度，提升產業體系現代化水平。

促進實體經濟和數字經濟深度融合是推進新型工業化的關鍵路徑。習近平總書記指出，新時代新征程，以中國式現代化全面推進強國建設、民族復興偉業，實現新型工業化是關鍵任務；強調要把建設製造強國同發展數字經濟、產業信息化等有機結合。信息化和工業化深度融合是新型工業化的鮮明特徵。特別是人工智能成為影響未來發展的關鍵變量，將全方位、深層次賦能新型工業化，產業智能化、融合化、綠色化加速，深刻改變全球產業發展和分工格局。必須促進實體經濟和數字經濟深度融合，加快製造業數字化、網絡化、智能化發展，推進製造業質量變革、效率變革、動力變革，促進我國產業邁向全球價值鏈中高端。

二、 築牢實體經濟和數字經濟深度融合根基

促進實體經濟和數字經濟深度融合，做強做優實體經濟是基礎。製造業是實體經濟的主體，是國家經濟命脈所系。必須加快推進新型工業化，主動適應和引領新一輪科技革命和產業變革，推進信息化和工業化深度融

合，以新一代信息技術賦能全產業體系，加快傳統產業改造升級，培育壯大新興產業，前瞻佈局未來產業，堅定不移築牢製造業，加快建設以先進製造業為骨幹的現代化產業體系。

培育壯大先進製造業集群。擁有一批有國際競爭力的先進製造業集群是現代化產業體系的重要標誌。近年來，我國製造業集群化發展水平快速提升，已形成 45 個國家級先進製造業集群，覆蓋新一代信息技術、新材料、高端裝備、生物醫藥等重點領域。要進一步完善集群佈局，引導技術、資金、人才等各類創新資源要素向先進製造業集群彙聚。推動集群數字化智能化升級，發揮龍頭企業帶動作用，支持上下游企業協同開展數字化改造，促進資源在綫化、生產柔性化、產業鏈協同化，提升產業集群綜合競爭力，加快打造一批世界級先進製造業集群。

推動製造業高端化、智能化、綠色化。高端化、智能化、綠色化是製造業高質量發展的主要方向。要實施製造業重大技術改造升級和大規模設備更新工程，開展製造業新型技術改造城市試點，促進企業廣泛應用數智技術、綠色技術實施改造升級，推動設備更新、工藝升級、數字賦能、管理創新，加快向全球價值鏈中高端邁進。完善智能製造推進機制，體系化開展場景模式探索、系統解決方案揭榜攻關、標準研製應用和評估評價，以智能製造為主攻方向推動產業技術變革和優化升級。推動數字化綠色化協同發展，加快數字化綠色化融合技術創新研發和應用，推動製造業綠色低碳轉型。

健全提升優勢產業領先地位體制機制。黨的十八大以來，我國新型工業化發展取得歷史性成就，工業體系全、品種多、規模大的獨特優勢更加明顯，製造業總體規模連續 14 年居世界首位，形成了以軌道交通裝備、新能源汽車、太陽能光伏、動力電池等為代表的一批優勢產業，成為中國製造業的亮麗名片，要把這個優勢鞏固住、發揮好。要實施重點產業鏈高質量發展行動，深入實施產業基礎再造工程和重大技術裝備攻關工程，提升產業鏈供應鏈韌性和安全水平。加快培育具有生態主導力和產業鏈控制力的世界一流企業，促進專精特新中小企業發展，以產業鏈龍頭企業為樞紐，完善上下游企業信息共享機制，構建數據驅動、精準匹配、協同透明的數字化供應鏈網絡。完善東中西部合作、央地合作、產融合作等機制，引導產業在國內梯度有序轉移，增強國內產業根植性。

建立保持製造業合理比重投入機制。保持製造業比重基本穩定是推進新型工業化、築牢實體經濟根基的內在要求。要進一步優化財稅支持政策，健全重大戰略任務資金保障機制，加大對製造業技術創新、綠色發展、數字化智能化升級、公共服務等支持力度，引導更多資源要素向先進製造業集聚。健全金融支持推進新型工業化的機制，構建重點產業鏈攻關的全鏈條金融服務支撐體系。優化重大產業基金運作和監管機制，完善基金績效考評體系，確保資金投向符合國家戰略要求。完善先進製造業增值稅加計抵減政策，合理降低製造業綜合成本和稅費負擔。

三、 大力推進數字產業化和產業數字化

促進實體經濟和數字經濟深度融合，推進數字產業化和產業數字化是重要著力點。要牢牢把握新一輪科技革命和產業變革機遇，統籌謀劃，協同創新，做強做優做大數字經濟，深化數字技術為實體經濟全方位賦能。

適度超前部署信息基礎設施。信息基礎設施是實體經濟和數字經濟深度融合的先決條件。要加強戰略佈局，加快建設高速泛在、天地一體、雲網融合、智能敏捷、綠色低碳、安全可控的智能化綜合性數字信息基礎設施。建立健全信息基礎設施統籌規劃、整體佈局和協調聯動的體制機制，適度超前建設 5G、算力等信息基礎設施，深入推進工業互聯網創新發展，深化"5G ＋工業互聯網"融合創新和規模化應用。發展衛星互聯網，推進第六代移動通信（6G）網絡技術研發。加強交通、能源、市政等傳統

基礎設施數字化、智能化改造，形成適應智能經濟、智能社會需要的基礎設施體系。健全網絡和數據安全保障政策、制度、標準體系，提升網絡和數據安全保障能力。

加快新一代信息技術全方位全鏈條普及應用。把握數字化、網絡化、智能化融合發展的契機，推進互聯網、大數據、人工智能同實體經濟深度融合，加快產業體系優化升級。實施製造業數字化轉型行動和智能製造工程，支持企業圍繞典型場景實施軟硬件一體化改造，推動生產設備和信息系統全面互聯互通，優化業務流程，開展數字化集成應用創新，建設一批數字化轉型標杆企業、智能工廠。優化中小企業數字化轉型供給體系，實施中小企業數字化賦能專項行動，探索形成促進中小企業數字化轉型長效機制。推進人工智能賦能新型工業化，加強通用大模型和行業大模型研發佈局，推動人工智能在工業研發設計、中試驗證、生產製造、營銷服務、運營管理等重點場景和安全生產、防災減災等領域深度應用。構建區塊鏈產業生態，推動區塊鏈和人工智能、大數據、物聯網等前沿信息技術的深度融合，加強區塊鏈技術應用。

加快產業模式和企業組織形態變革。實體經濟與數字經濟深度融合不斷催生新產業新業態新模式，加速製造業產業模式和企業形態根本性變革。要引導企業積極利用新一代信息技術開展業務和流程創新，推進先進製造業與現代服務業深度融合，發展數字化管理、平台化設計、個性化定製、網絡化協同、服務化延伸等新模式，壯大柔性生產、雲製造、共享製造、虛擬製造、工業電商等新業態，鼓勵開展第三方智能服務，實現更廣範圍資源優化配置、更深程度生產方式變革、更高水平價值創造。要引導企業組織管理創新，鼓勵支持扁平化、平台化、生態化等新企業形態發展，培育資源共享、價值共創、風險共擔等新型產業組織模式。

打造具有國際競爭力的數字產業集群。新一代信息技術是全球技術創新的競爭高地。要建立健全科技創新和產業創新深度融合的體制機制，強化企業科技創新主體地位，圍繞推進新型工業化、加快建設製造強國的戰略任務，科學佈局科技創新、產業創新，建設一批行業共性技術平台，加快佈局建設一批概念驗證、中試驗證平台，促進科技成果轉化應用。要針對集成電路、基礎軟件、科研儀器等瓶頸制約，加大技術研發力度，為確保重要產業鏈供應鏈自主安全可控提供科技支撐。要瞄準未來科技和產業發展制高點，加快新一代信息技術、人形機器人、人工智能、量子信息、區塊鏈、腦機接口等領域科技創新，培育發展新興產業和未來產業。

四、 完善數字經濟重點領域基礎性制度

加快完善平台經濟、數據等重點領域基礎性制度，充分激發平台、數據等資源要素活力，為實體經濟和數字經濟深度融合提供堅實保障。

*促進平台經濟創新發展。*平台經濟是實體經濟和數字經濟深度融合的重要載體，對促進創新創業、推動產業升級、培育發展新動能具有重要作用。要健全平台經濟常態化監管制度，支持平台企業發揮生態優勢，提升數字技術和產品服務水平。構建算法安全治理體系，完善算法備案、分類分級管理、安全評估等監管制度。健全保障平台企業境外發展的法律政策和服務體系。完善靈活就業和新就業形態勞動者權益保障制度，加快探索適合新就業形態勞動者特點的社會保障參保辦法。

*建設和運營國家數據基礎設施。*數據基礎設施是實體經濟和數字經濟深度融合的重要支撐。要加快建設適應數據要素特徵、促進數據流通利用、發揮數據價值效用的數據基礎設施，推動數據彙聚、處理、流通、應用、交易等功能有序高效運轉，促進數據共享。構建全國一體化大數據中心體系，推動智能計算中心有序發展，建設若干國家樞紐節點和大數據中心集群。積極發展車聯網等融合基礎設施。發展數據空間、隱私計算、區塊鏈、數據脫敏等技術，有效提升數據流通環節安全可靠水平。

建立健全數據基礎制度。數據是新型生產要素，我國是全球數據資源大國，但數據基礎制度不夠健全，數據要素市場不夠完善，制約了數據價值挖掘和利用。要加快建立數據產權歸屬認定、市場交易、權益分配、利益保護制度，完善數據要素市場體制機制。建立健全數據共享和開發利用的激勵約束機制，促進數據共享，推進公共數據、企業數據、個人數據開發利用，強化高質量數據要素供給。建立健全國家公共數據資源體系，推動公共數據資源安全有序開放。建立合規高效的數據要素流通和交易制度，建設規範數據交易市場。提升數據安全治理監管能力，健全行業數據安全管理制度，完善標準規範，構建重要數據識別、目錄備案、風險評估等常態化監管機制，建立高效便利安全的數據跨境流動機制。

深化教育綜合改革

懷進鵬

教育是國之大計、黨之大計，教育興則國家興，教育強則國家強。黨的二十屆三中全會通過的《中共中央關於進一步全面深化改革、推進中國式現代化的決定》（以下簡稱《決定》）提出："教育、科技、人才是中國式現代化的基礎性、戰略性支撐"，並從深入實施科教興國戰略、人才強國戰略、創新驅動發展戰略，統籌推進教育科技人才體制機制一體改革，健全新型舉國體制，提升國家創新體系整體效能出發，對深化教育綜合改革作出系統部署。我們要深入學習貫徹全會精神，通過深化教育綜合改革，不斷為加快建設教育強國提供動力，有效支撐引領中國式現代化。

一、 充分認識新時代新征程深化教育綜合改革的重大意義

改革是教育事業發展的根本動力。習近平總書記指出，從教育大國到教育強國是一個系統性躍升和質變，必須以改革創新為動力。面對紛繁複雜的國際國內形勢，面對新一輪科技革命和產業變革，面對人民群眾新期待，我們要深刻把握深化教育綜合改革的重大意義和歷史使命。

（一）深化教育綜合改革是培養擔當民族復興重任的時代新人、確保黨的事業後繼有人的戰略之舉。教育事業是黨的事業重要組成部分，肩負著為黨育人、為國育才的重大使命。在黨的堅強領導下，我們培養了一代又一代擁護黨的領導和我國社會主義制度、立志為中國特色社會主義奮鬥終身的有用人才，既為社會主義現代化建設提供了重要支撐，也推動教育

自身進入教育強國建設新階段。習近平總書記強調，培養什麼人、怎樣培養人、為誰培養人是教育的根本問題，也是建設教育強國的核心課題。當前，世界百年未有之大變局加速演進，廣大學生成長的外部環境發生了重大變化。針對新形勢新要求，要自覺把改革擺在更加突出位置，不斷完善落實立德樹人根本任務、促進學生全面發展的體制機制，努力培養更多讓黨放心、愛國奉獻、擔當民族復興重任的時代新人。

（二）深化教育綜合改革是一體推進教育強國科技強國人才強國建設、提高教育服務高質量發展能力水平的根本之策。高質量發展是全面建設社會主義現代化國家的首要任務。習近平總書記強調，要把服務高質量發展作為建設教育強國的重要任務。當今時代，科技是第一生產力，人才是第一資源，創新是第一動力，圍繞高素質人才和科技制高點的國際競爭空前激烈。推動我國高質量發展，建設現代化產業體系，實現創新驅動發展，必須要有更多高水平科研成果和高層次人才作支撐。面對新的國家戰略需求，要深化教育綜合改革，全面提高人才自主培養質量，有效提高原始創新和突破“卡脖子”關鍵技術能力，切實以教育改革新成效賦能經濟社會高質量發展。

（三）深化教育綜合改革是落實以人民為中心的發展思想、辦好人民滿意教育的必由之路。習近平總書記強調，我們要建設的教育強國，最終是辦好人民滿意的教育。經過堅持不懈的接續奮鬥，我國已經建成世界上規模最大的教育體系，教育普及水平實現歷史性跨越，教育“量”的問題總體解決，“質”的問題變得突出。人民群眾“有學上”的需求得到滿足後，對“上好學”、接受更好教育和更加多樣化個性化教育的期盼更加強烈。同時，隨著我國城鎮化發展和人口區域結構分化，亟須加快對教育體系和佈局的調整。教育直接關係千家萬戶的切身利益和每個孩子的健康成長，影響社會生育意願的提升和未來的現代化強國人才支撐。堅持以人民為中心發展教育，必須通過深化改革推動教育成果更多更公平惠及最廣大人民群眾，持續增強人民群眾對教育改革發展的獲得感幸福感。

二、 深刻認識黨的十八大以來教育綜合改革取得的顯著成效

　　黨的十八大以來，以習近平同志為核心的黨中央把教育擺在優先發展的戰略位置，對深化教育綜合改革作出一系列重大部署，中國特色社會主義教育制度體系主體框架基本確立，教育現代化發展總體水平跨入世界中上國家行列，新時代教育事業取得歷史性成就、發生格局性變化。

　　（一）完善黨對教育工作全面領導的體制機制，廣大師生堅定不移聽黨話、跟黨走。堅持黨對教育工作的全面領導，從中央到地方相繼成立教育工作領導小組，黨委統一領導、黨政齊抓共管、部門各負其責的教育領導體制更加完善。堅持和完善高校黨委領導下的校長負責制，推動中小學建立黨組織領導的校長負責制，黨的領導縱到底、橫到邊、全覆蓋的工作格局加快形成，教育系統始終成為堅持黨的領導的堅強陣地。廣大師生“四個自信”明顯增強，積極參加慶祝新中國成立 70 週年、建黨 100 週年等重大活動和脫貧攻堅、鄉村振興等重大戰略實施，發出“請黨放心、強國有我”的時代強音，展現出昂揚向上的精神風貌和聽黨話跟黨走的堅定決心。

　　（二）健全黨的創新理論鑄魂育人機制，促進學生全面發展、身心健康水平不斷提升。完善習近平新時代中國特色社會主義思想進教材進課堂進頭腦機制，推進大中小學思想政治教育一體化建設，高校全面開設“習近平新時代中國特色社會主義思想概論”課，“大思政課”建設工作格局不斷拓展，思政課教師隊伍配齊建強。完善黨的教育方針，把勞動教育納入社會主義建設者和接班人的要求之中，提出“德智體美勞”總體要求。建立學校家庭社會協同育人機制，形成全員、全過程、全方位育人工作格局。堅持“健康第一”理念，體育教學改革持續推進，中小學生體質健康水平穩步上升，青少年近視綜合防控取得重要成效，心理健康教育工作得到加強和改進，為廣大學生健康成長提供了良好環境。

　　（三）加快建設高質量教育體系，人民群眾教育獲得感顯著增強。

建立學前教育普及普惠發展機制，2023 年學前教育毛入園率達到 91.1%。全國 2895 個縣級行政單位全面實現義務教育基本均衡，九年義務教育鞏固率達到 95.7%，推進 "雙減" 工作、規範民辦義務教育取得明顯進展，進城務工人員隨遷子女在公辦學校就讀和享受政府購買學位服務的比例超過 95%，義務教育進入優質均衡和城鄉一體化發展新階段。推進高中階段學校多樣化發展，建立縣域高中傾斜支持機制。深化現代職業教育體系改革，推動形成同市場需求相適應、同產業結構相匹配的現代職業教育結構和區域佈局。高等教育進入普及化階段，毛入學率達到 60.2%。不斷健全學生資助制度體系，我國學生年資助人次達到 1.6 億，全面實現應助盡助。健全教育優先發展保障機制，國家財政性教育經費佔國內生產總值比例連續保持在 4% 以上。目前，我國新增勞動力平均受教育年限超過 14 年，全民思想道德素質和科學文化素質得到全面提升。

（四）推進有組織人才培養和科研，教育服務國家戰略實施和經濟社會發展能力顯著提升。堅定走好人才自主培養之路，啟動實施 "強基計劃" 和基礎學科拔尖人才培養計劃，持續推進卓越工程師教育培養改革。高校充分發揮基礎研究主力軍、重大科技突破策源地作用。在 2023 年度國家科學技術獎勵中，高校牽頭獲得的國家自然科學獎、技術發明獎、科學技術進步獎分別佔總數的 75.5%、75.6%、56.5%。健全高校哲學社會科學高質量發展機制，推動構建中國哲學社會科學自主知識體系。深入推進 "雙一流" 建設，建立職普融通、產教融合、科教融匯體制機制，促進形成與國家戰略相匹配的學校、學科、專業佈局。實施教育數字化戰略行動，國家智慧教育平台成為世界第一大教育資源數字化中心和服務平台，人人皆學、處處能學、時時可學正加速實現。

（五）提高教育治理能力，良好教育發展生態進一步優化。深化教育評價改革，破除 "唯分數、唯升學、唯文憑、唯論文、唯帽子" 的共識廣泛形成，教育功利化傾向得到進一步扭轉。深化考試招生制度改革，29 個省份啟動高考綜合改革，促進公平、科學選才、監督有力的體制機制更加健全。

大力弘揚教育家精神，努力培養造就一支師德高尚、業務精湛、結構合理、充滿活力的高素質專業化教師隊伍。強化教育法治保障，依法治教、依法治校、依法辦學水平進一步提升。堅持對外開放不動搖，深入實施共建"一帶一路"教育行動，中國教育以更加開放自信主動的姿態走向世界舞台。

在看到成績的同時，要清醒地認識到，我國在建設教育強國上仍存在不少差距、短板，大而不強、發展不平衡、供需錯位等問題亟待解決，國家戰略人才和急需緊缺人才培養能力有待提升，制約教育高質量發展的思想觀念束縛和體制機制弊端還需要進一步破除，實現從教育大國向教育強國的跨越還任重道遠。

三、 扎實抓好深化教育綜合改革的重點舉措落實

《決定》提出："加快建設高質量教育體系，統籌推進育人方式、辦學模式、管理體制、保障機制改革。"同時，就深化教育綜合改革提出了一系列重點舉措。我們要認真貫徹落實黨中央決策部署，求真務實抓落實、敢作善為抓落實，實現教育系統性躍升和質變，為推進中國式現代化提供全方位的人才支撐、智力支持。

（一）圍繞落實立德樹人根本任務深化教育綜合改革。立德樹人關係黨的事業後繼有人，關係國家前途命運。要完善立德樹人機制，健全德智體美勞全面培養體系，形成更高水平的人才培養體系。聚焦思政課關鍵課程，推進大中小學思政課一體化改革創新，加快構建以習近平新時代中國特色社會主義思想為核心內容的課程教材體系，不斷提高思政課的針對性和感染力。全面深化素質教育，加快補齊體育、美育和勞動教育短板，加強心理健康教育，促進學生身心健康成長。堅持強教必先強師，著力以教育家精神引領高素質教師隊伍建設，提升教師教書育人能力，健全師德師風建設長效機制，引導廣大教師堅定理想信念、陶冶道德情操、涵養扎實學識、勤修仁愛之心。教育評價事關教育發展方向、事關教育強國成敗。

要縱深推進新時代教育評價改革，加快扭轉不科學的教育評價導向，構建多元主體參與、符合我國實際、具有世界水平的教育評價體系。

（二）圍繞服務國家戰略和經濟社會發展深化教育綜合改革。國家戰略實施關鍵在科技，根本靠人才。要優化高等教育佈局，加快建設中國特色、世界一流的大學和優勢學科，為加快建設世界重要人才中心和創新高地提供有力支撐。分類推進高校改革，引導不同類型高校在不同領域不同賽道發揮優勢、辦出特色和水平。建立科技發展、國家戰略需求牽引的學科設置調整機制和人才培養模式，超常佈局急需學科專業，加強基礎學科、新興學科、交叉學科建設和拔尖人才培養，著力加強創新能力培養。完善高校科技創新機制，提高成果轉化效能。強化科技教育和人文教育協同，全面提高學生綜合素養。加快構建職普融通、產教融合的職業教育體系，源源不斷培養大國工匠、能工巧匠和高技能人才。完善學生實習實踐制度，引導學生在一線實踐中加強磨煉、增長本領。引導規範民辦教育發展，提高教育教學質量。推進高水平教育開放，鼓勵國外高水平理工類大學來華合作辦學，有效利用世界一流教育資源和創新要素，加快建設具有強大影響力的世界重要教育中心。

（三）圍繞解決人民群眾急難愁盼問題深化教育綜合改革。習近平總書記強調，我們要堅持教育公益性原則，把教育公平作為國家基本教育政策，大力推進教育體制改革創新。要主動適應人口變化形勢，優化區域教育資源配置，建立同人口變化相協調的基本公共教育服務供給機制。完善義務教育優質均衡推進機制，探索逐步擴大免費教育範圍，加快縮小教育的城鄉、區域、校際、群體差距，努力讓每個孩子都能享有公平而有質量的教育。健全學前教育和特殊教育、專門教育保障機制，推進學前教育普及普惠安全優質發展，辦好特殊教育，加強專門學校建設和專門教育工作。推進數字化教育，賦能學習型社會建設，加強終身教育保障，為以中國式現代化全面推進強國建設、民族復興偉業奠定堅實的基礎。

深化科技體制改革

陰和俊

黨的二十屆三中全會對進一步全面深化改革、推進中國式現代化作出戰略部署，充分體現了以習近平同志為核心的黨中央堅定不移全面深化改革的歷史主動和堅定信心，必將開闢以中國式現代化全面推進強國建設、民族復興偉業的新境界。黨的二十屆三中全會通過的《中共中央關於進一步全面深化改革、推進中國式現代化的決定》（以下簡稱《決定》）在"構建支持全面創新體制機制"部分對"深化科技體制改革"作出系統部署，是激發全社會創新創造活力的關鍵舉措。我們要認真學習貫徹黨中央重大決策部署，努力推進高水平科技自立自強，為中國式現代化建設提供強大科技支撐。

一、 以科技現代化支撐引領中國式現代化必須深化科技體制改革

黨的十八大以來，以習近平同志為核心的黨中央對深化科技體制改革作出一系列重大決策部署，推動我國科技事業取得歷史性成就、發生歷史性變革。中國式現代化關鍵在科技現代化，建成社會主義現代化強國關鍵看科技自立自強，進一步全面深化改革、推進中國式現代化必須深化科技體制改革。

（一）深化科技體制改革是順應新一輪科技革命和產業變革、加快建設科技強國的必然選擇。當前，全球科技創新進入密集活躍期，新一輪科

技革命和產業變革迅猛發展，基礎研究不斷拓展人類認知邊界，人工智能、量子科技、生物科技等前沿技術實現多點突破、引發鏈式變革，推動全球產業結構、經濟形態和人類生活方式深刻調整。與此同時，科研範式發生重大變化，學科交叉融合不斷深入，戰略導向、數據驅動成為科技創新的重要方式。我們必須構建完善科技創新組織方式和治理模式，統籌推進教育科技人才體制機制一體改革，以更加健全的體制機制不斷拓展科學研究的深度廣度，催生更多原創性顛覆性前沿性技術，增強我國科技競爭力引領力，搶佔科技制高點，贏得戰略主動。

（二）深化科技體制改革是發展新質生產力、實現高質量發展的必然選擇。高質量發展是全面建設社會主義現代化國家的首要任務，科技創新是發展新質生產力的核心要素。當前，科技創新以無所不在的滲透性、擴散性、帶動性廣泛賦能經濟社會發展，新質生產力已經在實踐中形成並展示出對高質量發展的強勁推動力。我們必須進一步加強科技創新與產業創新融合發展，促進科技、產業、金融良性循環，構建與新質生產力相適應的新型生產關係，讓各類先進優質創新要素向發展新質生產力集聚，不斷催生新產業、新模式、新動能。

（三）深化科技體制改革是提升國家競爭力、應對外部風險挑戰的必然選擇。當前，世界百年未有之大變局加速演進，科技革命與大國博弈相互交織，高技術領域成為國際競爭最前沿和主戰場，深刻影響全球秩序和發展格局。國際形勢嚴峻複雜，我國發展面臨外部人為製造科技壁壘、試圖割裂全球創新鏈產業鏈等諸多挑戰。國家之爭就是實力之爭，關鍵是科技創新能力之爭，背後較量的是誰的制度更優越。我們必須充分發揮中國特色社會主義制度優勢，堅定不移走中國特色自主創新道路，堅持科技創新與制度創新 "雙輪驅動"，著力破解原始創新能力相對薄弱、關鍵核心技術受制於人等突出問題，加快實現高水平科技自立自強。

二、 牢牢把握新時期進一步深化科技體制改革的實踐基礎和總體要求

黨的十八大以來，以習近平同志為核心的黨中央對科技體制改革進行戰略謀劃、作出頂層部署，推動重點領域和關鍵環節改革取得突破，科技創新基礎性制度框架基本確立，國家創新體系整體效能進一步提升。2023年，黨中央成立中央科技委員會，重新組建科學技術部，推動我國科技領導和管理體制系統性重構、整體性重塑，科技體制改革不斷深化拓展。**一是黨中央對科技工作集中統一領導的體制機制更加健全**。中央科技委員會加強科技工作的頂層設計、統籌協調、整體推進、督促落實，科技管理部門強化抓戰略、抓改革、抓規劃、抓政策、抓服務，新型舉國體制更加健全，科技創新治理效能明顯提升。**二是科技工作重點環節統籌更加有力**。加強了科技戰略規劃統籌、政策措施統籌、重大任務統籌、科研力量統籌、資源平台統籌、區域創新統籌，國家戰略科技力量加快佈局，科技戰略規劃和政策體系進一步健全。**三是國家重大科技任務組織協調機制更加完善**。圍繞面向世界科技前沿、面向經濟主戰場、面向國家重大需求、面向人民生命健康，完善了科技創新重大方向遴選和重大項目立項、組織實施、政策保障等體制機制，國家科技重大項目加快啟動實施。**四是科技創新全鏈條管理更加高效**。完善了貫穿基礎研究、技術創新、成果轉化和產業化體制機制，基礎研究與人才培養結合更加緊密，企業科技創新主體地位進一步強化，科技成果轉化機制不斷完善。**五是科技管理工作協調聯動更加順暢**。部門間科技管理職責持續優化，新時代區域科技創新體系總體佈局初步形成，軍民科技融合發展體制機制更加完善，初步形成了部門、央地、軍民科技工作合力。這些新進展為進一步深化科技體制改革奠定了堅實基礎。

《決定》提出進一步全面深化改革的總目標是繼續完善和發展中國特色

社會主義制度，推進國家治理體系和治理能力現代化。深化科技體制改革
要牢牢把握這一總目標，全面貫徹習近平新時代中國特色社會主義思想，
以習近平總書記關於全面深化改革和科技創新的重要論述為根本遵循，不
斷豐富和發展深化科技體制改革的實踐經驗和重要原則。**一是堅持黨的領
導，完善科技管理體制。**必須牢牢把握中國共產黨領導這一中國特色社會
主義最本質的特徵，加強黨中央對科技工作的集中統一領導，健全新型舉
國體制，保障科技體制改革始終沿著正確方向前進。**二是堅持"四個面
向"，強化科技支撐高質量發展、保障高水平安全的制度保障。**必須加強
科技創新全領域佈局、全鏈條部署，健全關鍵核心技術攻關體制機制，全
面增強科技實力和創新能力，為實現高水平科技自立自強奠定制度基礎。
三是堅持系統觀念，提升國家創新體系整體效能。必須圍繞構建高效、協
同、開放的國家創新體系，全局性謀劃、整體性推進科技體制改革，加強
科技創新與經濟社會各領域改革發展的良性互動。**四是堅持以人為本，激
發全社會創新活力。**必須以激發各類創新主體和科技人員積極性創造性為
出發點和落腳點，營造鼓勵創新、寬容失敗的制度環境，激發人才第一資
源活力動力。

三、 全面落實黨中央深化科技體制改革重要任務

黨的二十大擘畫了全面建設社會主義現代化國家的宏偉藍圖，明確到
2035 年建成科技強國的戰略目標。《決定》面向 2035 年基本實現中國式現
代化，對深化科技體制改革作出系統部署。我們要堅決貫徹落實黨中央決
策部署，堅持"四個面向"，充分認識科技創新的戰略先導地位和根本支
撐作用，構建適應引領高水平科技自立自強的新型舉國體制，構建適應科
技強國建設要求的國家創新體系，推進國家科技治理體系和治理能力現代
化，為以中國式現代化全面推進強國建設、民族復興偉業提供支撐。

（一）健全新型舉國體制，優化重大科技創新組織機制。加強國家戰略科技力量建設，完善國家實驗室體系，優化國家科研機構、高水平研究型大學、科技領軍企業定位和佈局，推進科技創新央地協同，統籌各類科創平台建設，鼓勵和規範發展新型研發機構，發揮我國超大規模市場引領作用，加強創新資源統籌和力量組織，推動科技創新和產業創新融合發展。堅持"四個面向"，統籌強化關鍵核心技術攻關，推動科技創新力量、要素配置、人才隊伍體系化、建制化、協同化。健全強化集成電路、工業母機、醫療裝備、儀器儀表、基礎軟件、工業軟件、先進材料等重點產業鏈發展體制機制，全鏈條推進技術攻關、成果應用。構建科技安全風險監測預警和應對體系，加強科技基礎條件自主保障。

（二）完善科技項目和經費管理改革，優化國家科技資源統籌配置。實行國家重大科技任務分類管理組織模式，建立地方、企業科技項目納入國家科技計劃體系新機制。改進科技計劃管理，強化基礎研究領域、交叉前沿領域、重點領域前瞻性、引領性佈局。加強有組織的基礎研究，提高科技支出用於基礎研究比重，完善競爭性支持和穩定支持相結合的基礎研究投入機制，鼓勵有條件的地方、企業、社會組織、個人支持基礎研究，支持基礎研究選題多樣化，鼓勵開展高風險、高價值基礎研究。建立專家實名推薦的非共識項目篩選機制。完善中央財政科技經費分配和管理使用機制，健全中央財政科技計劃執行和專業機構管理體制。擴大財政科研項目經費"包乾制"範圍，賦予科學家更大技術路綫決定權、更大科研經費支配權、更大資源調度權。

（三）統籌推進教育科技人才體制機制一體改革，促進科技與教育、人才良性循環。建立科技發展、國家戰略需求牽引的學科設置調整機制和人才培養模式，超常佈局急需學科專業，著力加強創新能力培養，強化科技教育和人文教育協同。完善高校科技創新機制，推進校企協同創新，提高成果轉化效能。實施更加積極、更加開放、更加有效的人才政策，完善人才自主培養機制。加快建設國家戰略人才力量，著力培養造就戰略科學家、一流科技領軍人才和創新團隊，著力培養造就卓越工程師、大國工匠、高技能人才。完善青年創新人才發現、選拔、培養機制，更好保障青年科技人員待遇。強化人才激勵機制，健全保障科研人員專心科研制度，堅持向用人主體授權、為人才鬆綁。建立以創新能力、質量、實效、貢獻為導向的人才評價體系。深化高校、科研院所收入分配改革。深化科技評價體系改革，加強科技倫理治理，嚴肅整治學術不端行為。打通高校、科研院所和企業人才交流通道。

（四）強化企業科技創新主體地位，促進科技、產業、金融融合發展。建立培育壯大科技領軍企業機制，加強企業主導的產學研深度融合，建立企業研發準備金制度，支持企業主動牽頭或參與國家科技攻關任務，向民營企業開放國家重大科研基礎設施。構建促進專精特新中小企業發展壯大機制。鼓勵科技型中小企業加大研發投入，提高研發費用加計扣除比例。允許科研類事業單位實行比一般事業單位更靈活的管理制度，探索實行企業化管理。健全發展新質生產力體制機制，加強關鍵共性技術、前沿引領技術、現代工程技術、顛覆性技術創新，加強新領域新賽道技術供給。深化科技成果轉化機制改革，加強國家技術轉移體系建設，加快佈局建設一批概念驗證、中試驗證平台，完善首台（套）、首批次、首版次應用政策，加大政府採購自主創新產品力度。加強技術經理人隊伍建設。允許科技人員在科技成果轉化收益分配上有更大自主權，建立職務科技成果資產單列管理制度，深化職務科技成果賦權改革。鼓勵和引導高校、科研院所按照先使用後付費方式把科技成果許可給中小微企業使用。允許更多符合條件的國有企業以創新創造為導向，在科研人員中開展多種形式中長期激勵。構建同科技創新相適應的科技金融體制，加強對國家重大科技任務和科技型中小企業的金融支持，完善長期資本投早、投小、投長期、投硬科技的支持政策。健全重大技術攻關風險分散機制，建立科技保險政策體系。提高外資在華開展股權投資、風險投資便利性。

（五）擴大國際科技交流合作，建設具有全球競爭力的開放創新環境。深度融入全球科技創新網絡，深化政府和民間科技創新合作，實現更深層次科技創新制度性開放。加強國際化科研環境建設，建立重大科技基礎設施和平台向全球科學家開放使用的機制。鼓勵在華設立國際科技組織，完善我國科研人員到國際科技組織任職制度。完善海外引進人才支持保障機制，形成具有國際競爭力的人才制度體系。探索建立高技術人才移民制度。優化高校、科研院所、科技社團對外專業交流合作管理機制。

加強創新資源統籌和力量組織

黃　強

　　黨的二十屆三中全會通過的《中共中央關於進一步全面深化改革、推進中國式現代化的決定》（以下簡稱《決定》）對加強創新資源統籌和力量組織作出部署，是新時代發揮新型舉國體制優勢、集中力量打贏關鍵核心技術攻堅戰的重大改革，有利於解決科技創新力量和優勢資源分散、重複、低效配置問題，激發各類創新主體內生動力和廣大科技人員積極性、主動性、創造性，加快發展新質生產力。

一、 加強創新資源統籌和力量組織是加快實現高水平科技自立自強、建設科技強國的必由之路

　　習近平總書記指出：“歷史事實表明，經濟大國不等於經濟強國。一個國家長期落後歸根到底是由於技術落後，而不取決於經濟規模大小。”我國作為經濟體量世界第二的發展中大國，在百年變局中謀求和實現科技自立自強，必然同時面臨科研基礎自身積累不足、科技霸權封鎖圍堵打壓、搶佔科技制高點速度比拚等嚴峻現實考驗。只有把創新資源和力量統籌組織起來，在國家重大需求和戰略必爭領域形成整體優勢，打贏事關強國建設、民族復興的科技之戰，才能從根本上保障國家安全、贏得發展主動。

　　從我國歷史經驗看，集中力量辦大事是科技走向自立自強的重要法寶。新中國在一窮二白的內部基礎和全面封鎖的外部環境下，發揮社會主

義制度集中力量辦大事的優勢，自力更生、艱苦奮鬥，幹出了"兩彈一星"等一大批國之重器。進入新時代，習近平總書記把科技創新擺在國家發展全局的核心位置，探索和用好社會主義市場經濟條件下的新型舉國體制，加快推進科技自立自強，我國在主要科技領域和方向上不斷取得重大突破，進入創新型國家行列。但是，我國科技發展總體上還處在將強未強、不進則退的關鍵階段，不少關鍵核心技術仍受制於人，必須傳承和用好集中力量辦大事這一法寶，加緊解決"卡脖子"問題。

從科研範式變革看，大科學時代必須集中創新資源和力量開展科技攻關"大會戰"。習近平總書記指出："科學研究向極宏觀拓展、向極微觀深入、向極端條件邁進、向極綜合交叉發力，不斷突破人類認知邊界。"科學研究形態已經告別單槍匹馬、手工作坊式，進入分工協作、整體推進的大科學新階段。當今世界，國際科技競爭正日益演化為創新體系的競爭，哪一種創新體系能夠從根本上解決創新資源和力量分散、重複、低效的問題，哪一種創新體系就更能適應現代科技攻關的需要。加強創新資源統籌和力量組織，核心目標就是提升國家創新體系整體效能，適應並引領科技創新大聯合、大協作、大攻關。

從大國科技競爭看，統籌創新資源集中攻堅才能跑贏"搶佔科技制高點"這場世界變局爭奪賽。習近平總書記強調："科技競爭就像短道速滑，我們在加速，人家也在加速，最後要看誰速度更快、誰的速度更能持續。"當前，科技革命與大國博弈相互交織，高技術領域成為國際競爭最前沿和主戰場，特別是人工智能、量子科技、生物科技等前沿科技集中湧現，正以前所未有、超乎想像的速度和衝擊力重塑全球政治經濟力量格局。唯有總體謀劃、聚力攻堅、以快制快，在傳統領域縮小差距、追上並跑，在新興領域避免代差、力爭領跑，才能掌握新一輪全球科技競爭的戰略主動，確保我國現代化進程不會被遲滯甚至打斷。

二、 把握加強創新資源統籌和力量組織的規律性認識

習近平總書記強調："針對我國科技創新組織化協同化程度不高，科技資源分散、重複等問題，深化科技管理體制改革，統籌各類創新平台建設，加強創新資源統籌和力量組織。"必須堅持解放思想、守正創新，構建社會主義市場經濟條件下關鍵核心技術攻關新型舉國體制，健全科學統籌、集中力量、優化機制、協同攻關的組織運行體系，提升國家創新體系整體效能，形成體現國家意志、完成國家使命的強大合力。

（一）堅持和加強黨中央集中統一領導。我國社會主義制度之所以具有非凡的組織動員能力、統籌協調能力、貫徹執行能力，根本在於中國共產黨的領導。黨的二十大後組建中央科技委員會，就是把黨的領導這一最大政治優勢在科技創新領域更加充分發揮出來。要充分發揮黨總攬全局、協調各方的領導核心作用，完善黨中央對科技工作集中統一領導的體制機制，加強戰略規劃、政策措施、重大任務、科研力量、資源平台、區域創新等方面的統籌，構建協同高效的決策指揮體系和組織實施體系，確保政治優勢、組織優勢、制度優勢轉化為集中資源和力量攻堅的國家創新體系優勢。

（二）堅持有效市場和有為政府更好結合。習近平總書記強調："充分發揮市場在科技資源配置中的決定性作用，更好發揮政府各方面作用，調動產學研各環節的積極性，形成共促關鍵核心技術攻關的工作格局。"政府主要抓戰略、抓改革、抓規劃、抓服務，市場對研發方向、路綫選擇、要素價格、各類創新要素配置起篩選和導向作用。要統籌發揮政府和市場兩個作用，整合雄厚的科研基礎、豐富的應用場景、完備的工業體系等優勢，國有企業、民營企業一起上，營造政府引導、市場主導、社會參與的良好創新生態。

（三）堅持整合軍民、央地資源協同創新。近幾年實施軍民融合發展

戰略，整合用好軍民創新資源，不僅顯著提升了國防科技能力，而且顯著增強了全社會的創新能力。要堅持軍民協同創新，完善軍民融合創新體系，暢通地方與軍隊、市場與戰場的"雙向快車道"，推動新質生產力加快轉化為新質戰鬥力。當前，地方財政科技經費在我國財政科技經費總盤子中大約佔三分之二。要整合央地創新資源和力量，協同實施關鍵核心技術攻堅和重大科技成果轉化項目，既為國鑄劍，又為地方高質量發展提供強有力支撐。

（四）堅持在國內國際雙循環中統籌創新資源。習近平總書記強調："科技進步是世界性、時代性課題，唯有開放合作才是正道。國際環境越複雜，我們越要敞開胸懷、打開大門，統籌開放和安全，在開放合作中實現自立自強。"自主創新不是關起門來搞創新，要更加注重加強國際化科研環境建設，把握全球科技創新趨勢和機遇，發揮共建"一帶一路"等平台作用，牽頭組織好國際大科學計劃和大科學工程，在全球配置和利用創新資源，不斷提高我國在全球科技治理中的影響力和規則制定能力。

（五）堅持科技創新和產業創新深度融合。創新不是發表論文、申請到專利就大功告成，創新"成果"必須轉化為發展"結果"、成為產業的"成品"。要堅持把促進科技創新和產業創新深度融合作為深化科技體制改革的重要著力點，實現技術突破、產品製造、市場模式、產業發展"一條龍"轉化，打通從科技強到產業強、經濟強、國家強的通道。創新技術要發展，必須要使用。要依託龐大市場為新技術開發及時提供應用場景，在大量應用中優化改進、迭代升級。

三、加強創新資源統籌和力量組織的著力重點

著眼提升國家創新體系整體效能，堅持目標導向和問題導向相結合，奔著問題去、盯著問題改，從最緊迫的事情抓起，小切口、大縱深，堅決

破除妨礙創新資源高效配置的思想觀念和體制機制弊端，大幅提升科技攻關體系化能力。

（一）更加注重發揮國家作為重大科技創新組織者的作用。加強中央科技委員會對科技工作的頂層設計和統籌協調，推進國家創新體系建設和科技體制改革，統籌謀劃國家科技發展重大戰略、重大規劃、重大政策。加強對重大科技戰略任務的組織協調，科學凝練事關戰略全局和國家命運的關鍵核心科學技術問題，遴選戰略任務和重點方向。持續實施國家科技重大專項，強化跨部門、跨地區、跨軍地優勢科技力量統籌調配，優化"揭榜掛帥"、"定向委託"、"賽馬制"等科技攻關組織模式，調動各類創新力量開展"大兵團作戰"。

（二）強化國家戰略科技力量。發揮國家實驗室引領作用，聚焦國家重要安全領域，當好科技攻關總平台、總鏈長，多出戰略性、關鍵性重大科技成果。發揮國家科研機構建制化組織作用，開展面向國家重大戰略和行業共性需求的基礎研究，強化基礎理論支撐和技術源頭供給。發揮高水平研究型大學主力軍作用，調整優化學科專業設置，統籌推進人才培養和科技創新。發揮科技領軍企業出題人、答題人、閱卷人作用，做好產業共性關鍵技術研發、科技成果轉化及產業化，當好產業鏈和創新鏈的鏈長。

（三）建強國際和區域科技創新中心。優化升級北京、上海、粵港澳大灣區三個國際科技創新中心，提升世界級原始創新、產業創新的策源引領功能，打造成為全球科學中心、人才高地和世界創新版圖制高點。加快建設成渝、武漢、西安三個區域科技創新中心，加強航空航天、核技術、生物醫藥、光電子、智能網聯汽車、新材料、新能源等產業創新，打造成為具有全國影響力的創新增長極。加強跨區域科技創新合作，提升國家戰略腹地承接重大科技和生產力佈局的能力，形成更加完善的區域科技創新體系。

（四）強化企業技術創新主體地位。加強企業主導的產學研深度融合，引導各類創新要素向企業集聚，推動企業真正成為技術創新決策、研發投入、科研組織、成果轉化的主體。針對重點產業鏈核心技術短板，超常規集中支持鏈主企業帶頭衝鋒突破，保障重點產業的創新鏈供應鏈自主可控。支持企業牽頭組建創新聯合體，依託企業建設技術創新中心，加強產業鏈上下游、大中小企業融通創新，推進科技攻關協同和研發活動一體化。健全有利於成果轉化的體制機制，讓企業在解決科研機構"不能轉"、"不敢轉"、"不會轉"問題中充分發揮作用，提高創新成果轉移轉化成效。

（五）健全激發創新主體內生動力機制。用好科技評價指揮棒，強化以科技創新質量、績效、貢獻為核心的評價導向，構建充分體現知識、技術等創新要素價值的收益分配機制。《決定》首次提出"改進武器裝備採購制度，建立軍品設計回報機制"，用批量生產的現役產品設計回報費來鼓勵支持設計單位開展基礎預研，有助於從根本上破解軍工科研院所"不立項幹不了事，一立項十萬火急來不及"、"產品定型之日，就是設計斷糧之時"的困境，提高科研院所的內生動力，改變長期以來高度計劃性制度機制導致的"等靠要"被動局面。完善科學家本位的科研組織體系，深化科技經費分配和管理使用機制改革，賦予科研單位和科研人員更大自主權。弘揚科學家精神，涵養"國為重、家為輕，科學最重、名利最輕"的家國情懷，讓院士稱號進一步回歸榮譽性、學術性，讓科研人員心無旁騖搞科研。

（六）推進科技基礎能力建設統籌和開放共享。著眼解決科技基礎設施重複建設問題，統籌推進科技基礎條件的體系化、集約化佈局，加快完善科學數據中心佈局建設，形成優勢互補的科技創新設施條件體系。著眼解決重大項目攻關重複佈局問題，加強科研項目全鏈條設計和一體化實施，構建軍民、央地聯動實施重大科技項目機制。著眼解決科技資源共享不夠問題，加強關鍵科學儀器設備自主研製攻關，建設互聯互通的科研儀器設備開放共享平台，促進創新資源最大程度利用。

（七）營造創新資源優化配置良好生態。充分發揮市場的力量，構建更加完善的要素市場化配置機制，推動各類創新要素快速流動、迅速組合、不斷循環往復，形成高校、科研院所、企業、政府、資本等有機互動的創新生態系統。大力發展風險投資市場，培育發展風投創投產業集群，優化"募投管退"全鏈條發展，鼓勵天使投資、風險投資、私募股權投資等基金支持創新創業，更好發揮政府投資基金作用，發展耐心資本，引導金融資本投早、投小、投長期、投硬科技。培育創新文化，傳承中華優秀傳統文化的創新基因，營造鼓勵探索、寬容失敗的良好環境，使崇尚科學、追求創新在全社會蔚然成風。

健全國家經濟社會發展規劃制度體系

鄭柵潔

習近平總書記指出，用中長期規劃指導經濟社會發展，是我們黨治國理政的一種重要方式。黨的二十屆三中全會通過的《中共中央關於進一步全面深化改革、推進中國式現代化的決定》（以下簡稱《決定》），對健全國家經濟社會發展規劃制度體系作出系統安排，明確了健全規劃制度體系、強化規劃銜接落實機制、加強政策協同配合的戰略方向和重點舉措。這是以習近平同志為核心的黨中央從戰略和全局高度對完善宏觀經濟治理體系作出的重大決策，我們要深刻學習領會，堅決貫徹落實。

一、深刻認識健全國家經濟社會發展規劃制度體系的重要意義

習近平總書記指出，科學編制並有效實施國家發展規劃，有利於保持國家戰略連續性穩定性，集中力量辦大事，確保一張藍圖繪到底。健全國家經濟社會發展規劃制度體系，對扎實推進中國式現代化具有重大而深遠的意義。

（一）健全國家經濟社會發展規劃制度體系是黨有效領導經濟社會發展的重要方式。編制和實施國家發展規劃，充分體現了堅持黨的領導、人民當家作主、依法治國有機統一，是中國特色社會主義制度的顯著優勢所在。在現代化建設實踐中，我國探索形成了在黨中央集中統一領導下，由黨中央全會提出規劃"建議"、國務院編制規劃"綱要"、全國人大審查批准後向社會公佈實施的制度安排，將黨的主張有效轉化為國家意志和全

社會共同行動。習近平總書記始終高度重視戰略規劃工作，早在福建工作期間就前瞻謀劃了廈門15年發展藍圖、福州"3820"戰略工程，在浙江工作期間又系統擘畫了"八八戰略"。特別是黨的十八大以來，習近平總書記親自謀劃、親自部署、親自推動國家發展規劃工作，先後兩次擔任中央"建議"起草組組長，對決勝全面建成小康社會和全面建設社會主義現代化國家作出戰略部署，鮮明提出立足新發展階段、貫徹新發展理念、構建新發展格局、推動高質量發展等一系列新思想新觀點新論斷，形成了以黨的創新理論指導規劃藍圖繪製、引領經濟社會發展的科學路徑。我國發展已進入戰略機遇和風險挑戰並存、不確定難預料因素增多的時期，尤為需要健全國家經濟社會發展規劃制度體系，使規劃成為黨中央把方向、謀大局、定政策、促改革的重要手段之一，使黨中央對經濟社會發展的集中統一領導更加堅強有力，充分凝聚團結奮鬥、共創偉業的強大力量。

（二）健全國家經濟社會發展規劃制度體系是推進中國式現代化建設的有力保障。編制和實施國家發展規劃，已成為中國經濟社會發展的鮮明特點和世界各國借鑒中國經驗的重要內容。新中國成立以來，我們黨通過連續編制和實施14個五年規劃（計劃），接力落實社會主義現代化建設的長遠戰略目標，在一窮二白的基礎上建立起完整的工業體系和國民經濟體系，實現由解決溫飽到總體小康再到全面小康的歷史性跨越，創造了世所罕見的經濟快速發展奇跡和社會長期穩定奇跡。邁上新征程，黨的二十大提出以中國式現代化全面推進強國建設、民族復興偉業的中心任務，對全面建成社會主義現代化強國"分兩步走"戰略安排作出明確部署，清晰描繪了到2035年基本實現社會主義現代化的總體目標，對到本世紀中葉全面建成社會主義現代化強國進行了遠景展望。健全國家經濟社會發展規劃制度體系，有利於緊緊圍繞這一中心任務和戰略目標，保持國家戰略實施的連續性穩定性，一任接著一任幹、一張藍圖繪到底，把中國式現代化建設的宏偉事業不斷推向前進。

（三）健全國家經濟社會發展規劃制度體系是加快國家治理體系和治理能力現代化的必然要求。國家發展規劃集中體現了國家戰略意圖、中長期目標和階段性任務，發揮著明確政府工作重點、優化公共資源配置方向、引導經營主體行為的關鍵作用，是社會主義市場經濟條件下宏觀經濟治理的有效手段。黨的十八大以來，國家發展規劃在宏觀調控中的作用持續增強。黨的十九大報告、二十大報告強調，創新和完善宏觀調控，健全宏觀經濟治理體系，發揮國家發展規劃的戰略導向作用。2018 年 11 月，黨中央、國務院印發《關於統一規劃體系更好發揮國家發展規劃戰略導向作用的意見》，對理順規劃關係、完善規劃管理作出了制度安排。推進國家治理體系和治理能力現代化，一項重要任務是持續提升宏觀經濟治理效能，推動有效市場和有為政府結合、跨週期設計和逆週期調節協同、總量提升和結構優化互促。健全國家經濟社會發展規劃制度體系，能夠有效發揮規劃統籌當前和長遠、全面和重點、整體和局部的重要作用，使各類調節手段系統集成、協同高效，推動經濟持續健康發展、國家治理效能加快提升。

二、 貫徹落實健全國家經濟社會發展規劃制度體系的重點任務

習近平總書記強調，要加快建立制度健全、科學規範、運行有效的規劃體制，更好發揮國家發展規劃的戰略導向作用。針對規劃體系不完善、規劃銜接不到位、規劃目標和政策工具不協調等影響國家發展規劃戰略導向作用充分發揮的突出問題，《決定》從健全規劃體系、強化規劃銜接落實機制、優化規劃與宏觀調控協調聯動機制等方面對健全國家經濟社會發展規劃制度體系提出了新的要求。

（一）健全國家規劃體系。健全國家經濟社會發展規劃制度體系，首要任務是構建定位準確、邊界清晰、功能互補、統一銜接的國家規劃體

系，使各級各類規劃各司其職、規範有序。

一是充分發揮國家發展規劃的戰略導向作用。國家發展規劃要全面貫徹落實黨中央戰略意圖，緊緊圍繞全面建成社會主義現代化強國的戰略目標，制定分階段落實的時間表和路綫圖，為其他規劃落實國家戰略部署提供總遵循。要聚焦推動高質量發展和高水平安全的關鍵問題和突出短板，謀劃提出事關國家長遠發展的大戰略、跨部門跨行業的大政策、具有全局性影響的跨區域大項目，增強對其他規劃的指導性和約束力。

二是持續強化國土空間規劃的基礎作用。國土空間規劃要為國家發展規劃確定的重大戰略任務落地實施提供空間保障，對其他規劃提出的空間開發保護活動提供指導和約束。要依據國家發展規劃提出的國土空間開發保護格局和空間結構優化要求，科學佈局生產、生活、生態空間，強化開發強度管控和"三區三綫"精準落地，推動形成優勢互補、高質量發展的國土空間體系。

三是不斷增強專項規劃和區域規劃的支撐作用。國家級專項規劃要聚焦科技創新、基礎設施、綠色生態、民生保障等需要集中力量突破的重點領域，對國家發展規劃在特定領域明確的目標任務進行延伸細化。國家級區域規劃要按照國家發展規劃要求，貫徹落實區域重大戰略、區域協調發展戰略，著力打破地區分割、協調解決跨行政區跨流域的重大問題，促進區域戰略在區域內深化實施、在區域間聯動融合。

（二）強化規劃銜接落實機制。健全國家經濟社會發展規劃制度體系，關鍵是要貫徹落實黨中央戰略意圖和國務院工作部署，按照下位規劃服從上位規劃、下級規劃服務上級規劃、等位規劃相互協調的原則，加強各級各類規劃銜接協調，確保形成規劃合力。

一是強化上下貫通。做好其他規劃對國家發展規劃的貫徹落實，健全目錄清單、編制備案、銜接協調等規劃管理制度，依據國家發展規劃，同步部署、同步編制、同步實施一批國家級專項規劃和區域規劃，動態調整國土空間規劃。在編制過程中要做好指標銜接、任務細化、工程項目分解等工作，確保其他規劃在主要目標、發展方向、總體佈局、重大政策、重大工程、風險防控等方面與國家發展規劃協調一致，形成國家發展規劃由專項規劃在"條"上細化、由區域規劃在"塊"上深化、由國土空間規劃在"地"上保障的上下貫通機制，並做好年度計劃對國家發展規劃的滾動落實。

二是強化橫向協同。加強其他規劃相互間的銜接協調，避免交叉重複、矛盾衝突或合成謬誤。其中，專項規劃、區域規劃在空間安排上，要符合國土空間規劃提出的空間開發保護要求。專項規劃和區域規劃之間要加強任務設置和項目佈局的協調聯動，按照國家重大生產力佈局和區域發展格局優化需要，支持動力源地區增強輻射帶動能力，支持農產品主產區、重點生態功能區、能源資源富集地區和邊境地區提升保障能力。相關專項規劃之間要加強指標匹配和項目統籌，提高綜合效益和整體效能。

（三）優化規劃與宏觀調控手段協調聯動機制。健全國家經濟社會發展規劃制度體系，重要保障是將各類政策工具發力方向統一到國家發展規劃的部署要求上，實現宏觀政策、年度計劃和公共資源對國家發展規劃的有效支撐和協同保障。

一是進一步加強國家發展規劃與宏觀政策的協調聯動。依據規劃目標要求和發展形勢，合理確定財政、貨幣、產業、價格、就業等政策取向，提升政策科學性和穩定性。健全宏觀經濟政策統籌協調機制，把握好各類政策工具的節奏和力度，把經濟政策和非經濟政策都納入宏觀政策取向一致性評估，發揮宏觀政策取向一致性評估作用，促進各類政策協同發力，形成放大疊加效應。

二是進一步做好年度計劃與國家發展規劃的銜接。堅持短期目標與中長期目標相銜接，將國家發展規劃的主要指標分解納入年度指標體系並做好年度間平衡，滾動明確重大任務舉措和重大工程項目實施的年度要求，形成"長期戰略—發展規劃—年度計劃"的體系化推進和閉環落實機制，確保既定戰略目標如期高質量實現。

三是進一步強化公共資源對國家發展規劃的支撐保障。堅持公共資源配置服從和服務於公共政策方向，加強財政預算、政府投資、土地供應等對國家發展規劃的實施保障。貨幣政策、信貸政策要積極支持國家發展規劃確定的重點領域和薄弱環節。堅持項目跟著規劃走、資金和要素跟著項目走、監管跟著項目和資金走，優化存量資源配置和增量資源供給，保障國家發展規劃確定的重大工程項目落地實施。

三、 全面提高規劃工作科學化規範化水平

習近平總書記強調，規劃科學是最大的效益，要提高規劃質量，堅持和完善有效實施機制。健全國家經濟社會發展規劃制度體系，更好發揮各類規劃作用，關鍵是規劃質量要高、落地實施要實、法治保障要到位。

（一）提高規劃編制質量。國家發展規劃要圍繞發揮戰略導向作用，堅持立足國內和全球視野相統籌、問題導向和目標導向相統一、中長期目標和短期目標相貫通、全面規劃和突出重點相協調，增強戰略性、宏觀性、政策性。國土空間規劃要在資源環境承載能力和國土空間開發適宜性評價基礎上，科學劃定空間管控邊界，強化底綫約束和空間指導的基礎性作用。專項規劃和區域規劃要著眼於在特定領域和特定區域支撐國家發展規劃落地實施，做深做實規劃內容，增強針對性和可操作性。要嚴格履行規劃編制程序，拓展前期研究廣度和深度，健全專家參與公共決策制度，廣泛聽取各方面意見，以程序規範保障規劃質量。

（二）完善規劃實施全週期管理制度。要構建全流程規劃實施推進機制，維護規劃的嚴肅性和權威性。健全推進落實機制，各地區各部門要制定可操作、可評估、可考核的目標任務實施安排，對約束性指標和公共服

務、生態環保、安全保障等領域任務，強化責任分解落實；對預期性指標和產業發展、結構調整等領域任務，創造良好政策環境、體制環境和法治環境。健全監測評估機制，組織開展規劃實施情況動態監測，將監測結果作為加強和改進規劃實施的重要依據。開展規劃實施情況中期評估和總結評估，及時向黨中央、國務院請示報告國家發展規劃實施情況，並依法提請全國人大常委會審議。經評估確需調整修訂的規劃，要嚴格履行審查批准程序。健全監督考核機制，規劃實施情況要納入考核評價體系，接受人大監督、審計監督和社會監督，以有效的監督考核確保規劃目標任務落到實處。

（三）強化規劃編制實施的法治保障。堅持依法制定規劃、依法實施規劃，將黨中央關於健全國家經濟社會發展規劃制度體系的規定要求和行之有效的經驗做法以法律形式固定下來，加快推動國家發展規劃法立法工作進程，以法治引領和保障國家發展規劃更好發揮戰略導向作用，把制度優勢更好轉化為國家治理效能。

深化財稅體制改革

韓文秀

　　黨的二十屆三中全會通過的《中共中央關於進一步全面深化改革、推進中國式現代化的決定》（以下簡稱《決定》）提出，要深化財稅體制改革，並就健全預算制度等作出重要部署，提出明確要求。我們要認真學習領會，深刻認識深化財稅體制改革的重要意義，準確把握謀劃推動新一輪改革的原則要求，扎實有效推動各項改革任務落實。

一、深化財稅體制改革在推進中國式現代化偉大征程中的重要意義

　　當前和今後一個時期是以中國式現代化全面推進強國建設、民族復興偉業的關鍵時期。科學的財稅體制是優化資源配置、維護市場統一、促進社會公平、實現國家長治久安的制度保障，深化財稅體制改革對於以高質量發展全面推進中國式現代化意義重大。

　　（一）深化財稅體制改革是推動高質量發展的迫切需要。高質量發展是全面建設社會主義現代化國家的首要任務。當前，我國人均國內生產總值已超過 1 萬美元，正處於要素驅動主導型增長向創新驅動主導型增長轉換的關鍵時期，穩增長、防風險任務艱巨。財稅體制是影響資源配置的重要基礎制度，財政政策是宏觀調控的重要工具。必須適應我國社會主要矛盾變化，加快完善有利於高質量發展的財稅體制機制，破除構建新發展格局、推動高質量發展面臨的突出問題，激發各類經營主體活力，塑造發展

新動能新優勢，創造出與 14 億多人口現代化水平相匹配的社會財富和物質基礎。

（二）深化財稅體制改革是推進國家治理體系和治理能力現代化的應有之義。完善和發展中國特色社會主義制度、推進國家治理體系和治理能力現代化，必須以更大的勇氣、更有力的舉措推動更深層次改革。財政是國家治理的基礎和重要支柱，財稅體制是高水平社會主義市場經濟體制的重要組成部分。必須適應推進國家治理體系和治理能力現代化的要求，固根基、揚優勢，補短板、強弱項，圍繞構建全國統一大市場、健全宏觀經濟治理體系，加快完善稅收制度和財政體制，加強與其他改革協同配套，全面落實現代預算管理要求，把我國制度優勢更好轉化為國家治理效能。

（三）深化財稅體制改革是推進中國式現代化的客觀要求。以中國式現代化全面推進強國建設、民族復興偉業，需要不斷完善包括財稅領域在內的各方面體制機制。當前，我國城鄉區域發展和收入分配差距問題仍然突出，人均資源佔有量少、生態環境承載壓力較大，發展的外部環境日益嚴峻。需要加快完善推動共享發展的財稅體制機制，在做大"蛋糕"的同時分好"蛋糕"，促進城鄉區域協調發展，增進民生福祉，促進共同富裕。健全支持綠色低碳發展的財稅政策體系，促進美麗中國建設、人與自然和諧共生。

二、 新時代新征程謀劃推動新一輪財稅體制改革需要把握的原則要求

黨的十八大以來，以習近平同志為核心的黨中央高度重視、部署統籌推進財稅領域改革，預算、稅收制度和財政體制改革取得歷史性成就，基本確立了我國財政制度框架。同時，財稅體制運行中還存在一些

矛盾和問題，需要進一步改革完善。我們要深刻領會《決定》部署所體現的黨中央決策意圖，正確處理幾個重大關係，確保改革始終沿著正確的方向推進。

（一）正確處理政府與市場的關係。財政預算規定政府的活動範圍和方向，稅收制度關係國家與企業、個人的利益分配。預算改革要圍繞充分發揮市場在資源配置中的決定性作用和更好發揮政府作用，明晰政府作用邊界，克服錯位、越位、缺位現象，政府該管的要管住，最大限度減少對資源的直接配置和對微觀經濟活動的直接干預，創造更加公平、更有活力的市場環境，推動有效市場和有為政府更好結合。稅制改革要注意處理好"取"與"予"的關係，既防止稅負過重、竭澤而漁，又避免稅負過低、政府調控和公共服務保障乏力，保持合適的財政汲取能力和政府收支規模，使財政經濟發展始終在良性循環軌道上運行。

（二）正確處理中央與地方的關係。中央和地方財政關係是政府間權責劃分的基本組成部分，政府收入劃分、事權和支出責任劃分、轉移支付制度安排事關國家長治久安。深化改革要堅持辯證思維，從國家整體利益出發，統籌兼顧中央的調控力和地方的發展活力，理清權責關係，更好發揮中央、地方和各方面積極性。要適度加強中央財政事權和支出責任，保持合理的中央財政收支比重，增強中央統一調度、指揮、管理經濟社會和發展的能力。同時，適當放權給地方，增加地方自主財力，鼓勵各地因地制宜推動當地經濟和社會事業高質量發展。

（三）正確處理效率與公平的關係。財稅體制涉及初次分配、再分配和第三次分配，影響效率與公平目標的權衡和實現。深化財稅體制改革要堅持社會主義市場經濟改革方向，完善體制機制和調節政策，充分發揮市場機制作用，更好激發各方面積極性，實現資源配置效率最優化和效益最大化。同時，要統籌促進規則公平、機會公平、結果公平，打破利益固化、階層固化的藩籬，規範財富積累機制，加大稅收、社會保障、轉移支付等調節力度，更好地讓廣大人民群眾共享改革發展成果。

（四）正確處理全局與局部的關係。財稅體制改革涉及面廣，政策性強，必然會觸及一些地區、單位的局部利益。深化改革需要樹牢全國一盤棋思想，凝聚共識，形成合力，堅決落實黨中央關於加強財政資源和預算統籌、規範稅收優惠政策、增加一般性轉移支付、完善政府債務管理制度等部署要求，防止和克服各行其是、相互掣肘的現象。要增強全局意識和整體觀念，堅持和踐行正確政績觀，堅決防止無序舉債搞建設的做法，規範招商引資行為，反對地方保護，確保黨中央令行禁止。

（五）正確處理長遠與當前的關係。財稅體制改革要統籌促進短期財政穩定和長期可持續性。要抓住主要矛盾和矛盾的主要方面，明確優先序，把握時度效，遠近結合，攻堅克難。既要立足當前，有條不紊地抓好當下具備條件的改革舉措落地，著力解決經濟財政運行中的堵點卡點問題；又要著眼長遠，深刻把握國內外形勢發展新要求，積極識變求變，謀劃推動長遠機制建設。要堅持盡力而為、量力而行，把保障和改善民生建立在經濟發展和財力可持續的基礎之上，不斷提高人民生活水平。

三、貫徹落實深化財稅體制改革部署、健全我國財政制度的重點任務

落實《決定》部署，要堅持把黨的領導貫穿到財稅體制改革全過程，更加注重系統集成，更加注重突出重點，更加注重改革實效，加快健全適應高質量發展和中國式現代化要求的財政制度。

（一）健全預算制度。圍繞發揮集中力量辦大事的體制優勢，聚焦落實全面規範、公開透明等要求，補齊體制機制短板，強化預算剛性約束，持續提升預算管理水平和財政治理效能。一是加強財政資源和預算統籌。把依託行政權力、政府信用、國有資源資產獲取的收入全部納入政府預算

管理，增強預算對落實黨和國家重大政策的保障能力。完善國有資本經營預算和績效評價制度，強化國家重大戰略任務和基本民生財力保障。二是強化對預算編制和財政政策的宏觀指導，將黨中央戰略意圖體現到預算編制和執行的全過程。健全支出標準體系，建立完善動態調整機制，為預算編制提供科學依據。深化零基預算改革，打破“基數”觀念和支出固化僵化格局。加強財政政策逆週期和跨週期調節。三是統一預算分配權，提高預算管理統一性、規範性。防止和克服“錢等項目”的現象，提高年初預算到位率，推進預算安排與存量資金的有機結合，加大財政資金統籌和支出結構調整力度，規範各領域、部門和單位預算支出管理，結合實際合理確定預算收支規模。四是深化預算績效管理改革。加強公共服務績效管理，強化事前功能評估。完善預算績效評價制度，強化評價結果運用。突出保基本、守底綫，堅決落實黨政機關過緊日子要求，杜絕大手大腳花錢、奢靡浪費等現象。五是完善預算公開和監督制度，提高預算公開工作質量。六是完善權責發生制政府綜合財務報告制度，強化數據分析應用。完善財會監督體系，嚴肅財經紀律，不斷提升財政管理效能。

（二）健全稅收制度。著眼於構建有利於高質量發展、社會公平、市場統一的稅收制度，優化稅制結構，更好發揮稅收制度籌集財政收入、調控經濟運行、調節收入分配功能。一是全面落實稅收法定原則，規範稅收優惠政策，完善對重點領域和關鍵環節支持機制。研究與新業態相適應的稅收制度，促進和規範數字化、綠色化發展。合理降低製造業綜合成本和稅費負擔。二是健全直接稅體系。完善綜合和分類相結合的個人所得稅制度，規範經營所得、資本所得、財產所得稅收政策，實行勞動性所得統一徵稅。三是健全地方稅體系。推進消費稅徵收環節後移並穩步下劃地方，完善增值稅留抵退稅政策和抵扣鏈條。研究把城市維護建設稅、教育費附加、地方教育附加合併為地方附加稅，授權地方在一定幅度內確定具體適用稅率。完善房地產稅收制度。四是完善綠色稅制。全面推行水資源費改稅，改革環境保護稅。完善增值稅、消費稅、企業所得稅等有關促進綠色發展政策體系，推動綠色低碳發展。五是深化稅收徵管改革，增強稅務執法的規範性、便捷性和精準性。

（三）**完善財政體制**。圍繞保持和加強中央調控能力、發揮好中央與地方兩個積極性，聚焦權責清晰、財力協調、區域均衡三方面目標要求，進一步理順中央和地方財政關係，加快形成穩定的各級政府事權、支出責任與財力相適應的制度。一是清晰劃分中央與地方財政事權和支出責任。適當加強中央事權、提高中央財政支出比例。中央財政事權原則上通過中央本級安排支出，減少委託地方代行的中央財政事權。不得違規要求地方安排配套資金，確需委託地方行使事權的，通過專項轉移支付安排資金。二是優化中央和地方收入劃分。增加地方自主財力，拓展地方稅源，適當擴大地方稅收管理權限。結合稅制改革優化共享稅分享比例。完善產業在國內梯度有序轉移的協作機制，推動轉出地和承接地利益共享。規範非稅收入管理，適當下沉部分非稅收入管理權限，由地方結合實際差別化管理。三是完善財政轉移支付體系。清理規範專項轉移支付，增加一般性轉移支付，提升市縣財力同事權相匹配程度。建立促進高質量發展轉移支付激勵約束機制。同時，繼續推進省以下財政體制改革，優化省以下財力分配，切實加強基層財力保障。

（四）**健全政府債務管理體系**。按照統籌發展和安全要求，完善政府債務管理制度，更好發揮債券資金促進經濟社會發展的積極作用。一是加快建立同高質量發展相適應的政府債務管理機制。完善政府債務分類和功能定位，優化中央和地方政府債務結構，有效滿足宏觀調控需求，更好支持落實國家重大戰略任務。二是建立全口徑地方債務監測監管體系和防範化解隱性債務風險長效機制。健全工作協調機制，強化數據共享應用。加強源頭治理，堅決遏制新增隱性債務，有序化解存量隱性債務。嚴格對違規違法舉債問題監督問責，落實地方政府舉債終身問責制和債務問題倒查機制，發揮典型案例警示作用。三是加強地方政府專項債券管理。合理擴大地方政府專項債券支持範圍，適當擴大用作資本金的領域、規模、比例。完善債務限額分配機制，加強專項債券資金借用管還全生命週期管理。四是加快地方融資平台改革轉型。加強對融資平台公司的綜合治理，持續規範融資管理，禁止各種變相舉債行為，推動形成政府和企業界限清晰、責任明確、風險可控的科學管理機制。

深化金融體制改革

王 江

金融是國民經濟的血脈，關係中國式現代化建設全局。習近平總書記指出，回顧改革開放以來我國金融業發展歷程，解決影響和制約金融業發展的難題必須深化改革。近年來，我國金融業發展加快，金融領域持續創新，金融體系複雜度、開放度不斷提高，迫切需要加快金融改革。黨的二十屆三中全會對進一步深化金融體制改革作出重大部署，必將為加快建設金融強國注入強大動力，不斷開闢金融工作新局面。

一、 深刻認識深化金融體制改革的重大意義

要深入學習領會黨的二十屆三中全會精神，進一步學習貫徹中央金融工作會議精神，把思想認識統一到黨中央決策部署上來，深刻認識深化金融體制改革的重大意義。

（一）加快建設金融強國的必然要求。金融是大國博弈的必爭之地。我國已經是金融大國，但對標習近平總書記提出的金融強國應當具備"強大的貨幣、強大的中央銀行、強大的金融機構、強大的國際金融中心、強大的金融監管、強大的金融人才隊伍"的目標要求，仍然存在大而不強的問題。為加快補齊補強我國金融體系的短板弱項，迫切需要繼續用好改革開放關鍵一招，進一步深化金融體制改革，破除金融高質量發展面臨的體制機制障礙和卡點堵點，加快構建科學穩健的金融調控體系、結構合理的金融市場體系、分工協作的金融機構體系、完備有效的金融監管體系、多

樣化專業性的金融產品和服務體系以及自主可控、安全高效的金融基礎設施體系，有力推動我國金融由大變強。

（二）走好中國特色金融發展之路的必然要求。黨的十八大以來，以習近平同志為核心的黨中央積極探索新時代金融發展規律，不斷加深對中國特色社會主義金融本質的認識，不斷推進金融實踐創新、理論創新、制度創新，逐步走出一條中國特色金融發展之路。這條道路來之不易，必須倍加珍惜、長期堅持、不斷發展。中國特色金融發展之路是在改革進程中探索出來的，也必將在改革實踐中繼續開闢廣闊前景，越走越寬廣。

（三）守住不發生系統性金融風險底綫的必然要求。防控風險是金融工作的永恆主題。當前，我國房地產、地方政府債務、中小金融機構等領域的風險形勢仍然複雜嚴峻。必須在有力有序有效處置風險的基礎上，針對風險形成和處置中暴露的深層次體制機制矛盾，完善金融監管體系，強化監管問責，健全金融法治，築牢金融穩定保障體系，把該紮的籬笆紮牢、該建的防火牆儘快建起來，不斷提升金融業抵禦風險能力，牢牢守住不發生系統性金融風險的底綫。

（四）金融更好服務實體經濟的必然要求。實體經濟是金融的根基，服務實體經濟是金融的天職。要繼續以改革為牽引，建立健全金融服務實體經濟的激勵約束機制，打通金融服務實體經濟的堵點難點，把金融資源真正集聚到高質量發展的戰略方向上來，聚焦到服務新質生產力發展需要上來，著力做好科技金融、綠色金融、普惠金融、養老金融、數字金融"五篇大文章"，為實體經濟發展提供更高質量、更有效率的金融服務，促進經濟和金融良性循環。

（五）金融高水平對外開放的必然要求。縱觀歷史和現實，金融強國都具有高度開放的特徵，擴大金融業對外開放是我國對外開放的重要方面。要繼續堅持和用好以開放促改革這一改革開放 40 多年形成的基本經驗，穩步擴大金融領域制度型開放。同時，要統籌金融開放和安全，加強開放條件下的風險防控體系和能力建設，以更高水平風險防控保障更高水平金融開放。

二、 深化金融體制改革應當把握的重要原則

黨的二十大以來，黨中央對金融工作領導體制、金融監管體制等進行了一系列重塑性改革，取得了重大成就。進一步深化金融體制改革，必須堅持以習近平新時代中國特色社會主義思想特別是習近平經濟思想金融篇為指導，深刻領悟"兩個確立"的決定性意義，增強"四個意識"、堅定"四個自信"、做到"兩個維護"，深刻理解中國特色金融發展之路"八個堅持"的基本要義，在改革推進過程中注重把握好以下重要原則。

（一）堅持守正創新。要深刻認識黨的領導是中國特色金融發展之路最本質的特徵，是我國金融發展最大的政治優勢、制度優勢。深化金融體制改革必須始終堅持和加強黨中央對金融工作的集中統一領導，確保改革始終沿著中國特色金融發展之路前進。同時，要順應金融改革發展新的實踐要求，深化新一輪金融體制改革，把準改革的方向、路徑和重點，該改的、能改的切實改好、改到位，該突破的堅決突破，著力在金融領域推進和形成新的重大實踐創新、理論創新、制度創新。

（二）堅持目標導向和問題導向相結合。改革因問題倒逼而產生、為實現目標而推進，改革的過程本質上就是發現問題、研究問題、解決問題，向著目標不斷前進的過程。當前，金融領域仍面臨風險隱患較多、金融服務實體經濟質效不高、金融亂象和腐敗問題屢禁不止、金融監管和治理能力薄弱等突出問題。做好新形勢下的金融工作，必須錨定建設金融強國目標和牢牢守住不發生系統性風險底綫的要求，著力從體制機制層面有效解決上述問題，推動金融高質量發展。

（三）**堅持系統觀念**。增強改革的系統性、整體性、協同性，是黨的十八大以來全面深化改革的重要特徵和經驗。金融體制改革涉及金融調控、金融市場、金融機構、金融監管、金融產品和服務、金融基礎設施等多個方面，必須有效做好各方面改革的平衡和銜接，統籌推進防風險、強監管、促發展工作，努力實現最大整體效果。同時，必須把深化金融體制改革放在全面深化改革的全局中進行定位和謀劃，加強金融體制改革與財稅、科技、產業、區域、社會等其他相關領域改革的協調銜接，使各領域改革緊密協同、相互促進。

（四）**堅持穩中求進**。穩中求進是我們黨治國理政的重要原則。金融體制改革涉及面廣、敏感度高，必須始終堅持穩中求進、以進促穩、先立後破。要堅持穩字當頭，重大金融改革要充分評估、審慎決策、穩健實施，特別是風險防範舉措要同步謀劃、周密部署。同時，要積極進取，把該立的抓緊立起來，對看準了的改革壓茬推進、攻堅克難，敢啃"硬骨頭"，有力有序有效推進各項改革工作。

三、深化金融體制改革的重大任務

對黨的二十屆三中全會關於深化金融體制改革的部署和要求，我們必須深刻領會、準確把握、堅決落實。

（一）**加快完善中央銀行制度**。健全貨幣政策和宏觀審慎政策體系，著力營造良好的貨幣金融環境。綜合運用多種貨幣政策工具，保持流動性合理充裕，促進社會融資規模、貨幣供應量與名義經濟增速基本匹配，更加注重做好跨週期和逆週期調節。發揮好貨幣政策工具總量和結構雙重功能，暢通貨幣政策傳導機制，充實貨幣政策工具箱，持續深化利率市場化改革，在央行公開市場操作中逐步增加國債買賣。保持人民幣匯率在合理均衡水平上的基本穩定。

（二）著力打造金融機構、市場、產品和服務體系。完善金融機構定位，堅持回歸本源、專注主業。支持國有大型金融機構做優做強，提升綜合服務水平，當好服務實體經濟的主力軍和維護金融穩定的壓艙石。嚴格中小金融機構准入標準和監管要求，推動兼併重組、實現減量提質，立足當地開展特色化經營，防止無序擴張。強化政策性金融機構職能定位，聚焦服務國家戰略，主要做商業性金融機構幹不了、幹不好的業務。發揮保險業的經濟減震器和社會穩定器功能，健全國家巨災保險保障體系。在防風險、強監管的基礎上，促進信託、金融資產管理公司、企業集團財務公司、金融租賃公司、消費金融公司等其他各類金融機構高質量發展。持續推動貨幣、外匯市場改革發展，穩慎有序發展期貨和衍生品市場。堅持以市場需求為導向，開發個性化、差異化、定製化金融產品，讓兼具安全性、收益性、流動性的金融產品更多走進尋常百姓家。建設安全高效的金融基礎設施，統一金融市場登記託管、結算清算規則制度。

（三）健全投資和融資相協調的資本市場功能。嚴把發行上市准入關，進一步完善發行上市制度，強化發行上市全鏈條責任。嚴格上市公司持續監管，全面完善減持規則體系。深化退市制度改革，加快形成應退盡退、及時出清的常態化格局。加強交易監管，嚴肅查處操縱市場、惡意做空等違法違規行為。加快投資端改革，推動長期資金入市，發展多元化股權融資，推動區域性股權市場規則對接、標準統一。加強投資者權益保護。強化上市公司現金分紅監管，加大對分紅優質公司的激勵力度，增強分紅穩定性、持續性和可預期性。健全債券發行、交易和管理制度，加快多層次債券市場發展。提高直接融資比重，優化股權融資和債券融資的比例關係。

（四）深化金融監管體制改革。落實好黨的二十屆三中全會關於金融管理體制改革決策部署，發揮好中央金融委員會統籌協調把關作用，以及中央金融工作委員會切實加強金融系統黨的建設作用。堅持既管合法更管非法、管行業必須管風險，健全監管兜底機制，依法將所有金融活動納入監管。全面強化機構監管、行為監管、功能監管、穿透式監管、持續監管，做到"長牙帶刺"、有稜有角。明確金融監管部門和行業主管部門責任，加強中央和地方監管協同，健全權責一致、激勵相容的風險處置責任機制。建立健全問責制度，以責任追究倒逼責任落實。建立風險早期糾正硬約束制度，設定清晰的整改期限及具體整改要求。築牢有效防控系統性風險的金融穩定保障體系。健全金融消費者保護機制，嚴厲打擊非法金融活動。構建產業資本和金融資本有效隔離的"防火牆"。

（五）健全金融服務實體經濟的激勵約束機制。為科技型企業提供全鏈條、全生命週期金融服務，支持做強製造業。完善綠色金融政策、標準和產品體系，大力支持清潔能源的研發、投資、推廣運用。持續完善金融支持中小微企業和民營企業的政策體系，進一步緩解融資難、融資貴等問題。加大對鄉村振興的金融投入，支持牢牢端穩糧食飯碗、服務鄉村產業發展、促進農民增收致富。加大對健康產業、養老產業、銀髮經濟的財稅金融政策支持，有針對性地豐富養老金融產品供給，積極發展第三支柱養老保險。加快金融機構數字化轉型，保留必要的現金等傳統金融服務方式。提升金融監管科技水平，提高數字化監管和金融消費者保護能力。健全完善金融"五篇大文章"等重點領域的統計口徑和考核評價制度，發揮好考核評價"指揮棒"作用，引導金融更好服務實體經濟。

（六）推動金融高水平開放。以制度型開放為重點推進金融高水平對外開放，完善准入前國民待遇加負面清單管理模式。對標國際高標準經貿協議中金融相關規則，精簡限制性措施，支持符合條件的外資機構參與金融業務試點，提升跨境投融資便利化水平。穩慎拓展金融市場互聯互通，優化合格境外投資者制度。規範境外投融資行為，加大對共建"一帶一路"的金融支持。穩慎扎實推進人民幣國際化，發展人民幣離岸市場，強化香港離岸人民幣業務樞紐功能。加快建設上海國際金融中心。強化開放條件下的金融安全機制，推進自主可控的跨境支付體系建設，建立統一的全口徑外債監管體系。積極參與國際金融治理。

（七）加強金融法治建設。制定金融法，作為金融領域的基本法，與其他金融法律法規共同構成比較完備的金融法律體系。不斷適應金融發展實踐需要，及時推進金融重點領域和新興領域立法，建立定期修法制度。加大金融執法力度，對各類違法違規行為零容忍。健全維護國家金融安全的法律工具箱。

加快完善中央銀行制度

陶 玲

　　黨的二十屆三中全會通過的《中共中央關於進一步全面深化改革、推進中國式現代化的決定》提出"加快完善中央銀行制度"，作為深化金融體制改革的重要舉措。加快完善中央銀行制度要以習近平新時代中國特色社會主義思想為指引，堅持黨中央集中統一領導，堅定不移走中國特色金融發展之路，為推進金融高質量發展、建設金融強國提供堅實支撐。

一、科學認識中央銀行制度的基本內涵

　　中央銀行是金融體系的中樞，隨著經濟變遷而演進發展，形成了一系列被廣泛接受的基本目標和職能定位。中央銀行是"發行的銀行"，負責貨幣發行，調節貨幣供應、流通，調整利率水平，維護幣值穩定；中央銀行是"國家的銀行"，開展宏觀調控，經理國庫，管理外匯儲備，參與國際金融治理，促進充分就業、經濟增長和國際收支平衡；中央銀行是"銀行的銀行"，通過公開市場操作與金融機構開展金融交易，為金融市場提供流動性，維護支付清算體系穩健運行，承擔最後貸款人職責。與傳統中央銀行相比，現代中央銀行更加注重維護幣值穩定，更加注重運用市場化、價格型間接調控方式，更加注重財務獨立性和可持續性，更加注重預期管理，更加注重加強宏觀審慎管理，防範化解系統性金融風險，維護金融體系整體穩定。

　　中央銀行制度是一國最重要的貨幣金融管理制度。我國於 1948 年成

立了中國人民銀行，開啟了中央銀行制度的探索之路，經過改革開放以來特別是黨的十八大以來的不斷實踐，構建了一系列既符合經濟金融普遍規律又具有鮮明中國特色的中央銀行制度。其中，以貨幣政策體系和宏觀審慎政策體系為核心，以服務實體經濟的信貸政策體系為著力點，以多層次金融市場體系為載體，以金融基礎設施體系為根基，以金融穩定保障體系為防綫，以中央銀行財務預算管理機制為支撐，以國際金融協調合作治理機制為平台，統籌處理好短期任務與長期目標、穩增長與防風險、內部均衡和外部均衡的關係，在具有高度適應性、競爭力、普惠性的中國特色現代金融體系中發揮了關鍵作用。

二、 深刻把握加快完善中央銀行制度的重要意義

黨中央高度重視建設和完善中央銀行制度。習近平總書記指出，"強大的貨幣"和"強大的中央銀行"是推動金融高質量發展、建設金融強國的關鍵核心要素，要求現代中央銀行制度更為完善。黨的十九屆四中、五中全會，黨的二十大和中央金融工作會議都提出建設現代中央銀行制度。當前，我國正處於全面建設社會主義現代化國家開局起步的關鍵時期，國際國內經濟金融形勢複雜多變，金融領域的矛盾問題仍然較為突出，對加快完善中央銀行制度建設提出了迫切要求。

（一）這是走中國特色金融發展之路的要求。黨的領導是中國特色金融發展之路最本質的特徵。中國特色金融發展之路要求中央銀行必須堅持黨中央集中統一領導，以正確的政治方向為引領，以滿足人民日益增長的優質金融服務需求為中心，將服務實體經濟作為根本宗旨，將防控風險作為永恆主題，在市場化法治化軌道上推進金融創新發展，深化金融供給側結構性改革，統籌金融開放和安全，穩中求進做好工作。

（二）這是實現金融高質量發展的要求。我國正處於向高質量發展邁

進的關鍵階段，為促進經濟轉型升級，中央銀行要堅持穩健的貨幣政策，加大逆週期調節和跨週期設計，合理熨平短期經濟波動，推動經濟長期運行在合理區間，引導金融體系加大服務實體經濟力度，優化資金投向和結構。

（三）這是建設金融強國的要求。世界百年未有之大變局加速演進，金融是大國博弈必爭之地，大國崛起離不開強大金融體系的關鍵支撐。建設金融強國要求中央銀行對內實施好金融調控，提高金融資源配置效率和能力；對外深化國際金融合作，推進全球金融治理變革，增強金融國際競爭力和規則影響力。

（四）這是推進中國式現代化的要求。建設中央銀行制度是推進國家治理體系和治理能力現代化的重要一環。中央銀行有效履行職責，有利於疏通國民經濟血脈，提高國家核心競爭力，實現國家長治久安和人民安居樂業；反之，就有可能難以遏制惡性通脹或者信用緊縮，引發經濟金融危機，遲滯乃至中斷國家的現代化進程。必須加快完善中央銀行制度，為中國式現代化建設助力，為強國建設、民族復興偉業保駕護航。

三、加快完善中央銀行制度的基本原則

完善中央銀行制度，要以習近平總書記擘畫的推動金融高質量發展、加快建設金融強國的宏偉藍圖為目標，不斷加深對中國特色社會主義金融本質的認識，努力把握新時代金融發展規律，借鑒吸收各國中央銀行發展有益經驗，持續推進實踐創新、理論創新、制度創新。

（一）堅定方向，堅持黨中央對中央銀行工作的集中統一領導。黨的領導是我國金融業發展最大的政治優勢和底氣。中央銀行是黨領導金融工作的關鍵部門，事關經濟發展和金融安全，事關人民手中的"錢袋子"。必須堅持中央銀行工作的政治性、人民性，不折不扣貫徹落實好黨中央

決策部署，踐行金融為民理念，確保中央銀行工作始終沿著正確的方向前進。

（二）找準定位，確立維護幣值穩定和金融穩定雙目標。中國的中央銀行的根本職責是維護幣值穩定和金融穩定，既包括國內物價穩定，不能讓老百姓手中的錢變"毛"，也包括人民幣匯率在合理均衡水平上保持基本穩定。要健全貨幣政策和宏觀審慎政策"雙支柱"調控框架，從更長期視角出發堅持穩健的貨幣政策，維持合理的正的實際利率，為經濟高質量發展提供正向激勵。同時，重視就業目標，適當關注資產價格變化，建立有效的溝通機制，增加政策透明度。

（三）強化功能，提升中央銀行服務實體經濟能力。中央銀行是金融服務實體經濟的推動者和踐行者，要強化中央銀行履職功能，豐富市場化法治化手段和工具，引導優化融資結構，健全金融機構體系、產品體系和市場體系，建設自主可控、安全高效的金融市場基礎設施，為經濟社會發展提供堅實的金融支持。

（四）夯實保障，堅守最後貸款人職責。經濟是金融的根基，金融是經濟的鏡像，經濟風險與金融風險相互交織和影響。要健全以中央銀行為最後貸款人的金融安全網，加強金融風險監測預警，完善金融風險處置機制，守住不發生系統性金融風險底綫。

（五）築牢根基，落實中央銀行獨立的財務預算管理制度。中央銀行的特點在於既是行政機關，負責金融管理；也是市場中的主體，本質上作為"銀行"，通過市場化手段，運用資產負債表的擴張或收縮，吞吐基礎貨幣，調控金融活動。由於宏觀經濟金融變量實時更新，金融市場變化和金融風險不可能完全"預算"，中央銀行普遍實行獨立的財務預算制度，從而確保有能力、有財力實現任務和目標。

四、加快完善中央銀行制度的舉措

近年來，按照習近平總書記對金融工作的重要指示批示精神和黨中央決策部署，穩健的貨幣政策精準有力，對實體經濟支持力度持續加大，一些突出金融風險點得到穩妥有序處置，金融改革發展穩定各項工作取得積極成效，我國在全球高通脹、高利率的環境下實現了物價和人民幣匯率基本穩定，有力支撐了經濟社會發展大局。下一步，完善中央銀行制度要以進一步深化改革為根本動力，堅持在市場化法治化軌道上加快推進。

（一）構建科學穩健的貨幣政策體系。完善基礎貨幣投放和貨幣供應調控機制，管好貨幣總閘門，保持社會融資規模和貨幣供應量同經濟增長和價格水平預期目標相匹配。暢通貨幣政策傳導機制，把握好金融資源存量和增量的關係，促進提高資金使用效率。健全市場化利率形成、調控和傳導機制，以短期操作利率為主要政策利率，理順由短期操作利率向長期利率的傳導，明確利率走廊上下限，形成分工明確、合理聯動的中央銀行利率體系。增強人民幣匯率彈性，堅持人民幣匯率主要由市場決定，同時對順週期行為進行糾偏，保持人民幣匯率在合理均衡水平上的基本穩定。

（二）創新精準有力的信貸服務體系。發揮貨幣政策工具的總量和結構雙重功能，優化資金供給結構，引導金融機構持續加力做好金融"五篇大文章"，精準滴灌重大戰略、重點領域和薄弱環節。大力發展科技金融，加強對建設現代化產業體系的金融支持，構建覆蓋科技型企業全生命週期的金融服務體系。加快發展綠色金融，持續豐富和完善綠色金融標準、綠色金融市場和綠色金融產品。進一步發展普惠金融，健全金融服務民營和小微企業政策體系和長效機制。積極推進養老金融，更好滿足老齡社會和銀髮經濟的金融服務需求。不斷深化數字金融，加大對數字經濟、數實融合領域的數字金融服務。

（三）建立覆蓋全面的宏觀審慎管理體系。適應宏觀經濟金融形勢變化需要，加強跨週期、跨行業、跨市場和跨境風險分析，制定宏觀審慎政策，健全政策工具箱，維護金融活動、金融機構、金融市場和金融基礎設施的整體穩健運行。完善房地產宏觀審慎金融政策，推動房地產健康發展。加強對國際經濟金融風險外溢影響監測，健全全口徑跨境資金流動監測預警響應機制。推動宏觀審慎政策與貨幣政策、信貸政策、微觀監管政策等的協調配合和聯動。

（四）推進結構合理的多層次金融市場體系。支持發展多元化股權融資，提高直接融資比重，培育和引導耐心資本。健全多層次債券市場體系，加快制定公司債券管理條例，完善債券承銷、估值、做市等制度，健全市場化法治化違約處置機制。穩步發展資產支持證券，盤活存量資產。推動貨幣市場發展，完善同業拆借、債券回購等貨幣市場業務規則。健全外匯市場產品體系，豐富外匯市場參與主體，擴大外匯市場開放。規範發展黃金市場、票據市場，穩慎有序發展期貨和衍生品市場。

（五）建設自主可控、安全高效的金融基礎設施體系。建設金融市場登記託管、清算結算、徵信等體系，健全監管框架和准入制度，推進重要金融基礎設施統籌監管和互聯互通。持續推進跨境人民幣業務系統建設，提升自主水平和安全可靠性。推動移動支付互聯互通，拓展支付服務便利性、普惠性和包容性。穩步推進“風險為本”反洗錢監管。穩妥推進數字人民幣研發和應用。完善金融業綜合統計制度。

（六）健全有力有效的金融穩定保障體系。堅持中央銀行的最後貸款人職責定位，加強金融風險監測預警和源頭防控，健全具有硬約束的風險早期糾正機制。推動加強機構監管、行為監管、功能監管、穿透式監管、持續監管，依法將所有金融活動納入金融監管範圍，實現監管全覆蓋。推進常態化風險處置機制建設，豐富完善風險處置策略方法制度，完善金融穩定保障基金管理制度，發揮存款保險基金風險處置平台作用，防範化解系統性金融風險。

（七）推動協調合作的國際金融治理機制。擴大金融業制度型開放，完善准入前國民待遇加負面清單管理模式，提升金融服務跨境貿易和投融資水平。穩慎扎實推進人民幣國際化，優化基礎性制度安排，推動人民幣離岸市場建設，豐富離岸人民幣金融產品，優化人民幣清算行佈局，發揮好貨幣互換機制作用。深入參與全球金融治理，提升在重大國際金融規則、標準制定中的話語權和影響力。健全適應高水平開放的金融監管和風險防控體系，提升開放條件下的金融安全。

（八）實行與中央銀行履職相適應的財務預算管理體系。加快推進中國人民銀行法、金融穩定法、反洗錢法等法律修訂和制定，以中央銀行法律制度為基礎，健全中央銀行內部治理，落實中央銀行獨立的財務預算管理制度，完善總準備金、專項準備金、損失核銷和資本補充機制，充實中央銀行國家資本，使中央銀行資產負債表更加強健可持續，確保能夠主動開展金融調控、及時應對金融風險，實現幣值穩定和金融穩定目標，並以此促進經濟增長。

完善強農惠農富農支持制度

祝衛東

　　黨的二十屆三中全會通過的《中共中央關於進一步全面深化改革、推進中國式現代化的決定》（以下簡稱《決定》）首次提出"完善強農惠農富農支持制度"。這是黨中央著眼新時代新征程解決"三農"問題、推進鄉村全面振興作出的重大決策部署，是以人民為中心的發展思想在"三農"領域的具體體現，充分彰顯了以習近平同志為核心的黨中央對"三農"工作一以貫之的高度重視，必將為以加快農業農村現代化更好推進中國式現代化建設提供強有力的制度支撐。

一、深刻認識完善強農惠農富農支持制度的重要意義

　　（一）完善強農惠農富農支持制度，是豐富發展黨的"三農"方針政策的必然選擇。習近平總書記強調，我們黨成立以後就一直把依靠農民、為億萬農民謀幸福作為重要使命。在革命、建設、改革各個歷史時期，我們黨都十分注重通過政策和策略把億萬農民緊密團結在一起，為共同過上好日子不懈奮鬥。黨的十八大以來，我們堅持把解決好"三農"問題作為全黨工作的重中之重，堅持農業農村優先發展，推進城鄉融合發展，著力破除制約"三農"發展的體制機制障礙，建立涵蓋產前、產中、產後各環節和各類經營主體的農業支持保護制度，健全決戰決勝脫貧攻堅、推進鄉村全面振興的政策體系，強農惠農富農支持力度越來越大、惠及面越來越廣、制度體系越來越成熟完備，有力推動農業農村發展取得歷史性成就、

發生歷史性變革。實踐證明，我們黨馳而不息重農強農的戰略決策完全正確，黨的"三農"政策得到億萬農民衷心擁護。這些實踐探索和政策創新，為新時代新征程完善強農惠農富農支持制度奠定了堅實基礎。

（二）完善強農惠農富農支持制度，是解決現階段農業農村發展現實矛盾的迫切需要。習近平總書記強調，解決農業農村發展面臨的各種矛盾和問題，根本要靠深化改革，調動億萬農民積極性。當前，農業農村改革發展外部環境和內部條件發生深刻變化，面臨不少新形勢新挑戰。全球糧食安全形勢日益嚴峻，端牢 14 億多中國人飯碗的任務更加緊迫繁重。國內資源環境約束趨緊，農業生產經營成本上升、風險加大、效益偏低，提高農業綜合生產能力和市場競爭力的難度越來越大。農村發展相對滯後，鄉村人口形勢、村莊格局加快演變，基礎設施和公共服務還有不少短板亟待補上。農民增收動能減弱，城鄉居民收入絕對差距仍然不小，農村低收入人口幫扶任重道遠。解決這些矛盾和問題，對進一步深化農村改革、完善強農惠農富農支持制度提出了新的更高要求。

（三）完善強農惠農富農支持制度，是加快農業農村現代化、建設農業強國的客觀要求。習近平總書記強調，強國必先強農，農強方能國強。新時代新征程，全面建設社會主義現代化國家，最艱巨最繁重的任務仍然在農村。農業強不強、農村美不美、農民富不富，很大程度上決定了現代化的質量和成色。適應推進中國式現代化需要，實現建設農業強國目標，必須完善強農惠農富農支持制度，圍繞發展農業、建設鄉村、富裕農民進一步強化全方位支持，以更有力的舉措、彙聚更強大的力量推進鄉村全面振興，加快農業農村現代化步伐，縮小城鄉區域發展差距，推動全體人民共同富裕取得更為明顯的實質性進展。

二、準確把握完善強農惠農富農支持制度的原則要求

完善強農惠農富農支持制度，必須深入學習貫徹習近平總書記關於"三農"工作的重要論述，突出目標導向和問題導向，系統謀劃，統籌推進。與過去強調的農業支持保護制度相比，強農惠農富農支持制度的內涵和外延更加豐富，更加強調對農業農村農民全方位支持，更加注重制度供給的系統集成。實踐中要重點把握好以下幾個方面原則要求。

（一）堅持保護農民利益。始終站穩人民立場，尊重農民意願，把維護農民群眾根本利益作為出發點和落腳點，把增加農民收入作為中心任務，把是否真正讓農民受益作為衡量標準，讓廣大農民群眾在改革發展過程中有更多獲得感、幸福感、安全感。

（二）堅持農業農村優先發展。進一步完善要素配置、資金投入、公共服務、人才支撐等方面的制度性安排，推動人力投入、物力配置和財力保障向農業農村傾斜，更好服務保障國家糧食安全、推進鄉村全面振興、建設農業強國等重大戰略需要。

（三）堅持城鄉融合發展。強化系統觀念，把完善強農惠農富農支持制度放到城鄉融合發展大格局中謀劃和推動，強化以工補農、以城帶鄉，促進城鄉要素平等交換、雙向流動，加快形成工農互促、城鄉互補、協調發展、共同繁榮的新型工農城鄉關係。

（四）堅持綠色生態導向。綠色是農業的底色，美麗鄉村是美麗中國版圖的基本面。必須牢固樹立綠水青山就是金山銀山的理念，支持推行綠色生產生活方式，一體化推進鄉村生態保護修復，促進農業生產、農村建設、鄉村生活生態良性循環，做到資源節約、環境友好。

（五）堅持政府和市場協同發力。農業農村發展離不開政府的有力支持，要強化政策供給，提高支持效能，盡力而為但也要量力而行，防止超越發展階段、超出財政承受能力。強化政府支持不能偏離市場化改革取

向，必須尊重社會主義市場經濟規律，注重用改革激發市場活力，推動有效市場與有為政府更好結合。

三、完善強農惠農富農支持制度的重點任務

《決定》立足當前、著眼長遠，對完善強農惠農富農支持制度進行了系統部署，明確了當前和今後一個時期的重點任務。

（一）健全保障糧食安全的體制機制。糧食安全是"國之大者"。完善強農惠農富農支持制度，必須把提高農業綜合生產能力放在更加突出的位置，全方位夯實糧食安全根基。要加快健全種糧農民收益保障機制，完善價格、補貼、保險等政策體系。推動糧食等重要農產品價格保持在合理水平，綜合運用糧食最低收購價和收儲、進口等調控政策，平衡供求、穩定價格，防止穀賤傷農和米貴傷民。優化農業補貼政策體系，提高補貼精準性和激勵效能。發展多層次農業保險，推動農業保險擴面、提標、增品，更好滿足各類農業經營主體多元化保險需求。著眼促進農業經營增效，完善農業經營體系，推動新型農業經營主體扶持政策同帶動農戶增收掛鈎，健全便捷高效的農業社會化服務體系，發展農業適度規模經營。針對糧食主產區大多"產糧多、經濟弱、財政窮"的狀況，統籌建立糧食產銷區省際橫向利益補償機制，創新利益補償方式、拓展補償渠道，讓主產區抓糧不吃虧、有積極性。統籌推進糧食購銷和儲備管理體制機制改革，建立監管新模式，增強應急保供能力，守好"大國糧倉"。強化節糧減損就是增產增供的理念，健全糧食和食物節約長效機制。

（二）完善覆蓋農村人口的常態化防止返貧致貧機制。當前鞏固拓展脫貧攻堅成果總體形勢是好的，構建了有效的防止返貧監測幫扶機制，牢牢守住了不發生規模性返貧的底線。但返貧致貧風險始終客觀存在，即便是過渡期以後，仍會有一些低收入農戶因疾病、事故、災害等不可抗力存

在返貧致貧的可能，關鍵要靠有效的制度及時發現、及時幫扶。要發揮好防止返貧監測幫扶機制預警響應作用，把脫貧人口和脫貧地區的幫扶政策銜接好、措施落到位，堅決防止出現規模性返貧。建立農村低收入人口和欠發達地區分層分類幫扶制度，推動防止返貧幫扶政策和農村低收入人口幫扶政策銜接併軌，把符合幫扶條件的農村人口全部納入常態化幫扶。把應該由政策兜底幫扶的脫貧人口，逐步同通過正常幫扶有能力穩定脫貧的人口分開，實行分類管理，對沒有勞動能力的通過綜合性社會保障措施兜底，對有勞動能力的加大產業就業幫扶力度。建立欠發達地區常態化幫扶機制，實行分級負責、分類幫扶，重點支持欠發達地區補齊公共服務短板，發展壯大特色產業，增強內生發展動力。脫貧攻堅期間形成了龐大扶貧資產，要健全脫貧攻堅國家投入形成資產的長效管理機制，確保持續發揮作用。

（三）健全縣域富民產業發展促進機制。產業振興是鄉村振興的重中之重。解決當前農業經營效益低、農民增收致富難、鄉村建設發展滯後等問題，都要求加快發展縣域富民產業。圍繞做好"土特產"文章，因地制宜開發農業農村特色資源，強龍頭、補鏈條、興業態、樹品牌，推動鄉村產業全鏈條升級，增強市場競爭力和可持續發展能力。要樹立大農業觀、大食物觀，農林牧漁並舉，構建多元化食物供給體系，把農業建設成為大產業。培育鄉村新產業新業態，充分挖掘農業多種功能、鄉村多元價值，促進一二三產業融合發展，打造鄉村經濟新的增長點。壯大縣域富民產業，出發點是要讓農民有活幹、有錢賺，要健全產業發展聯農帶農機制，形成企業和農戶產業鏈上優勢互補、分工合作的格局，讓農民通過發展產業、轉移就業更多分享產業增值收益，多渠道增加農民收入。

（四）完善農村基本公共服務保障機制。現階段城鄉差距大最直觀的是基礎設施和公共服務差距大。要運用"千萬工程"經驗，健全推動鄉村全面振興的長效機制。繼續把公共基礎設施建設的重點放在農村，在推進城鄉基本公共服務均等化上持續發力，創新農村基礎設施和公共服務投入、建設、運行管護機制。完善農村基本公共服務體系，從各地實際和農民需求出發，聚焦普惠性、基礎性、兜底性民生建設，集中力量抓好辦成一批群眾可感可及的實事，加快補上農村飲水、道路、住房安全等基礎設施短板，著力提高農村養老、教育、醫療等公共服務質量，持續改善農村人居環境，逐步使農村基本具備現代生活條件。優化農村基本公共服務佈局，適應鄉村人口變化趨勢，優化村莊佈局、產業結構、公共服務配置，推進城鄉學校共同體、緊密型縣域醫共體建設，推動基本公共服務供給由注重機構行政區域覆蓋向注重常住人口服務覆蓋轉變。要持續推動公共服務向農村延伸、社會事業向農村覆蓋，推進城鄉基本公共服務標準統一、制度併軌。

（五）健全要素優先保障機制。鄉村振興要靠人才、靠資源。落實農業農村優先發展要求，破除妨礙城鄉要素平等交換、雙向流動的制度壁壘，引導資金、技術、人才等生產要素向鄉村流動，促進農業生產、增加農民收入，強化鄉村振興要素保障。要完善鄉村多元投入機制，將農業農村作為一般公共預算優先保障領域，創新投融資機制，形成財政優先保障、金融重點傾斜、社會積極參與的多元投入格局。強化耕地農用、良田糧用制度保障，改革完善耕地佔補平衡制度，各類耕地佔用納入統一管理，完善補充耕地質量驗收機制，確保達到平衡標準。完善高標準農田建設、驗收、管護機制，加大建設投入和管護力度，確保建一塊成一塊。健全保障耕地用於種植基本農作物管理體系，科學合理利用耕地資源，將有限的耕地資源優先用於保障基本農作物生產。促進土地增值收益取之於農、用之於農，落實土地出讓收入支農政策。有序推進農村集體經營性建設用地入市改革，健全土地增值收益分配機制。發展壯大鄉村人才隊伍，堅持內培和外引相結合，強化鄉村振興人才支撐。

完善高水平對外開放體制機制

王文濤

黨的二十屆三中全會通過的《中共中央關於進一步全面深化改革、推進中國式現代化的決定》，突出強調"完善高水平對外開放體制機制"，並作出一系列部署。這是在以中國式現代化全面推進強國建設、民族復興偉業的關鍵時期，以習近平同志為核心的黨中央統籌國內國際兩個大局作出的重大戰略部署，為當前和今後一個時期推進高水平對外開放提供了根本遵循和行動指南。

一、 充分認識完善高水平對外開放體制機制的重大意義

黨的十八大以來，我們實行更加積極主動的開放戰略，推動對外開放取得歷史性成就、發生歷史性變革。貿易強國建設邁出堅實步伐，到 2023 年，貨物貿易規模連續 7 年全球第一，服務貿易規模位居世界前列，數字貿易快速增長；雙向投資大國地位日益鞏固，利用外資結構持續優化，對外投資合作平穩發展；多雙邊和區域經貿合作取得一系列豐碩成果。實踐充分證明，開放帶來進步，封閉必然落後，對外開放是我國發展的關鍵一招。新征程上，完善高水平對外開放體制機制，具有重要時代價值和深遠歷史意義。

（一）推進中國式現代化的內在要求。習近平總書記指出："開放是中國式現代化的鮮明標識"，"只有開放的中國，才會成為現代化的中國"。實現人類歷史上規模最大、難度最大的現代化，要求我們發揮超大規模市

場優勢吸引全球資源要素，增強國內國際兩個市場兩種資源聯動效應。完善高水平對外開放體制機制，提升貿易投資合作質量和水平，有利於為中國式現代化厚植更強大經濟基礎、營造更有利國際環境、提供更堅實戰略支撐，拓展中國式現代化的發展空間。

（二）推動高質量發展的強大動力。習近平總書記指出："以開放促改革、促發展，是我國發展不斷取得新成就的重要法寶。"改革開放以來我們經濟發展是在開放條件下取得的，未來實現高質量發展也必須在更加開放的條件下進行。完整、準確、全面貫徹新發展理念，加快構建新發展格局，著力推動高質量發展，要求我們全面提高對外開放水平。完善高水平對外開放體制機制，統籌推進深層次改革和高水平開放，有利於加快發展新質生產力，推動經濟實現質的有效提升和量的合理增長。

（三）推動經濟全球化的大國擔當。習近平總書記指出："經濟全球化是不可逆轉的歷史大勢"。近年來，經濟全球化遭遇逆流，少數國家搞"脫鉤斷鏈"、"小院高牆"，推行"回岸、近岸、友岸"三岸分流。有關研究表明，"世界開放指數"呈下滑趨勢。這要求我們始終站在歷史正確的一邊，堅決反對逆全球化、泛安全化，反對單邊主義、保護主義。完善高水平對外開放體制機制，促進貿易和投資自由化便利化，有利於深化產業鏈供應鏈國際合作，共同培育全球發展新動能，建設開放型世界經濟，推動普惠包容的經濟全球化。

（四）構建人類命運共同體的重要舉措。習近平總書記指出："構建人類命運共同體是世界各國人民前途所在。"人類越來越成為你中有我、我中有你的命運共同體，同時全球發展深層次矛盾突出。這要求我們堅持命運與共，推動各國攜手應對挑戰、實現共同繁榮。完善高水平對外開放體制機制，高質量共建"一帶一路"，推動落實全球發展倡議、全球安全倡議、全球文明倡議，有利於推動國際經濟秩序朝著更加公正合理的方向發展，為構建人類命運共同體作出更大貢獻。

二、準確把握高水平對外開放的基本內涵

中國越發展，就越開放。中國開放的大門只會越開越大。我們要深刻領會黨的二十屆三中全會精神，堅定不移推進高水平對外開放，實施更大範圍、更寬領域、更深層次的開放。

（一）高水平對外開放是對接國際高標準的制度型開放。制度型開放是高水平對外開放的重要標誌。黨的十八大以來，我們對標國際高標準經貿規則，既持續深化要素流動型開放，又穩步拓展制度型開放。當前，制度型開放仍有提升空間。推進高水平對外開放，就是要以推進加入《全面與進步跨太平洋夥伴關係協定》和《數字經濟夥伴關係協定》為契機，推動重點領域規則、規制、管理、標準等同國際規則更高水平對接，塑造更高水平開放型經濟新優勢。

（二）高水平對外開放是更加積極的自主開放和單邊開放。自主開放和對最不發達國家單邊開放都是我們主動向世界開放市場的重要形式。黨的十八大以來，自由貿易試驗區和海南自由貿易港建設就是自主開放的重要實踐，有效發揮了改革開放綜合試驗平台作用；我們給予最不發達國家輸華零關稅待遇的產品範圍進一步擴大。推進高水平對外開放，就是要更加積極主動地擴大開放，進一步放寬市場准入，發揮開放平台先行先試作用，加大對最不發達國家支持力度，以自身開放促進全球共同開放，實現良性互動。

（三）高水平對外開放是把握數字化綠色化機遇的開放。數字化綠色化是世界經濟發展新的重要引擎。黨的十八大以來，我國數字經濟、綠色經濟加快發展，2023 年可數字化交付的服務進出口額（衡量包含數字產品貿易、數字服務貿易、數字技術貿易和數據貿易在內的數字交付貿易）超過 2.7 萬億元，跨境電商進出口額達 2.4 萬億元，新能源領域貿易投資合作為全球綠色轉型作出巨大貢獻。推進高水平對外開放，就是要以數字化

綠色化為方向，加快發展方式轉型，深化數字經濟和綠色發展國際合作，積極參與和引領國際規則制定，增強發展新動能新優勢。

（四）高水平對外開放是滿足人民美好生活需要的開放。增進民生福祉是對外開放的根本目的。黨的十八大以來，對外開放有力推動穩增長、穩就業、惠民生，外貿外資直接和間接帶動就業超過 2 億人，大量優質進口促進了產業升級和消費升級。當前，人民對美好生活的嚮往總體上已從“有沒有”轉向“好不好”。推進高水平對外開放，就是要在開放中保障和改善民生，鞏固外貿外資基本盤，將開放紅利轉化為發展動力，促進區域協調發展，讓開放成果更多更好惠及人民群眾。

（五）高水平對外開放是合作共贏的開放。歷史反復證明，開放包容、合作共贏才是人間正道。黨的十八大以來，我們堅定奉行互利共贏的開放戰略，成為 140 多個國家和地區的主要貿易夥伴，對世界經濟增長的貢獻率保持在 30% 左右。進博會越辦越好，不斷以中國新發展為世界提供新機遇。當前，人類社會要破解發展難題，比以往任何時候都更需要國際合作和開放共享。推進高水平對外開放，就是要拉緊與世界各國的利益紐帶，深度參與全球產業分工和合作，維護多元穩定的國際經濟格局和經貿關係，促進共同發展。

（六）高水平對外開放是統籌發展和安全的開放。越開放越要重視安全，越要統籌好發展和安全。黨的十八大以來，我們堅決貫徹總體國家安全觀，織密織牢開放安全網，有效防範和化解各種風險。當前，開放合作面臨複雜嚴峻的國際形勢，不確定難預料因素增多。推進高水平對外開放，就是要堅持高質量發展和高水平安全良性互動，著力提升開放監管能力和水平，在擴大開放中增強綜合實力、動態維護國家經濟安全。

三、 完善高水平對外開放體制機制的主要任務

我們要以習近平新時代中國特色社會主義思想為指導，深入學習貫徹黨的二十屆三中全會精神，加強黨對高水平對外開放的全面領導，堅持對外開放基本國策，堅持以開放促改革，依託我國超大規模市場優勢，在擴大國際合作中提升開放能力，建設更高水平開放型經濟新體制。

（一）穩步擴大制度型開放。既對標國際一流水平，又積極參與國際規則制定。主動對接國際高標準經貿規則，在產權保護、產業補貼、環境標準、勞動保護、政府採購、電子商務、金融領域等方面實現規則、規制、管理、標準相通相容，打造透明穩定可預期的制度環境。擴大自主開放，有序擴大我國商品市場、服務市場、資本市場、勞務市場等對外開放，擴大對最不發達國家單邊開放。

維護以世界貿易組織為核心的多邊貿易體制，全面深入參與世界貿易組織改革，推動恢復爭端解決機制正常運轉，力爭達成首套多邊數字貿易規則。積極參與全球經濟治理體系改革，提供更多全球公共產品。擴大面向全球的高標準自由貿易區網絡，提升我國自由貿易協定開放水平，積極納入數字、綠色、標準等規則。建立同國際通行規則銜接的合規機制，加強貿易政策合規工作，優化開放合作環境。

（二）深化外貿體制改革。加快建設貿易強國，進一步提升國際分工地位，向全球價值鏈中高端邁進。打造貿易強國制度支撐和政策支持體系，強化貿易政策與財稅、金融、產業政策協同。推進通關、稅務、外匯等監管創新，營造有利於新業態新模式發展的制度環境，加快內外貿一體化改革。健全貿易風險防控機制，完善出口管制體系和貿易救濟制度，制定出口管制法配套法規和規章，推動形成多主體協同的貿易摩擦應對機制，築牢貿易領域國家安全屏障。

推動貨物貿易優化升級。積極拓展中間品貿易、綠色貿易等新增長

點，推動外貿產品標準與合格評定國際合作。建設大宗商品交易中心，建設全球集散分撥中心，支持各類主體有序佈局海外流通設施，支持有條件的地區建設國際物流樞紐中心和大宗商品資源配置樞紐。創新提升服務貿易。全面實施跨境服務貿易負面清單，推進服務業擴大開放綜合試點示範，鼓勵專業服務機構提升國際化服務能力。在有條件的地方發展新型離岸貿易業務。建立健全跨境金融服務體系，豐富金融產品和服務供給。創新發展數字貿易。發展數字產品貿易、數字服務貿易、數字技術貿易和數據貿易，加快貿易全鏈條數字化賦能。推進跨境電商綜合試驗區建設。辦好進博會、廣交會、服貿會、數貿會等展會。

（三）深化外商投資和對外投資管理體制改革。打造"投資中國"品牌，加大力度吸引和利用外資，堅持高質量引進來和高水平走出去相結合。持續放寬外資市場准入。擴大鼓勵外商投資產業目錄，合理縮減外資准入負面清單，落實全面取消製造業領域外資准入限制措施，推動電信、互聯網、教育、文化、醫療等領域有序擴大開放。深化外商投資促進體制機制改革，保障外資企業在要素獲取、資質許可、標準制定、政府採購等方面的國民待遇，支持參與產業鏈上下游配套協作。完善促進和保障對外投資體制機制，健全對外投資管理服務體系，推動產業鏈供應鏈國際合作。

營造市場化、法治化、國際化一流營商環境。進一步完善外資企業圓桌會議制度，及時協調解決外資企業困難問題，依法保護外商投資權益。完善境外人員入境居住、醫療、支付等生活便利制度。

（四）優化區域開放佈局。培育和發揮區域比較優勢，更好發揮開放對區域經濟發展的促進作用。加快形成陸海內外聯動、東西雙向互濟的全面開放格局。鞏固東部沿海地區開放先導地位，提高中西部和東北地區開放水平。發揮沿海、沿邊、沿江和交通幹綫等開放元素聚集優勢，優化區域開放功能分工，打造形態多樣的開放高地。實施自由貿易試驗區提升戰略。賦予更大改革自主權，鼓勵首創性、集成式探索，推動全產業鏈創新發展，積極複製推廣制度創新成果。加快建設海南自由貿易港，深入推進貿易投資自由化便利化。

健全香港、澳門在國家對外開放中更好發揮作用機制。發揮"一國兩制"制度優勢，鞏固提升香港國際金融、航運、貿易中心地位，支持香港、澳門打造國際高端人才集聚高地，維護香港、澳門國際一流營商環境。深化粵港澳大灣區合作，強化規則銜接、機制對接。完善促進兩岸經濟文化交流合作制度和政策，深化兩岸融合發展。

（五）完善推進高質量共建"一帶一路"機制。深化經貿合作，推動高質量共建"一帶一路"走深走實。建立更多貿易暢通、投資合作、服務貿易、電子商務等國際合作機制，推動同更多國家商簽自由貿易協定、投資保護協定。繼續實施"一帶一路"科技創新行動計劃，加強綠色發展、數字經濟、人工智能、能源、稅收、金融、減災等領域的多邊合作平台建設。

開展務實合作，完善陸海天網一體化佈局，構建"一帶一路"立體互聯互通網絡，統籌推進重大標誌性工程和"小而美"民生項目。高質量建設經貿合作區等境外合作園區。建設"絲路電商"合作先行區。深化綠色基建、綠色能源、綠色交通等領域合作。

健全協商民主機制

孟祥鋒

協商民主是實踐全過程人民民主的重要形式。黨的二十屆三中全會通過的《中共中央關於進一步全面深化改革、推進中國式現代化的決定》（以下簡稱《決定》），對健全全過程人民民主制度體系作出重要部署，提出健全協商民主機制的重要舉措。我們要深刻認識全面發展協商民主的重要意義，牢牢把握健全協商民主機制的任務要求，切實加強協商民主制度建設，推動協商民主彰顯更大優勢、發揮更大效能。

一、 協商民主是我國社會主義民主政治的特有形式和獨特優勢

社會主義協商民主是中國共產黨團結帶領人民在革命、建設、改革長期實踐中創造和發展的重要民主形式。黨的十八大以來，以習近平同志為核心的黨中央著眼發展全過程人民民主、全面建設社會主義現代化國家，科學定位、全面推進社會主義協商民主，取得了豐碩的理論成果、制度成果、實踐成果。

習近平總書記高度重視發展社會主義協商民主，圍繞全面發展協商民主作出重要論述，提出一系列具有理論原創性、政治引領性、實踐指導性的新思想新觀點新舉措新要求。比如，提出社會主義協商民主在我國有根、有源、有生命力，

是中國共產黨人和中國人民的偉大創造；協商民主是我國社會主義民主政治的特有形式和獨特優勢，是黨領導人民有效治理國家、保證人民當

家作主的重要制度設計，是黨的群眾路綫在政治領域的重要體現，是實踐全過程人民民主的重要形式；有事好商量，眾人的事情由眾人商量，是人民民主的真諦；協商民主同選舉民主相互補充、相得益彰，共同構成中國社會主義民主政治的制度特點和優勢；人民政協是社會主義協商民主的重要渠道和專門協商機構；通過多種形式的協商，可以廣泛達成決策和工作的最大共識，廣泛暢通各種利益要求和訴求進入決策程序的渠道，廣泛形成發現和改正失誤和錯誤的機制，廣泛形成人民群眾參與各層次管理和治理的機制，廣泛凝聚全社會推進改革發展的智慧和力量。比如，提出全面發展協商民主，推進協商民主廣泛多層制度化發展，構建程序合理、環節完整的社會主義協商民主體系，統籌推進政黨協商、人大協商、政府協商、政協協商、人民團體協商、基層協商以及社會組織協商，加強協商民主制度建設，健全協商民主機制。比如，提出堅持黨的領導、統一戰綫、協商民主有機結合，通過各種途徑、各種渠道、各種方式就改革發展穩定重大問題特別是事關人民群眾切身利益的問題進行廣泛協商，堅持協商於決策之前和決策實施之中，健全各種制度化協商平台，通過商量出辦法、出共識、出感情、出團結。習近平總書記關於全面發展協商民主的重要論述，從政治上、理論上、制度上、實踐上深刻回答了為什麼協商、協商什麼、怎樣協商等重大問題，豐富發展了馬克思主義民主政治理論，為新時代全面發展協商民主指明了方向、提供了重要遵循。

新時代我國社會主義協商民主蓬勃發展，特別是制定關於加強社會主義協商民主建設、政黨協商、人民政協協商民主建設、城鄉社區協商等方面重要文件，頒佈《中國共產黨政治協商工作條例》等黨內法規，有力指導和推動社會主義協商民主廣泛開展，呈現出協商內容更加豐富、協商形式更加多樣、協商渠道更加拓展的生動局面，顯示出旺盛生命力和巨大優越性。協商民主已經深深嵌入我國社會主義民主政治全過程，在密切黨同人民群眾聯繫、促進科學決策民主決策、廣泛凝聚社會共識等方面發揮了重要作用。新征程上，中國式現代化全面推進，更加需要健全全過程人民民主制度體系、充分發揮社會主義協商民主獨特優勢和重要作用，更好為全面建設社會主義現代化國家凝聚智慧和力量。

二、發揮人民政協專門協商機構作用

人民政協是社會主義協商民主的重要渠道和專門協商機構。《決定》對發揮人民政協作為專門協商機構作用作出新的部署。要落實《決定》精神，完善人民政協專門協商機構制度，把協商民主貫穿政治協商、民主監督、參政議政全過程，不斷提高人民政協協商民主制度化、規範化、程序化水平。

（一）健全深度協商互動、意見充分表達、廣泛凝聚共識的機制。堅持和完善黨委會同政府、政協制定並組織實施年度協商計劃制度，圍繞黨和國家中心任務，更加精準凝練協商主題，更加深度開展協商議政，更高質量進行建言獻策。健全發揚民主和增進團結相互貫通、建言資政和凝聚共識雙向發力的程序機制，運用政協全體會議、專題議政性常務委員會會議、專題協商會、協商座談會等形式，深入協商議政，加強政治引領，廣泛凝聚共識，堅定發展信心，激發奮鬥力量。完善民主黨派和無黨派人士在政協更好發揮作用的機制，支持各民主黨派、無黨派人士在政協參與國家方針政策和地方重要舉措的討論協商。完善政協專門委員會聯繫界別工作機制，發揮界別優勢作用和專委會基礎性作用，推動各專委會委員和所聯繫界別委員發揮主體作用、積極建言資政。

（二）加強人民政協反映社情民意、聯繫群眾、服務人民機制建設。貫徹以人民為中心的發展思想，堅持人民政協為人民，把不斷滿足人民對美好生活的需要、促進民生改善作為協商議政的重要著力點。健全社情民意表達和彙集分析機制，聚焦經濟社會發展重大問題和人民群眾急難愁盼問題彙集反映社情民意，為黨和政府決策提供參考。完善政協委員聯繫界別群眾制度機制，深入做好思想引領、聽取意見、反映要求、凝聚共識、增進團結、彙聚力量的工作。發揮政協委員履職"服務為民"活動平台作用，引導政協委員立足崗位實際、發揮專長優勢為群眾辦實事、解難事。

（三）完善人民政協民主監督機制。準確把握人民政協民主監督性質定位，發揮協商式監督優勢和作用，重點圍繞貫徹落實黨和國家重大方針政策和重大決策部署情況開展民主監督。完善人民政協民主監督的組織領導、權益保障、知情反饋、溝通協調機制，提高民主監督工作實效。完善民主監督形式，做到同履行政治協商、參政議政職能相結合，寓監督於協商會議、視察、提案、專題調研、大會發言、反映社情民意信息等工作之中。加強人民政協民主監督同黨內監督、人大監督、行政監督、司法監督、社會監督、輿論監督等的協調配合，增強監督合力。

三、 不斷完善協商民主體系

《決定》對完善協商民主體系、豐富協商方式提出新的要求。要按照《決定》精神，構建程序合理、環節完整的協商民主體系，健全各種制度化協商平台，形成完整的制度程序和參與實踐，推進協商民主廣泛多層制度化發展。

（一）健全政黨協商、人大協商、政府協商、政協協商、人民團體協商、基層協商以及社會組織協商制度化平台。中國共產黨領導的多黨合作和政治協商制度是我國的一項基本政治制度，是從中國土壤中生長出來的新型政黨制度。新時代多黨合作舞台極為廣闊，要用好政黨協商這個民主形式和制度渠道，通過協商凝聚共識、凝聚智慧、凝聚力量。要堅持和完善中國共產黨領導的多黨合作和政治協商制度，完善民主黨派中央直接向中共中央提出建議制度，完善支持民主黨派和無黨派人士履行職能方法，加強政黨協商保障機制建設。在人大協商方面，開展立法工作中的協商，發揮人大代表在協商民主中的作用。在政府協商方面，制定協商事項目錄，完善政府協商機制，增強協商的廣泛性和針對性。在政協協商方面，把協商民主貫穿履行職能全過程，加強政協協商與黨委和政府工作的有效銜接，提高政協協商水平。在人民團體協商方面，完善人民團體參與各渠道協商的工作機制，健全人民團體直接聯繫群眾工作機制。在基層協商方面，建立健全基層協商民主建設協調聯動機制，開展鄉鎮（街道）協商、村（社區）協商、企事業單位等的協商。在社會組織協商方面，建立健全與相關社會組織聯繫的工作機制和溝通渠道，引導社會組織更好為社會服務。根據各種協商渠道優勢特點和實際需要，加強各種協商渠道協同配合，提升協商民主整體效能。建立健全提案、會議、座談、論證、聽證、公示、評估、諮詢、網絡、民意調查等協商方式，豐富有事好商量、眾人的事情由眾人商量的制度化實踐。

（二）健全協商於決策之前和決策實施之中的落實機制。堅持協商於決策之前和決策實施之中的原則，對明確規定需要協商的事項必須經協商後提交決策實施，通過充分協商交流、開展民主監督、宣傳黨和國家政策法規、深化思想溝通，廣集良策促進決策優化，廣聚共識推動決策實施。健全知情明政機制，通過邀請參加有關重要會議、參加視察考察調研和檢查督導工作、建立定期通報情況制度、提供協商相關材料、組織專題報告會等，增強協商精準性和實效性。健全決策諮詢制度，完善重大決策前的民主聽證會、民主懇談會、民主評議等，完善基於互聯網平台構建公眾參與政策評估的方式，吸納社會公眾特別是利益相關方參與決策，吸收專家學者、智庫機構進行決策諮詢，使決策和工作更好順乎民意、合乎實際。

（三）完善協商成果採納、落實、反饋機制。規範和拓展協商成果報送渠道，對協商的主要內容、重要共識、意見建議，做好彙總、分析、精選、報送工作。建立完善協商成果研究吸納和轉化運用機制，各級黨委和政府及有關部門應重視協商意見研究辦理，重要協商成果可作為決策參考體現到政策舉措制定實施之中。建立健全協商成果採納反饋制度，推動協商成果轉化為工作成效。

四、 推動協商民主落到實處

黨中央關於全面發展協商民主、健全協商民主機制的任務要求已經明確，關鍵在於抓好落實。

（一）堅持黨的領導。黨的領導是發展社會主義協商民主的根本保證。要深入學習貫徹黨中央決策部署和習近平總書記關於全面發展協商民主的重要論述，堅定不移走中國特色社會主義政治發展道路，確保協商民主建設正確政治方向。建立健全黨領導協商民主建設的工作制度，把協商民主建設納入黨委總體工作部署和重要議事日程，統一領導、規劃、部署協商民主建設。

（二）堅持協商為民。人民當家作主是社會主義民主政治的本質特徵，全心全意為人民服務、始終代表最廣大人民根本利益是我們能夠實行和發展協商民主的重要前提和基礎。要尊重人民主體地位和首創精神，緊緊依靠人民推進協商民主。按照協商於民、協商為民的要求，把協商嵌入到人民依法有效管理國家事務、管理經濟和文化事業、管理社會事務的各項工作中。加強基層協商民主建設，保證人民在日常政治生活中有廣泛持續深入參與的權利。

（三）把準協商議題。要堅持圍繞中心、服務大局，錨定中國式現代化目標任務，聚焦經濟建設這一中心工作和高質量發展這一首要任務，牢牢把握協商議政的重點和著力點。緊扣黨中央重大決策部署、國家重大戰略需求、發展中重大現實問題，緊貼社會民生領域重點難點問題，把協商建言搞好。圍繞協商議題，深入調查研究，提出切實管用的對策建議，推動協商走深走實。

（四）提高協商能力。要強化協商意識，做到平等協商、民主協商，商以求同、協以成事。領導幹部要帶頭實踐協商民主，掌握協商民主工作的原則、規律、方法，做到集思廣益、從善如流。培育協商民主文化，養成有事好商量的習慣，營造既暢所欲言、各抒己見，又理性有度、合法依章的協商氛圍。

健全基層民主制度

舒啟明

　　黨的二十屆三中全會通過的《中共中央關於進一步全面深化改革、推進中國式現代化的決定》，強調發展全過程人民民主是中國式現代化的本質要求，並對健全全過程人民民主制度體系作出部署，提出健全基層民主制度的任務。這對於堅持人民主體地位，擴大社會主義民主，建設社會主義政治文明，進一步增強黨和國家活力、調動人民積極性，凝聚起以中國式現代化全面推進強國建設、民族復興偉業的磅礴力量，具有十分重要的意義。

一、 深入學習貫徹習近平總書記關於堅持和發展基層民主的重要論述

　　黨的十八大以來，習近平總書記從黨和國家事業發展全局出發，就社會主義民主政治建設作出一系列重要論述，深刻闡述了關於中國特色社會主義政治發展道路的核心思想、主體內容、基本要求，深刻闡述了關於堅持和發展基層民主、保障人民依法直接行使民主權利的重要原則、著力重點、途徑方法。習近平總書記強調，人民民主是中國共產黨始終高舉的旗幟，中國共產黨領導人民實行人民民主就是保證和支持人民當家作主；人民民主是一種全過程的民主，全過程人民民主是社會主義民主政治的本質屬性，是最廣泛、最真實、最管用的民主。我們要堅定不移走中國特色社會主義政治發展道路，堅持黨的領導、人民當家作主、依法治國有

機統一，堅持和完善人民代表大會制度的根本政治制度，中國共產黨領導的多黨合作和政治協商制度、民族區域自治制度以及基層群眾自治制度等基本政治制度，發展更加廣泛、更加充分、更加健全的人民民主。我們要堅持和完善基層群眾自治制度，發展基層民主，保障人民依法直接行使民主權利，切實防止出現人民形式上有權、實際上無權的現象；我們一定要發展社會主義民主，堅持全心全意依靠工人階級的根本方針，健全企事業單位民主管理制度，切實保障和不斷發展工人階級和廣大勞動群眾的民主權利。有事好商量、眾人的事情由眾人商量，是人民民主的真諦；協商民主是我國社會主義民主政治的特有形式和獨特優勢，是黨的群眾路綫在政治領域的重要體現；我們要堅持有事多商量，遇事多商量，做事多商量，商量得越多越深入越好；堅持協商於民、協商為民，涉及基層群眾利益的事情要在基層群眾中廣泛商量。人民是否享有民主權利，要看人民是否在選舉時有投票的權利，也要看人民在日常政治生活中是否有持續參與的權利；我國全過程人民民主不僅有完整的制度程序，而且有完整的參與實踐；我們要把民主選舉、民主協商、民主決策、民主管理、民主監督各個環節貫通起來，不斷發展全過程人民民主，把人民當家作主具體地、現實地體現到黨治國理政的政策措施上來，具體地、現實地體現到黨和國家機關各個方面各個層級工作上來，具體地、現實地體現到實現人民對美好生活嚮往的工作上來。

習近平總書記關於社會主義民主政治以及基層民主的重要論述，深刻回答了新時代發展全過程人民民主過程中為什麼要發展基層民主、發展什麼樣的基層民主、怎樣發展基層民主等方向性、根本性、戰略性重大問題，為進一步健全基層民主制度提供了根本遵循。

二、 充分認識基層民主地位作用

　　基層民主是社會主義民主政治建設的基礎和重要組成部分，是全過程人民民主的重要體現。基層群眾自治制度是我國的一項基本政治制度。我國實行以村民自治制度、居民自治制度和職工代表大會制度為主要內容的基層群眾自治制度，人民群眾在基層黨組織的領導和支持下，依法直接行使民主選舉、民主協商、民主決策、民主管理、民主監督的權利，進行自我管理、自我服務、自我教育、自我監督。黨的十八大以來，全過程人民民主深入發展，基層群眾自治制度充滿活力，基層民主形式不斷豐富，人民群眾從各領域各層次有序參與政治生活，實現層次豐富、真實具體的當家作主，我國基層民主已經成為扎根中國大地的制度形態、治理機制、政治實踐和生活方式，在中國式現代化波瀾壯闊的歷史進程中正日益發揮巨大作用。

　　（一）基層民主是堅持和鞏固人民當家作主政治地位的重要載體。人民當家作主是社會主義民主政治的本質和核心。習近平總書記指出，保證和支持人民當家作主不是一句口號、不是一句空話，必須落實到國家政治生活和社會生活之中。我國有960多萬平方公里土地、14億多人口、56個民族，保證和支持人民當家作主，需要建造一個能夠將全體人民都容納進來的民主體系。黨領導全國各族人民從中國國情出發，實行人民代表大會制度、中國共產黨領導的多黨合作和政治協商制度、民族區域自治制度以及基層群眾自治制度，構成了人民當家作主的制度體系，創造了直接民主和間接民主有機結合的民主形式。基層是人民群眾最集中、政治生活最廣泛、社會事務最經常的地方。基層民主是一種直接民主，人民在通過自己層層選出各級人大代表、賦權代表行使整體民主權利的同時，通過基層直接民主來全面表達自己的意志、行使具體的民主權利，從而就把人民當家作主建立在具體的民主架構載體、有效的民主運行技術等牢固基礎之上，有效保證人民群眾在社會各領域真正享有完整的、不可分割的當家作主。

（二）基層民主是凝聚起中國式現代化磅礴力量的重要方式。人民民主是社會主義的生命。沒有民主就沒有社會主義，就沒有社會主義現代化。民主是目的、也是手段，人民民主是中國式現代化的重要目標、也是重要舉措。中國式現代化是億萬人民自己的事業，人民是中國式現代化的主體，必須緊緊依靠人民，尊重人民創造精神，彙集全體人民的智慧和力量。廣大農村、街道社區、企事業單位等基層，是推進中國式現代化的第一綫，是人民群眾包括工人階級和廣大勞動者集中的地方。中國式現代化，應該是農村、城市、企業都有充分活力的現代化，必須不斷解放和發展生產力，不斷調動人民積極性、激發和增強社會活力。發展基層民主，堅持人民主體地位，充分尊重人民所表達的意願、所創造的經驗、所擁有的權利、所發揮的作用，在每一個基層單位都創造出動員大家一起來想、一起來幹的民主實踐場景"小氣候"，廣泛調動人民群眾積極性主動性創造性，積土為山，積水為海，形成全社會能動精神積極煥發、創新動力激揚奔湧、創造活力競相迸發的生動局面，才能推動中國式現代化不斷向前發展。

（三）基層民主是全過程人民民主的重要體現。我國全過程人民民主是全鏈條、全方位、全覆蓋的民主。涉及人民群眾利益的大量決策和工作，主要發生在基層。基層民主是全過程人民民主最廣泛的實踐和最直接的展開。完整的基層民主制度程序，承載從民主選舉、民主協商、民主決策、民主管理到民主監督的全過程，實現經濟、政治、文化、社會、生態文明等內容的全覆蓋，構建多樣、暢通、有序的民主渠道，完善選舉民主和協商民主相互補充、相得益彰的結構形式和操作技術，廣泛形成人民群眾參與各層次管理和治理的機制，使人民依法有效行使民主權利成為一種全方位、全天候、全景式的真實存在。

（四）基層民主是鞏固發展安定團結政治局面的重要舉措。習近平總書記指出，基層強則國家強，基層安則天下安。基層是黨的執政之基、力量之源，我國治理的基層基礎在鄉鎮（街道）和村（社區）。鞏固黨的執政基礎，推進國家治理體系和治理能力現代化，必須把基層基礎夯實。基層是各種矛盾和問題的集聚地，大量社會現象會在基層最先反映出來，大量矛盾問題會在基層最先表現出來，加強基層民主政治建設，才能有效協調關係、理順情緒、化解矛盾。發展基層民主，做好民事民議、民事民辦、民事民管各項工作，涉及人民群眾利益的事情在人民內部商量好怎麼辦，在商量中宣傳政策、統一思想、凝聚共識，實現各方面意志和利益的協調統一，國家治理和社會治理才能具有深厚基礎，也才能不斷鞏固和發展生動活潑、安定團結的政治局面。

三、 深入推進健全基層民主制度重點工作

按照"築牢根本制度，完善基本制度，創新重要制度"的原則，著力健全基層黨組織領導的基層群眾自治機制，完善基層民主制度體系和工作體系，豐富基層民主實踐。

（一）健全基層黨組織領導的基層群眾自治機制。基層群眾自治主要表現為農村的村民自治和城市的居民自治，這是我國最直接、最廣泛的民主實踐。健全基層黨組織領導的基層群眾自治機制，關鍵是進一步增強基層黨組織的政治功能和組織功能，健全基層黨組織在同級各種組織和各項工作中居於領導地位的機制。比如在農村，著力深化以黨組織為重點的村級組織配套建設，深化以村民自治章程為基礎的村級民主制度配套建設，深化以黨的創新理論教育為主軸的村級思想文化配套建設，進一步形成以村級黨組織為領導，以村民委員會為載體，以村級集體經濟為依託，以鄉村振興為目標，以全體村民為主體，村級各種組織各司其職、通力協作、

充滿活力的村民自治機制和工作格局。

（二）拓寬基層各類組織和群眾有序參與基層治理渠道。基層治理是推進國家治理體系和治理能力現代化的重要內容，需要堅持以街鎮、居村為重點，推進基層治理創新政策落地。協商民主是實踐全過程人民民主的重要形式，是黨領導人民有效治理國家的重要制度設計。拓寬基層治理參與渠道，需要大力發展基層協商民主，制定協商事項清單，綫下綫上協商聯動，各類群團組織、社會組織、經營主體及相關人員共同參與協商議事，涉及群眾切身利益的決策都通過各種方式、在各個層級各個方面同群眾進行協商，做好上情下達、下情上傳工作，保證人民依法管理好自己的事務。

（三）完善辦事公開制度。辦事公開是加強民主監督、保障人民合法權益、維護社會公平正義的重要舉措。完善辦事公開制度，核心是讓人民監督權力、讓權力在陽光下運行。進一步拓展公開內容，規範公開程序，豐富公開形式，做到政策依據、原則要求和程序、過程、結果等全面公開，強化事前、事中、事後全過程監督。

（四）健全以職工代表大會為基本形式的企事業單位民主管理制度。職工代表大會是堅持勞動者主人翁地位的重要制度安排。充分發揮工人階級和廣大勞動群眾推進中國式現代化建設的主力軍作用，需要堅持全心全意依靠工人階級的根本方針，進一步規範和完善職工代表大會、廠務公開、職工董事監事、協商民主、職工利益保障發展、合理化建議等制度，更充分更有效保障職工群眾的知情權、參與權、表達權、監督權。

四、認真落實健全基層民主制度保障措施

健全基層民主制度是進一步全面深化改革的重要任務，需要與時俱進地抓好落實，推進全過程人民民主系統發展，推進我國社會主義政治文明

全面提升。

（一）加強黨對發展基層民主的領導。各級黨委應認真學習貫徹習近平新時代中國特色社會主義思想，深刻理解和把握發展全過程人民民主、健全基層民主制度的重大意義、基本要求，深入研究發展基層民主的重要任務、重要舉措，推動基層民主更加全面深入地發展。

（二）細化基層民主制度程序。基層民主是一個制度化過程，需要通過一系列制度、機構、程序和功能完整體現出來。通過完善基層群眾自治制度中民主選舉、民主協商、民主決策、民主管理、民主監督的具體制度、機制和程序，構建基層民主的完整操作體系、運轉體系，切實把基層直接民主的功能、優勢、作用充分體現和發揮出來。

（三）提高人民群眾民主素質。人民是人民民主的主體，發展基層民主有賴於人民群眾民主意識、民主精神的充分培育和發展。基層民主是生動具體的，需要組織引導人民群眾擴大有序政治參與，經受基層民主實踐鍛煉，不斷提高思想道德素質和科學文化素質、民主素養和民主能力，以更好發揮民主主體的作用，不斷提高基層民主的水平。

深化立法領域改革

沈春耀

　　黨的二十屆三中全會通過的《中共中央關於進一步全面深化改革、推進中國式現代化的決定》（以下簡稱《決定》）對新的歷史條件下全面深化改革作出戰略部署，在"完善中國特色社會主義法治體系"部分中明確提出深化立法領域改革的任務要求。貫徹落實黨的二十屆三中全會精神，必須堅持全面依法治國，深化立法領域改革，在法治軌道上進一步全面深化改革、推進中國式現代化。

一、改革和法治需要雙輪驅動、協調推進

　　改革和法治相輔相成、相伴而生。直觀來看，改革意味著"破"和"變"，而法治意味著"立"和"定"，二者表面上似乎不一致甚至相矛盾，但本質上，改革和法治是"破"與"立"、"變"與"定"的辯證統一，二者是分不開的。古今中外的各種變法、新政，都是同立法、立制聯繫在一起的，是密不可分的。

　　1978年12月，黨的十一屆三中全會開啟我國改革開放和社會主義現代化建設新時期，社會主義民主法治建設進入蓬勃發展新階段。立法是實行法治的前提和基礎。"不以規矩，不成方圓。"法治的實現離不開改革的推動、事業的發展，改革的深化、事業的發展也必然要求法治的保障。40多年來，我國立法工作、法治建設總體上是與改革開放事業同時起步、協調推進的。當發展遇到阻力、障礙，人們就呼喚改革開放，新事物新氣

象不斷湧現；當改革開放帶來的新趨勢新變化突破了既有的制度格局、思想觀念和行為方式，人們就呼喚法治建設，要求用法律制度鞏固和保障改革開放的新成果，確立新的行為規範和治理架構。實踐證明，改革開放給當代中國帶來了舉世矚目的歷史性巨變，同時法治建設亦取得了前所未有的歷史性成就和進步。

黨的十八大以來，以習近平同志為核心的黨中央從堅持和發展中國特色社會主義、保證黨和國家長治久安的戰略和全局高度，定位法治、佈局法治、厲行法治，將全面依法治國納入"四個全面"戰略佈局並以前所未有的決心、舉措和力度推進，全面依法治國總體格局基本形成，法治中國建設開創新局面。2013 年 11 月，黨的十八屆三中全會作出全面深化改革戰略部署；2014 年 10 月，黨的十八屆四中全會作出全面推進依法治國戰略部署。這充分體現了以習近平同志為核心的黨中央對改革和法治的高度自覺和遠見卓識，充分反映了全國各族人民的共同願望。

10 年前，習近平總書記在談到改革和法治時曾指出："黨的十八屆三中、四中全會分別把全面深化改革、全面推進依法治國作為主題並作出決定，有其緊密的內在邏輯，可以說是一個總體戰略部署在時間軸上的順序展開。""黨的十八屆四中全會決定是黨的十八屆三中全會決定的姊妹篇，我們要切實抓好落實，讓全面深化改革、全面依法治國像兩個輪子，共同推動全面建成小康社會的事業滾滾向前。"黨的十八大以來，我們貫徹"四個全面"戰略佈局，堅持改革和法治雙輪驅動、協調推進，推動黨和國家事業發生歷史性變革、取得歷史性成就。在新的歷史起點上，全面貫徹黨的二十大和二十屆二中、三中全會精神，進一步全面深化改革、推進中國式現代化，應當同進一步全面依法治國有機結合起來，更好發揮法治固根本、穩預期、利長遠的重要保障作用。

進一步全面深化改革、推進中國式現代化，對立法工作提出了許多新課題新要求，需要通過深化立法領域改革作出新的回答。習近平總書記指出："我們要堅持改革決策和立法決策相統一、相銜接，立法主動適應改革需要，積極發揮引導、推動、規範、保障改革的作用，做到重大改革於法有據，改革和法治同步推進，增強改革的穿透力。"黨的二十屆三中全會《決定》部署的重要舉措和任務要求，許多涉及法律法規的制定、修改、廢止、解釋、編纂以及相關授權、批准、配套、清理等工作。新征程上，必須堅持全面依法治國，在法治軌道上進一步全面深化改革、推進中國式現代化，做到改革和法治相統一，重大改革於法有據、及時把改革成果上升為法律制度。立法工作必須緊緊圍繞貫徹黨的二十屆三中全會精神來謀劃、來展開、來推進，通過深化立法領域改革，從法律制度上推動落實新的改革舉措和任務要求。

二、 深化立法領域改革應當堅持的重要原則

（一）堅持黨對立法工作的全面領導。黨的領導是中國特色社會主義法治之魂，是堅持全面依法治國、深化立法領域改革的根本保證。立法是國家重要政治活動，政治屬性是立法工作、立法活動的第一屬性。深化立法領域改革，必須旗幟鮮明講政治，切實提高政治站位，全面貫徹黨的二十大和二十屆二中、三中全會精神，深刻領悟"兩個確立"的決定性意義，增強"四個意識"，堅定"四個自信"，堅決做到"兩個維護"，始終堅持和保證黨對立法工作的全面領導特別是黨中央集中統一領導，牢牢把握深化立法領域改革正確政治方向，從制度上法律上保證黨的路綫方針政策和決策部署得到全面貫徹和有效實施。

（二）堅持以習近平法治思想為引領。黨的十八大以來，以習近平同志為核心的黨中央推進全面依法治國取得一系列重大成果，在思想理論上的集中體現就是形成了習近平法治思想。習近平法治思想深刻回答了新時代為什麼實行全面依法治國、怎樣實行全面依法治國等一系列重大問題，

是新形勢下堅持全面依法治國、深化立法領域改革的根本遵循和行動指南。2020 年 11 月，習近平總書記在中央全面依法治國工作會議上對新時代全面依法治國理論和實踐創新成果作出十一個方面的重要概括和闡述，即 "十一個堅持"，構成了習近平法治思想的核心要義，必須長期堅持、全面貫徹、不斷發展。

（三）堅持人民在全面依法治國中的主體地位。我國社會主義制度保證了人民當家作主的主體地位，也保證了人民在全面依法治國中的主體地位。這是我們的制度優勢，也是中國特色社會主義法治區別於資本主義法治的根本所在。新形勢下堅持全面依法治國，深化立法領域改革，根本目的是依法保障人民權益，保證人民對美好生活的嚮往和追求。因此，必須堅持立法為了人民、依靠人民、造福人民、保護人民，把體現人民利益、反映人民意願、維護人民權益、增進人民福祉落實到法治建設和改革工作全過程各方面，使法律法規充分體現人民意志。

（四）堅持憲法的國家根本法地位。憲法集中體現了黨和人民的統一意志和共同願望，是國家意志的最高表現形式，具有最高的法律地位、法律權威、法律效力。黨領導人民制定憲法法律，領導人民實施憲法法律，黨自身要在憲法法律範圍內活動。一切國家機關和武裝力量、各政黨和各社會團體、各企業事業組織，都必須以憲法為根本的活動準則，都負有維護憲法尊嚴、保證憲法實施的職責。只有堅持憲法的國家根本法地位，堅決維護和貫徹憲法規定、憲法原則、憲法精神，才能保證國家統一、法制統一、政令統一，才能保證在法治軌道上深化立法領域改革、推進國家治理體系和治理能力現代化。

（五）堅持在法治下推進改革和在改革中完善法治相統一。改革和法治相輔相成、相伴相生。習近平總書記指出："改革和法治如鳥之兩翼、車之兩輪"。黨的十八屆三中全會和四中全會，分別就全面深化改革和全面依法治國作出戰略部署，體現了新時代治國理政 "破" 和 "立" 的辯證統一。在法治下推進改革，在改革中完善法治，這就是我們說的改革和法治是兩個輪子的含義，也是進一步全面深化改革應當遵循的重要原則。新形勢下進一步全面深化改革，深化立法領域改革，應當同進一步全面依法治國緊密結合起來，重視運用法治思維和法治方式，著力處理好改革和法治的關係，實現立法和改革決策相銜接，做到重大改革於法有據、立法主動適應改革和經濟社會發展需要，發揮好法治的引導、推動、規範和保障作用。

三、深化立法領域改革的目標任務要求

《決定》除了在相關部分中多處部署法治建設和立法工作外，第九部分集中對深化立法領域改革提出了任務要求，主要有以下幾個方面的重要內容。

（一）完善以憲法為核心的中國特色社會主義法律體系。習近平總書記指出："時代在進步，實踐在發展，不斷對法律體系建設提出新需求，法律體系必須與時俱進加以完善"；"全國人大及其常委會要完善憲法相關法律制度，保證憲法確立的制度、原則、規則得到全面實施"。深化立法領域改革，必須把憲法這一國家根本法擺在突出位置，健全保證憲法全面實施制度體系，通過完備的法律保證憲法實施，不斷提高憲法實施水平，維護憲法權威。全面發揮憲法在立法中的核心地位功能，每一個立法環節都把好憲法關，努力使每一項立法都符合憲法精神、體現憲法權威、保證憲法實施。建立憲法實施情況報告制度，探索通過報告反映憲法實施情況和監督憲法實施情況，包括與憲法實施有密切關係的法律法規制定和實施情況，與憲法實施有密切關係的事業發展情況和工作開展情況，合憲性審查工作和備案審查工作情況，加強憲法實施和監督、不斷提高憲法實施水平的重點和工作建議等。完善合憲性審查、備案審查制度，提高合憲性審查、備案審查能力和質量。

（二）完善黨委領導、人大主導、政府依託、各方參與的立法工作格局。

黨中央領導全國立法工作，研究決定國家立法工作中的重大問題；有立法權地方的黨委按照黨中央大政方針領導本地區立法工作。堅持依規治黨，健全黨內法規同國家法律法規銜接協調機制。完善人大主導立法工作的體制機制，加強人大對立法工作的組織協調，發揮人大及其常委會在確定立法項目、組織法律起草、重大問題協調、草案審議把關等方面的主導作用，健全全國人大相關專門委員會、常委會工作機構牽頭起草重要法律草案機制，更好發揮常委會和專門委員會組成人員、人大代表在立法工作中的作用。注重發揮政府在立法工作中的重要依託作用，加強和改進政府立法制度建設，做好有關法律草案、地方性法規草案的起草和提請審議工作，嚴格按照法定權限和程序制定實施行政法規、部門規章、地方政府規章和其他規範性文件。拓寬社會各方有序參與立法途徑和方式，充分發揮政協委員、民主黨派、工商聯、無黨派人士、人民團體、社會組織在立法協商中的作用。

（三）加強重點領域、新興領域、涉外領域立法。圍繞健全國家治理急需、滿足人民美好生活需要必備、維護國家安全所急的法律制度，加快涉及重大體制調整、重大制度改革、有關方面反映問題突出的法律修改，補齊法律制度短板弱項，推動國家各方面制度更加完善。制定民營經濟促進法，堅持一視同仁，堅持致力於為非公有制經濟發展營造良好環境和提供更多機會的方針政策。制定金融法，建立健全金融領域綜合性、統領性法律制度，系統推進金融領域法治建設。完善監督法及其實施機制，用好憲法賦予人大的監督權，實行正確監督、有效監督、依法監督。制定民族團結進步促進法，健全鑄牢中華民族共同體意識制度機制，增強中華民族凝聚力。編纂生態環境法典，以法典化立法方式將新時代生態文明建設理論、制度、實踐創新成果予以確立。修改監察法，出台反跨境腐敗法，構築一體推進不敢腐、不能腐、不想腐法律制度體系。加強國家安全、科技創新、公共衛生、生物安全、風險防控等方面立法，加快發展新質生產力、數字經濟、低空經濟和碳達峰碳中和、人工智能、大數據等領域法律法規制度建設。統籌推進國內法治和涉外法治，進一步擴大對外開放，營造市場化、法治化、國際化一流營商環境；注重運用法治手段開展國際鬥爭，豐富涉外法治工具箱，推動我國法域外適用的法律體系建設。

（四）統籌立改廢釋纂。堅持系統觀念，積極推動相關領域基礎性、綜合性、統領性法律制度建設，根據實際情況運用制定、修改、廢止、解釋、編纂、決定等形式，在條件成熟的立法領域繼續開展法典編纂工作。發揮法律體系中不同層級立法作用，依照法定權限和程序制定行政法規、監察法規、軍事法規、司法解釋、部門規章和地方性法規、地方政府規章、各類規範性文件等，及時修改、廢止不符合實際情況和發展要求的法律法規和規範性文件，加強法律法規宣傳解讀工作，增強立法的系統性、整體性、協同性、時效性，推動法律體系科學完備、統一權威。發揮好地方立法實施性、補充性、探索性功能，因地制宜開展區域協同立法和"小快靈"、"小切口"立法，增強地方立法針對性和實效性。

（五）提高立法質量。習近平總書記指出："發展要高質量，立法也要高質量。"深化立法領域改革，必須抓住立法質量這個關鍵，深入推進科學立法、民主立法、依法立法，以高質量立法保障高質量發展，推進中國式現代化。科學立法的核心在於尊重和體現客觀規律；民主立法的核心在於為了人民、依靠人民；依法立法的核心在於遵循立法權限、立法程序、立法形式，目標是以良法促進發展、保證善治，實現良法善治。健全吸納民意、彙聚民智工作機制，完善法律草案公開徵求意見和調研論證機制，建設好基層立法聯繫點。健全備案審查制度和工作機制，對一切違反憲法法律和上位法的法規、司法解釋、規章和各類規範性文件，都必須依法依規予以糾正或者撤銷。針對法律法規規章等規定之間不一致、不協調、不符合問題，及時組織開展法律法規和規範性文件清理。完善保證法律法規實施的配套規定、標準規範、工作機制等，做好立法技術規範編制和應用工作。建設全國統一的法律法規和規範性文件信息平台。

深入推進依法行政

郭　沛

黨的二十屆三中全會通過的《中共中央關於進一步全面深化改革、推進中國式現代化的決定》強調"深入推進依法行政"，對健全政府機構職能體系、深化行政執法體制改革、完善政府管理體制機制等作出重要部署，提出新的要求。要堅持以習近平新時代中國特色社會主義思想為指導，深入學習貫徹習近平法治思想，緊緊圍繞推進中國式現代化，全面建設職能科學、權責法定、執法嚴明、公開公正、智能高效、廉潔誠信、人民滿意的法治政府，不斷提升依法行政水平。

一、 健全政府機構職能體系，提升依法決策和政務服務水平

深入推進依法行政，必須用法治給行政權力定規矩、劃界限，確保政府職權法定、依法履職。

推進政府機構、職能、權限、程序、責任法定化。 機構職能法定化是加快建設法治政府、深入推進依法行政的重要內容。黨的二十大和二十屆二中、三中全會對推進政府機構、職能、權限、程序、責任法定化作出部署。要進一步完善相關黨內法規和國家法律法規，依法依規設立機構、配置職能、明確權限和責任、規範運行程序，推動改革成果制度化法定化。堅持優化政府組織結構與促進政府職能轉變、理順部門職責關係統籌結合，使機構設置更加科學、職能更加優化、權責更加匹配。堅持法定職責必須為、法無授權不可為，推進政府機構職能優化協同高效，形成邊界清

晰、分工合理、權責一致、運行高效、法治保障的政府機構職能體系。

完善重大決策、規範性文件合法性審查機制。堅持科學決策、民主決策、依法決策，對於加快建設法治政府、深入推進依法行政至關重要。要完善重大決策合法性審查機制，未經合法性審查或經審查不合法的，不得提交討論。行政機關主要負責人作出重大決策前，應當聽取合法性審查機構的意見，注重聽取法律顧問、公職律師或者有關專家的意見。嚴格落實重大決策終身責任追究制度和責任倒查機制。要進一步明確規範性文件合法性審查範圍，規範審查程序，強化審查責任，健全程序完備、權責一致、相互銜接、運行高效的合法性審查機制。凡涉及公民、法人或者其他組織權利和義務的規範性文件均應經過合法性審查。未經合法性審查或者不採納合法性審查意見導致規範性文件違法，造成嚴重後果的，依紀依法追究有關責任人員的責任。要加強政府立法審查，防止部門利益和本位主義，提高政府立法質量。

促進政務服務標準化、規範化、便利化。優化政務服務，是加快轉變政府職能、全面提高行政效能、持續優化營商環境的重要任務。近年來，各地區各部門深入推進政務服務"一網、一門、一次"改革，積極探索創新審批服務便利化措施，政務服務水平大幅提升。但政務服務標準不統一、綫上綫下服務不協同、數據共享不充分、區域和城鄉政務服務發展不平衡等問題仍不同程度存在。要促進政務服務標準化，明確政務服務事項範圍，建立基本目錄審核制度和動態管理機制，健全政務服務標準體系。促進政務服務規範化，規範審批服務，規範政務服務場所辦事服務，規範網上辦事服務，規範政務服務綫上綫下融合發展，規範開展政務服務評估評價。促進政務服務便利化，推進政務服務事項集成化辦理，推廣"免證辦"服務，推動更多政務服務事項"就近辦"、"網上辦"、"掌上辦"，推行告知承諾制和容缺受理服務模式，提升智慧化、精準化、個性化服務水平。完善覆蓋全國的一體化在綫政務服務平台，加強平台建設統籌，提升數據共享能力。圍繞"高效辦成一件事"，健全重點事項清單管理機制和常態化推進機制，實現辦事方式多元化、辦事流程最優化、辦事材料最簡化、辦事成本最小化，不斷提升企業和群眾的獲得感和滿意度。

二、深化行政執法體制改革，促進嚴格公正文明規範執法

行政執法是政府實施法律法規、履行法定職能、管理經濟社會事務的重要方式。要完善權責清晰、運轉順暢、保障有力、廉潔高效的行政執法體制機制，大力提高執法執行力和公信力。

完善行政處罰等領域行政裁量權基準制度。規範行政裁量權基準制定和管理，對保障法律、法規、規章有效實施，規範行政執法行為，維護社會公平正義具有重要意義。行政裁量權基準是具體執法尺度和標準。行政機關應結合本地區本部門行政管理實際，按照裁量涉及的不同事實和情節，對法律、法規、規章中的原則性規定或者具有一定彈性的執法權限、裁量幅度等內容進行細化量化，以特定形式向社會公佈並施行。要堅持法制統一，裁量權基準的設定要符合法律、法規、規章有關行政執法事項、條件、程序、種類、幅度的規定。堅持程序公正，廣泛聽取公民、法人和其他組織的意見，依法保障行政相對人、利害關係人的知情權和參與權。堅持公平合理，綜合考慮行政職權的種類，以及行政執法行為的事實、性質、情節、法律要求和本地區經濟社會發展狀況等因素，確屬必要、適當，並符合社會公序良俗和公眾合理期待。堅持高效便民，避免濫用行政裁量權，防止執法擾民和執法簡單粗暴"一刀切"，最大程度為經營主體和人民群眾提供便利。

完善基層綜合執法體制機制。基層執法是行政執法的"最後一公里"，與廣大人民群眾息息相關。近年來，基層綜合執法體制機制改革深入推進，許多地方賦予鄉鎮（街道）執法權，下沉執法力量，取得明顯成效。

但也存在一些執法事項基層接不住、管不好，縣鄉兩級執法協作機制還不夠順暢等問題。完善基層綜合執法體制機制，要科學合理制定基層執法基本權責清單和配合權責清單，穩步將基層管理迫切需要也能夠有效承接的行政執法事項下放給基層，將基層承接不了的行政執法事項收回上級主管部門。穩妥推進綜合行政執法，健全完善鄉鎮（街道）與縣級職能部門行政執法統籌調度和協作配合機制，形成工作合力。

完善行政處罰和刑事處罰雙向銜接制度。行政處罰和刑事處罰是法律規定的兩種重要懲戒方式。行政處罰和刑事處罰雙向銜接包括兩種情形：一是行政機關查處案件，實施行政處罰，發現涉嫌犯罪的，向刑事司法機關移送案件；二是刑事司法機關立案偵查，發現不屬犯罪，或經審查依法作出不起訴決定，不予追究刑事責任，但需給予行政處罰的，向行政機關移送案件。實踐中，行政處罰和刑事處罰雙向銜接存在的問題主要是有案不移、有案難移，以罰代刑等。完善行政處罰和刑事處罰雙向銜接制度，要進一步完善法律法規，明確行政處罰和刑事處罰之間的銜接關係，建立相應的制度機制。完善案件移送標準和程序，健全行政執法機關、公安機關、檢察機關、審判機關信息共享、案情通報、案件移送制度。加強對行政處罰和刑事處罰雙向銜接的監督，形成監督合力，保障行政處罰和刑事處罰有效銜接、法律責任落實到位。

健全行政執法監督體制機制。行政執法監督作為上級行政機關對下級行政機關行政執法工作的內部監督，是黨和國家監督體系的重要組成部分，是各級黨委和政府統籌行政執法工作的基本方式。要按照黨中央決策部署，完善行政執法監督工作體制，縣級以上政府依法對所屬部門、派出機構、下級政府的行政執法工作進行監督。理順行政執法監督工作機制，司法行政部門作為政府行政執法監督機構，代表本級政府承擔行政執法監督具體事務，縣級以上政府部門在本級政府司法行政部門指導下，負責指導監督本行政區域內主管行業的行政執法工作。建立行政執法監督協作機制，推動行政執法監督與其他各類監督有機貫通、相互協調，建立健全信息溝通、綫索移送、結果共享等機制。要健全行政復議體制機制，發揮行政復議公正高效、便民為民的制度優勢和化解行政爭議的主渠道作用。

三、 完善政府管理體制機制，提高政府治理效能

深入推進依法行政，必須推動有效市場和有為政府更好結合，堅持和完善中國特色社會主義行政體制，構建職責明確、依法行政的政府治理體系。

完善垂直管理體制和地方分級管理體制。我國作為單一制國家，實行垂直管理和地方分級管理相結合的體制由來已久。完善垂直管理體制和地方分級管理體制，要確保黨中央集中統一領導和國家制度統一、政令統一，理順中央和地方職責關係，更好發揮兩個積極性。屬中央事權、由中央負責的事項，中央設立垂直機構實行規範管理；屬中央和地方協同管理、需要地方負責的事項，實行分級管理，中央加強指導、協調、監督。科學劃分中央和地方事權、支出責任，強化中央政府宏觀管理、制度制定職責和必要的執法權，強化省級政府統籌推進區域內基本公共服務均等化職責，強化市縣政府執行職責，根據不同層級政府的事權和職能，按照減少層次、整合隊伍、提高效率的原則，合理配置執法力量。健全垂直管理機構和地方協作配合機制，構建從中央到地方運行順暢、充滿活力、令行禁止的工作體系。

穩妥推進人口小縣機構優化。人口小縣是我國縣域中的一個特殊類型。全國人口少於 15 萬的縣（市、旗）有 389 個。這些縣人口數量較少，經濟總量不大，但很多是地域大縣、生態大縣，在鄉村振興、生態保護等方面發揮著不可替代的特殊作用。要加強戰略謀劃和頂層設計，在總結試點經驗做法、深入調研論證基礎上，研究制定指導意見，為穩妥推進人口

小縣機構優化提供政策指引。結合人口小縣實際，著力從領導體制、機構職責、資源配置、運行機制上把加強黨的全面領導落實到各方面各環節。因地制宜、因需制宜，突出主體功能，綜合設置機構，確保該加強的機構職能切實得到加強，該精簡的機構切實得到精簡，進一步提高行政效能，降低行政成本。推進縣鄉聯動改革，規範鄉鎮（街道）機構設置，綜合配置工作力量，切實為基層減負增效創造條件。

深化開發區管理制度改革。開發區建設是我國改革開放的成功實踐。自 1984 年黨中央、國務院決定在大連、秦皇島等地設立首批 14 個經濟技術開發區以來，各類開發區在深化經濟體制改革、擴大對外開放、加快產業發展、優化營商環境等方面發揮了重要作用。但也應看到，開發區類型多樣，涉及多個主管部門，一些開發區職能定位不夠清晰、與屬地行政區職責關係尚未理順，管理體制有待完善。深化開發區管理制度改革，要加強黨對開發區工作的全面領導，科學確定各類開發區的區域佈局、功能定位、發展方向和數量規模。聚焦經濟發展、產業發展和投資服務，賦予開發區更大的自主發展、自主改革和自主管理權限。科學確定開發區管理職責，進一步理順開發區與屬地政府的職責關係。優化開發區管理機構設置，創新管理模式和運行機制，提高管理效能。

深化事業單位改革。深化事業單位改革是全面深化改革的一項重要任務。黨的十八大、十八屆三中全會、十九大、十九屆三中全會、二十大都對深化事業單位改革作出重要部署，提出明確要求。近年來，有關地區和部門開展深化事業單位改革試點，取得較好成效。要優化事業單位結構佈局，完善事業單位機構設置和職能配置，理順事業單位與主管部門的關係，形成適應新時代新征程發展要求的公共服務新格局。強化事業單位公益屬性，破除逐利機制，釐清事業單位與市場的邊界。深化事業單位管理體制和運行機制改革，完善幹部人事、機構編制、財政支持、收入分配等管理政策，不斷增強事業單位生機活力和服務水平。

健全公正執法司法體制機制

賀小榮

健全公正執法司法體制機制是提高國家治理水平、完善中國特色社會主義法治體系的重要內容，也是維護社會公平正義、保護人民權益的必然要求。黨的二十屆三中全會通過的《中共中央關於進一步全面深化改革、推進中國式現代化的決定》（以下簡稱《決定》）對"健全公正執法司法體制機制"作出專門部署、提出明確要求。這對於進一步深化執法司法體制機制改革、全面推進依法治國、提高人權保障水平、服務和保障中國式現代化具有十分重要的意義。

一、 健全公正執法司法體制機制是推進中國式現代化的必然要求

黨的十八大以來，在以習近平同志為核心的黨中央堅強領導下，司法體制改革取得一系列重大進展，公正執法司法體制機制更加成熟定型。同時要看到，與經濟社會快速發展和人民群眾對美好生活的期待相比，與推進中國式現代化的內在要求相比，公正執法司法體制機制還需要進一步健全完善。

（一）健全公正執法司法體制機制是構建高水平社會主義市場經濟體制的重要保障。習近平總書記強調，社會主義市場經濟本質上是法治經濟。高水平的社會主義市場經濟，離不開嚴格的產權保護制度、公平公正的規則體系和經營主體的退出機制。只有健全公正執法司法體制機制，才

能將民法典確立的物權法定原則、依法平等保護各類產權落實到執法司法的具體實踐中，將權利公平、機會公平、規則公平貫穿於市場配置資源的全過程，通過健全破產制度、推動民事強制執行與破產制度有機銜接來完善經營主體退出機制，防止和糾正利用行政、刑事手段干預經濟糾紛和強行介入平等主體之間的民事法律關係，健全依法甄別糾正涉企冤錯案件的程序和制度，形成有利於高水平市場經濟發展的法治環境。

（二）健全公正執法司法體制機制是推進國家治理體系和治理能力現代化的必然選擇。法治是國家治理體系和治理能力的重要依託。只有不斷深化行政執法體制機制改革和司法體制綜合配套改革，全面推進嚴格規範公正文明執法，加大關係群眾切身利益領域執法力度，明確執法範圍、完善執法程序、健全裁量基準，全面準確落實司法責任制，加快建設公正高效權威的社會主義司法制度，才能真正推進國家治理體系和治理能力現代化。

（三）健全公正執法司法體制機制是滿足人民對美好生活需要的內在要求。治國有常，利民為本。隨著經濟社會的快速發展，人民群眾在就業、分配、社保、住房、養老等領域對公平正義的期待更高，對人身權、財產權和人格權的保護更為關切，對推進污染防治和綠色轉型的需求更為強烈。只有健全公正執法司法體制機制，才能公正高效解決人民群眾的急難愁盼問題，提高人民群眾的獲得感、幸福感、安全感，不斷實現人民對美好生活的嚮往。

（四）健全公正執法司法體制機制是應對紛繁複雜國際國內形勢變化的迫切需要。隨著新一輪科技革命和產業變革深入發展，我國發展進入戰略機遇和風險挑戰並存、不確定難預料因素增多的時期。只有不斷健全公正執法司法體制機制，才能有效應對國內外形勢任務的新變化，彰顯中國特色社會主義司法制度的優勢，更好發揮法治固根本、穩預期、利長遠的作用，增強我國社會主義現代化建設的動力與活力，更好將制度優勢轉化為治理效能。

二、強化制約監督是健全公正執法司法體制機制的關鍵所在

黨的十八大以來，我國執法司法體制機制經過一系列改革，各領域基礎性制度框架基本建立，總體上能夠適應我國國情和發展要求，但影響公平正義實現的體制機制因素仍然存在，主要是對執法司法權力的制約監督尚不到位。習近平總書記指出，要抓住關鍵環節，完善執法權力運行機制和管理監督制約體系，努力讓人民群眾在每一起案件辦理、每一件事情處理中都能感受到公平正義。《決定》將制約監督貫穿於健全公正執法司法體制機制的各方面各環節。

（一）健全監察機關、公安機關、檢察機關、審判機關、司法行政機關各司其職、相互配合、相互制約的體制機制。《決定》在二十大報告"健全公安機關、檢察機關、審判機關、司法行政機關各司其職、相互配合、相互制約的體制機制"的基礎上，將監察機關一併納入執法司法監督制約體系，體現了黨中央對健全公正執法司法體制機制的高度重視。我國憲法第一百二十七條第二款規定，監察機關辦理職務違法和職務犯罪案件，應當與審判機關、檢察機關、執法部門互相配合、互相制約。當前，要進一步健全完善監察權、偵查權、檢察權、審判權、執行權相互配合、相互制約的體制機制，完善監察調查程序與刑事訴訟程序的有序銜接，加大權力之間的相互制約力度，全面落實以審判為中心的訴訟制度改革，確保執法司法各環節全過程在有效制約監督下運行。

（二）健全國家執行體制，強化當事人、檢察機關和社會公眾對執行活動的全程監督。黨的十八大以來，在以習近平同志為核心的黨中央堅強領導下，人民法院解決了一批執行領域群眾反映強烈的突出問題，執行的公信力不斷提升。同時要看到，執行難、執行亂仍然是當前執行工作存在的主要問題。要繼續深化審判權和執行權分離改革，形成分工負責、相互配合、相互制約的工作機制；要健全國家執行體制，確保執行裁決權與執

行實施權公正高效行使，探索建立上下聯動、高效運行的執行體制機制；要強化當事人、檢察機關和社會公眾對執行活動的全程監督，加大執行公開力度，為徹底解決執行難提供制度保障。

（三）落實和完善司法責任制，進一步健全司法權力運行的內部監督制約機制。司法責任制改革增強了司法職業的榮譽感和責任感，提升了司法公信力。同時要看到，重放權輕監督、"讓審理者裁判"基本實現而"由裁判者負責"尚不到位等問題較為突出。《決定》在總結近年來改革經驗的基礎上，明確提出"落實和完善司法責任制"，既要堅持司法責任制改革的原則方向不動搖，又要加強對司法權力的內部監督制約，完善合議庭、法官會議、審判委員會責任機制，明確庭長、院長管理和監督的權責邊界，健全司法責任甄別、追究和懲戒制度，真正落實"由裁判者負責"。

（四）深化和規範司法公開，進一步健全人民群眾和社會各界對司法活動的外部監督。公開是公正的重要保證。習近平總書記指出，執法司法越公開，就越有權威和公信力。黨的十八大以來，司法公開取得顯著成效，司法的權威和公信力普遍提高。同時要看到，隨著互聯網技術特別是大數據、人工智能的快速發展，司法公開與個人信息保護、商業秘密以及國家經濟社會安全的關係日益複雜，司法公開的範圍、方式、程序亟待進一步規範，既要發揮司法公開的監督制約作用，又要保障當事人依法享有的正當權益。

（五）深化行政案件管轄制度改革，加大對行政機關依法行使職權的監督力度。行政訴訟又稱"民告官"的制度，其職能之一就是"監督行政機關依法行使職權"。行政案件容易受到地方黨政部門或領導幹部的干預，所以完善行政案件管轄制度尤為重要。《決定》要求"深化行政案件級別管轄、集中管轄、異地管轄改革"，有利於解決訴訟的"主客場"現象，防止被告所在地的有關部門和領導利用職權和關係插手案件處理，保障法院獨立審判，監督政府依法行政。

三、 加強人權保障是健全公正執法司法體制機制的目的所在

習近平總書記強調，司法體制改革必須為了人民、依靠人民、造福人民。健全公正執法司法體制機制的根本目的就是為了更好地保障人權，就是要將體現人民利益、反映人民願望、維護人民權益、增進人民福祉落實到執法司法的全過程各環節。

（一）完善事前審查、事中監督、事後糾正等工作機制，加大強制措施中涉及公民人身權和財產權的保障力度。保護公民的人身自由和合法財產不受侵犯，是我國憲法確立的基本原則。黨的十八大以來，順應實踐發展要求和人民群眾期待，我們頒佈實施了民法典，為依法維護人民權益、推進我國人權事業發展提供了系統全面的法律保障。但在執法司法實踐中，濫用行政或刑事強制措施侵犯公民、法人和其他組織的人身、財產等權利的行為仍然存在，特別是濫用查封、扣押、凍結等強制措施侵犯民營企業合法財產的行為屢有發生。《決定》要求"完善事前審查、事中監督、事後糾正等工作機制，完善涉及公民人身權利強制措施以及查封、扣押、凍結等強制措施的制度"。一要完善事前審查機制。強制措施必須依照法定的權限、範圍、條件和程序進行，如公安、檢察機關根據偵查犯罪需要採取技術偵查措施的，必須事前辦理嚴格的批准手續。二要完善事中監督機制。事中監督是防止強制措施不當而及時阻止侵害的一種監督制約機制。如人民法院、人民檢察院和公安機關發現對犯罪嫌疑人、被告人採取強制措施不當的，應當及時撤銷或者變更。三要完善事後糾正機制。事後糾正是執法司法機關撤銷、變更強制措施、賠償受害人損失的一種救濟機制。如公民、法人或者其他組織對行政機關實施的行政強制有權依法申請行政復議或者提起行政訴訟；因行政機關違法實施行政強制受到損害的，有權依法要求賠償。

（二）依法查處利用職權徇私枉法、非法拘禁、刑訊逼供等犯罪行為，

加強人權執法司法保障。執法司法機關的工作人員帶頭尊法、嚴格執法、公正司法是維護人民權益、實現公平正義的基礎和前提。《決定》要求“依法查處利用職權徇私枉法、非法拘禁、刑訊逼供等犯罪行為”，指出了當前執法司法機關在加強人權保障中亟待解決的突出問題。一要依法查處利用職權循情枉法、枉法裁判等徇私枉法犯罪，樹立和維護司法公信。二要依法查處利用職權非法拘禁他人或者以其他方法非法剝奪他人人身自由的非法拘禁犯罪，保護人民群眾的人格尊嚴和人身自由不被侵犯。三要依法查處利用職權對犯罪嫌疑人、被告人實行刑訊逼供或者使用暴力逼取證人證言的刑訊逼供犯罪，維護犯罪嫌疑人和被告人的合法權益。

（三）推進刑事案件律師辯護全覆蓋，充分保障被告人合法權益。委託律師辯護是我國憲法賦予犯罪嫌疑人、被告人的一項訴訟權利，也是刑事訴訟中加強人權保障的重要內容。習近平總書記指出，如果群眾有了司法需求，需要打官司，一沒有錢去打，二沒有律師可以求助，公正司法從何而來呢？受經濟社會發展不平衡以及律師隊伍地區分佈不均衡等因素影響，實現刑事案件律師辯護全覆蓋尚面臨不少困難和問題。當前，一是執法司法機關要嚴格落實刑事訴訟法和法律援助法的相關規定，確保刑事案件的犯罪嫌疑人、被告人因經濟困難或者其他原因沒有委託辯護人時可以向法律援助機構申請法律援助。二是建立法律服務資源依法跨區域流動機制，解決法律服務資源短缺地區的法律援助問題。三是各級政府要將政府採購法律援助服務及其他法律援助經費列入本級政府預算，保障法律援助均衡發展。

（四）完善執法司法救濟保護和國家賠償制度，提高人權保障水平。執法司法救濟保護和國家賠償制度是人權保障的重要內容。一要保障當事人依法享有的復議權、起訴權、上訴權。二要加快完善國家建立的為經濟困難公民和符合法定條件的其他當事人無償提供法律諮詢、代理、刑事辯護等法律服務的制度。三要進一步改進和完善國家賠償的歸責原則、賠償標準、賠償程序、費用保障和決定執行等相關制度。

（五）建立輕微犯罪記錄封存制度，促進本人順利回歸社會，避免對其親屬合法權益的不當影響。大量輕罪案件的被告人主觀惡性和人身危險性較小，且已經承擔刑事責任並經過教育改造，但仍因"有案底"、"有前科"需終身承擔不利後果，其附隨後果還可能對子女升學就業帶來不利影響。建立輕微犯罪記錄封存制度，非經法定程序和理由不得查閱和披露相關記錄，有利於團結教育大多數，有利於構建和諧社會，有利於提高人權保障水平。

深化醫藥衛生體制改革

雷海潮

　　黨的二十屆三中全會通過的《中共中央關於進一步全面深化改革、推進中國式現代化的決定》（以下簡稱《決定》）把深化醫藥衛生體制改革作為進一步全面深化改革、推進中國式現代化的一項重要任務予以部署，充分體現了以習近平同志為核心的黨中央維護人民健康的堅定決心。深入學習貫徹全會精神，必須堅持以習近平新時代中國特色社會主義思想為指導，準確理解把握深化醫藥衛生體制改革的重大意義、總體要求和任務舉措，進一步健全中國特色醫藥衛生體制，持續提升人民健康水平，為強國建設、民族復興偉業提供健康支撐。

一、 深刻認識深化醫藥衛生體制改革的重大意義

　　習近平總書記指出，人民健康是社會主義現代化的重要標誌。在以中國式現代化推進強國建設、民族復興偉業的新征程上，衛生健康工作的基礎性地位和全局性作用進一步凸顯。深化醫藥衛生體制改革，有利於解決群眾看病就醫最關心最直接最現實的利益問題，有利於解決衛生健康事業發展不平衡不充分的主要矛盾，更好地服務人民健康和經濟社會發展大局。

　　（一）深化醫藥衛生體制改革是實現人民對美好生活嚮往的必然要求。習近平總書記指出，健康是幸福生活最重要的指標，健康是 1，其他是後面的 0，沒有 1，再多的 0 也沒有意義。實現人民對美好生活的嚮往是中

國式現代化的出發點和落腳點。必須通過深化改革，推動基本醫療衛生制度更加公平有效、成熟定型，用制度保障人民健康福祉，在推進共同富裕進程中，更好滿足人民群眾對高品質健康生活的期盼。

（二）深化醫藥衛生體制改革是建設社會主義現代化強國的重要動力。習近平總書記指出，人民健康是民族昌盛和國家強盛的重要標誌。必須通過深化改革，推進醫藥衛生領域供給側結構性調整，全面提高人口健康素質，使人民群眾身心健康程度與現代化建設相適應，使我國全體人民以強健的姿態邁進現代化社會。同時，深化醫藥衛生體制改革有利於通過促進人民健康改善預期、擴大內需，培育新的經濟增長點，助力調結構、穩就業、促增長。

（三）深化醫藥衛生體制改革是統籌高質量發展和高水平安全的重要舉措。習近平總書記指出，防範化解重大疫情和突發公共衛生風險，事關國家安全和發展，事關社會政治大局穩定。必須通過深化改革，健全重大傳染病疫情預警研判響應機制，全面提升防控和救治能力，織密防護網、築牢築實隔離牆，構建起強大的公共衛生體系，為經濟社會穩定發展提供有力保障。

（四）深化醫藥衛生體制改革是中國特色社會主義制度優越性的重要體現。習近平總書記強調，中國式現代化，展現了現代化的另一幅圖景，拓展了發展中國家走向現代化的路徑選擇，為人類對更好社會制度的探索提供了中國方案。必須通過深化改革，不斷提升基本公共衛生服務均等化水平，不斷推動優質醫療資源均衡佈局和下沉基層，不斷完善符合國情、符合人類社會發展規律的衛生健康發展道路，用中國式辦法解決醫改世界難題，在持續提升全民健康水平上展現不同於西方現代化模式的新圖景。

二、牢牢把握深化醫藥衛生體制改革的原則要求

黨的十八大以來，以習近平同志為核心的黨中央將深化醫藥衛生體制改革納入全面深化改革統籌謀劃、全面推進，成功走出了一條中國特色衛生健康發展道路，經受住了新冠疫情的重大考驗，取得了重大決定性勝利，積累了寶貴的理論和實踐經驗。要深入學習領會習近平總書記關於全面深化改革的一系列新思想、新觀點、新論斷，貫徹落實到深化醫藥衛生體制改革的全過程各環節。

一是堅持和加強黨的領導。堅決維護以習近平同志為核心的黨中央權威和集中統一領導，堅定沿著正確的政治方向前進，始終依靠堅持黨的領導凝聚深化醫藥衛生體制改革、維護人民健康的強大力量。

二是堅持把人民健康放在優先發展的戰略位置。堅定人民立場，實施健康優先發展戰略，從人民群眾最期盼的地方做起，從人民群眾最不滿意的地方改起，從人民群眾利益出發找出改革最大公約數和最佳平衡點，以增進健康福祉和鞏固黨的執政基礎為最大政績。

三是堅持衛生健康事業的公益性。毫不動搖把公益性寫在醫療衛生事業的旗幟上，堅持公益性主導，堅持公立醫療機構在服務體系中的主體地位，引導規範民營醫院發展，堅持盡力而為、量力而行，不斷完善制度、改革機制、擴展服務、提高質量，讓人民群眾共享改革紅利。

四是堅持新時代黨的衛生與健康工作方針。這是黨對衛生健康事業的基本要求。必須堅持以基層為重點，以改革創新為動力，預防為主，中西醫並重，把健康融入所有政策，人民共建共享。通過深化改革，推動以治病為中心向以人民健康為中心轉變，將健康政策融入全局、健康服務貫穿全程、健康福祉惠及全民。

五是堅持立足國情、協同聯動。堅持從基本國情出發，推動基本醫療衛生服務水平與經濟社會發展相協調、與人民群眾的期待期盼和承受能力

相適應，正確處理政府和市場等重要關係，突出改革的系統性和政策的協同性。

三、　全面落實深化醫藥衛生體制改革的重點任務

要全面落實《決定》部署，結合衛生健康工作實際，持續深化和拓展重點領域改革，更加突出醫療衛生供給側結構性改革和內涵式發展，更加突出衛生健康服務的系統連續，更加注重改革的系統集成，鞏固和完善中國特色基本醫療衛生制度，確保改革實效。

（一）促進醫療、醫保、醫藥協同發展和治理。以增進人民健康福祉為出發點和落腳點，健全目標統一、政策銜接、信息聯通、監管聯動等機制，增強醫療、醫保、醫藥改革的步調協同。醫療方面要堅持公益性導向，深入推進供給側結構性改革，健全優質高效、連續協同、富有韌性的整合型服務體系，增強醫療衛生服務的公平性、可及性、連續性，不斷提升服務人民健康的能力和水平。醫保方面要加強全民醫保制度建設，推進基本醫療保險省級統籌，改革醫保支付方式，促進商業健康保險規範發展；建立健全體現醫療服務技術勞動價值的收費機制，定期評估、動態調整診斷、手術、護理等醫療服務價格，有序引導群眾到基層就診，激發醫療機構和醫務人員活力。醫藥方面要從研發、生產、流通、使用全流程發力，完善藥品供應保障體系，大力支持創新研發和成果轉化，持續優化審評審批流程，推進藥品耗材等集中採購擴面，加強質量安全監管。

（二）加快建設分級診療體系。大力推進"大病重病在本省解決，一般病在市縣解決，頭疼腦熱在鄉鎮、村裏解決"，推進醫療衛生體系系統重塑，促進優質醫療資源擴容和均衡佈局。堅持以基層為重點，強化服務體繫上下協同聯動和支援幫扶，推動城市醫療資源向縣級醫院和城鄉基層下沉，對中西部地區基層開展巡診帶教、遠程會診。推進緊密型醫聯體建

設，以推動人員和服務下沉為核心，技術、管理雙下沉同步實施，鞏固完善緊密型縣域醫共體、城市醫療集團等多種形式醫聯體的管理體制、運行機制。推動緊密型縣域醫共體全覆蓋，夯實縣鄉村三級協同關係。加強基層醫療衛生服務，強化防病治病和健康管理能力。扎實推進轉診連續服務和檢查檢驗結果互認，加強醫患溝通，適應人民群眾新期待。發揮績效考核評價作用，引導國家醫學中心、國家和省級區域醫療中心發展，落實在危重症轉診會診、突發事件緊急醫學救援、改革完善運行新機制、科技創新、人才培訓、基層幫扶、強化公益性等方面的功能定位，帶動區域內醫療衛生服務能力整體提升。把握衛生健康人才價值和成長規律，深化醫教協同，以臨床需求為導向培養醫學人才，以基層為重點發展壯大醫療衛生隊伍。擴充全科、兒科、心理健康、感染、病理、麻醉等醫療衛生資源，提升服務水平。

（三）健全公共衛生體系。深入總結抗擊新冠疫情經驗，以制度建設轉化成熟做法，立足更精準更有效地防，做好應對新發突發重大傳染病疫情的充分準備，更好地統籌發展和安全。完善國家、省、市、縣四級重大疫情防治體系，健全和優化平戰結合、跨部門跨區域、上下聯動的聯防聯控機制，強化監測預警、風險評估、流行病學調查、檢驗檢測、應急處置和醫療救治能力，提高重大疫情早發現能力，有效遏制重大傳染病傳播。堅持預防為主，創新醫防協同、醫防融合機制，落實醫療機構公共衛生職責，促進醫療機構與公共衛生機構人員通、信息通、資源通，大力培養防治兼備的複合型人才。深入開展健康中國行動和愛國衛生運動，倡導健康的生活方式，加強重大慢性病預防和早期干預，進一步控制居民健康主要影響因素。

（四）深化以公益性為導向的公立醫院改革。健全以人民健康為中心、維護公益性、調動積極性、保障可持續的公立醫院運行機制。落實政府投入責任，建立穩定的財政投入政策，加強經濟運行管理，防範和有序分類化解運行風險。建立編制動態調整機制，從行業實際出發加強編制保障，對承擔國家指令性任務的給予傾斜支持。深化公立醫院薪酬制度改革，落實"兩個允許"（允許醫療衛生機構突破現行事業單位工資調控水平，允許醫療服務收入扣除成本並按規定提取各項基金後主要用於人員獎勵），進一步完善績效評價機制，優化薪酬結構，逐步提高醫務人員固定收入佔比，推動醫療機構不同科室、不同崗位薪酬更加合理，加快建立體現崗位職責和技術勞動價值的薪酬體系。穩妥有序開展公立醫院特需醫療服務。引導規範民營醫院發展，發揮對完善醫療衛生服務體系、滿足群眾多樣化健康需求的重要補充作用，加強與商業健康保險的銜接。創新醫療衛生行業綜合監管手段，強化機構監管、行為監管、功能監管、穿透式監管、持續監管，進一步提升監管效能。加強醫療衛生領域廉政建設，持續整治腐敗問題和群眾身邊不正之風。

（五）推動醫藥科技創新。大力發展衛生健康領域新質生產力，完善衛生健康科技創新體系。圍繞實用管用易用好用，聚焦關鍵技術和裝備以及健全國內標準規範體系，支持發展臨床醫學研究，促進醫工結合、醫藥融合，推動醫學科技領域前沿技術和未來產業的創新研發，建立符合中國人體質的健康標準和規範指南。促進創新藥物、疫苗和醫療設備等成果轉化為臨床應用，推動人工智能、互聯網等信息技術在衛生健康領域深度應用，為維護人民健康提供更多工具和手段。

（六）完善中醫藥傳承創新發展機制。推進中醫優質醫療資源提質擴容增能，加強中醫優勢專科能力建設，優化中醫醫療服務價格和支付政策，充分發揮中醫藥防病治病的獨特優勢和作用。提升中醫藥科技服務能力、協同創新能力，加強中醫藥古典醫籍精華的挖掘、保護和開發。推動實施"新時代神農嘗百草"工程，豐富中醫藥治療手段，開發更多道地藥材資源。大力弘揚中醫藥文化精神內涵和時代價值，不斷推動中醫藥走出去。

四、 凝聚深化醫藥衛生體制改革的強大合力

深化醫藥衛生體制改革涉及面廣、社會關注度高，必須構建黨委領導、政府主導、部門協同、社會參與、全民共建共享的工作格局。要進一步健全黨委統一領導、黨政齊抓共管的組織領導機制，強化地方各級黨委、政府領導責任，制定具體實施舉措，結合研究制訂"十五五"規劃謀劃項目和行動方案。定期研究部署推進過程中重大事項，確保改革政策落實落地。要強化部門協作配合，心往一處想、勁往一處使，共同研究細化切實可行、操作性強的配套措施，共同把深化醫藥衛生體制改革推向縱深。要調動全社會參與的積極性、主動性、創造性，鼓勵社會力量參與醫藥科技創新，豐富醫療衛生服務供給。要鼓勵地方試點和區域協調聯動，在黨中央確定的改革方向和原則下，因地制宜大膽探索，形成更多可複製可推廣的經驗和做法。要強化宣傳引導，用好國家、地方、機構各層面改革經驗，積極營造全社會支持醫改、謀劃醫改和推進醫改的良好氛圍。

健全人口發展支持和服務體系

蔡　昉

　　習近平總書記強調，人口發展是關係中華民族偉大復興的大事，必須著力提高人口整體素質，以人口高質量發展支撐中國式現代化。為了保證以人口高質量發展支撐中國式現代化，黨的二十屆三中全會通過的《中共中央關於進一步全面深化改革、推進中國式現代化的決定》（以下簡稱《決定》）對健全人口發展支持和服務體系作出重大部署。

一、完善人口發展戰略的必要舉措

　　改革開放以來的很長一段時間裏，我國的人口發展態勢和表現，如生育率降低、勞動年齡人口迅速增長、人口撫養比下降、人均受教育年限增加等，成為經濟高速增長的有力支持。黨的十八大以來，針對人口發展出現的新變化、新特點，黨中央科學研判，及時調整優化生育政策。作為生育率長期處於低水平的結果，2022 年以來，我國人口發展已經進入減量階段，同時進入以 65 歲及以上人口佔比超過 14% 為標誌的中度老齡社會；2023 年，我國人口以 1.48 的幅度繼續減少，老年（65 歲及以上）人口比重提高到 15.4%。以少子化、老齡化和區域人口增減分化為特徵，我國人口發展面臨新形勢。

　　生育率隨人均收入水平的提高趨於下降，是現代化過程中各國都會發生的規律性現象。由於經濟社會發展和多年實行計劃生育政策的雙重作用，我國人口轉變發生得十分迅速。早在 20 世紀 90 年代初，總和生育率

（每位婦女平均生育的孩子數）就降到保持人口穩定所需要的 2.1 這一更替水平之下並繼續下降，第七次全國人口普查顯示，2020 年我國總和生育率降至 1.3。長期處於低生育率因而出生人口趨於減少，加上我國人口老齡化加劇，導致人口增長轉負、適齡勞動人口減少，標誌著推進中國式現代化面臨的人口環境和條件發生了深刻變化。《決定》部署健全人口發展支持和服務體系，促進人口高質量發展，正是適應這一變化完善人口發展戰略的必然要求，是新時代人口工作的頂層設計。

健全人口發展支持和服務體系，推動以人口高質量發展支撐中國式現代化，要求以系統觀念統籌謀劃人口問題，按照全局性、綜合性的要求拓展工作思路的深度和工作領域的廣度，堅持改革創新，不斷深化相關領域改革。具體來說，要樹立 "大人口觀"、全人群和全生命週期觀念，把健全人口發展支持和服務體系，同制定實施生育支持和激勵措施、強化就業優先政策、完善基本公共服務體系和實施積極應對人口老齡化國家戰略等實現有機結合。為此，在實施人口發展戰略時，特別需要注重提高系統性、協同性和實效性。

健全人口發展支持和服務體系，推動以人口高質量發展支撐中國式現代化，要求人口工作轉向更加重視採用引導和激勵的辦法。保持適度生育水平和人口規模，是人口高質量發展的必然要求。從國際經驗看，從低生育水平回升到更可持續水平，通常會遇到諸多難點和堵點。努力消除各種妨礙生育率回升的障礙，需要家庭生育意願和社會生育目標逐漸趨於一致，這就要求在工作中更加注重利益引導，加大激勵力度，加大支持政策措施的含金量，有效降低生育、養育、教育的直接成本，解除後顧之憂。同時，這也要求在促進人口高質量發展的要求同在發展中保障和改善民生的要求之間，形成目標和手段都一致的相互促進關係。

健全人口發展支持和服務體系，推動以人口高質量發展支撐中國式現代化，要求從諸多方面著手，通過體制機制創新和改革重點展開，達到以下關鍵目標。首先，加大人力資源開發利用力度，全面提高人口綜合素質，以延續人口紅利和開啟人才紅利。為此需要穩定提高人口健康水平、受教育水平和勞動者就業技能。其次，促進生育率向更可持續水平回升，努力穩定人口規模。這要求完善生育支持政策體系和激勵機制，降低生育、養育和教育成本，提高生育意願。再次，把握人口流動客觀規律，推動基本公共服務和其他相關公共服務隨人走、錢隨人走，促進城鄉、區域人口合理聚集、有序流動。最後，努力實現老有所養、老有所為、老有所樂。這要求在實施積極應對人口老齡化國家戰略過程中，把健全基本養老保險制度、完善養老事業和養老產業政策機制與穩妥有序推進漸進式延遲法定退休年齡改革結合起來，提高老年人社會保險的保障和覆蓋水平、養老照護滿足度和勞動參與率。

二、 健全覆蓋全人群、全生命週期的人口服務體系

《決定》提出，健全覆蓋全人群、全生命週期的人口服務體系。人口特徵的一個重要體現是年齡結構，可以把人口的年齡階段及其相互關係視為一個 "人口回聲" 現象，即每個年齡段人口的數量和質量特徵，都是此前人口特徵的 "回聲"，不僅反映自身的狀況以及人口整體狀況，還是此前年齡段人口特徵的後果，同時對此後年齡段人口特徵產生影響。例如，歷史上的生育高峰，通常在 20 年之後相應形成一個勞動力豐富的人口結構，再過 40 年左右，這些勞動者則逐漸進入退休年齡，老齡化水平加快提高，老年人口撫養比（65 歲及以上人口與勞動年齡人口的比率）也必然上升。

以應對老齡化、少子化為重點完善人口發展戰略，健全覆蓋全人群、全生命週期的人口服務體系，正是針對這種 "人口回聲" 現象及其體現的人口發展規律性的因勢利導舉措。具體來說，其中體現著三個重要的政策

內涵。首先，在全體人民都有著對美好生活的期盼和需要的同時，處在每一個年齡階段的人口分別對應著特有的民生需求，幼有所育、學有所教、勞有所得、病有所醫、老有所養、住有所居、弱有所扶，都是具有年齡特徵的民生保障。其次，每個年齡階段之間都是彼此相連、相互影響的關係。因此，在實施人口發展戰略和健全人口服務體系的過程中，這些民生領域的保障和改善，與人口服務體系的建立健全是異曲同工和相輔相成的任務要求。最後，旨在促進人口高質量發展的人口服務體系應該以系統觀念統籌謀劃，樹立"大人口觀"，著眼於覆蓋全人群、全生命週期。具體來說，應該從婚嫁、生育、養育、教育、就業、就醫、住房、養老等全方位推進建設，促進人口高質量發展與人的全面發展和全體人民共同富裕協同推進。

三、 推動建設生育友好型社會

《決定》強調，推動建設生育友好型社會。這是適應人口發展新形勢，積極應對老齡化、少子化問題的關鍵舉措。從長期來看，通過努力保持適度生育水平和人口規模是最根本的目標。促進生育率向更可持續水平的回升，既不是不可能實現的任務，也不是輕而易舉便可以達到的目標。因此，作為一個戰略目標，推進實現的過程中既要有時不我待的緊迫感，適時、及時出台相關的政策，也要有足夠的歷史耐心，持之以恆、久久為功付出長期的努力。根據人口統計規律，總和生育率為 2.1，是一個保證人口發展可持續的更替水平生育率。從世界各國先例來看，生育率在較低的水平上長期徘徊之後，通常難以再回升到更替水平。不過，促進總和生育率向這個方向儘可能靠近，或者在目前水平上有明顯的提高，應該成為政策努力達到的目標，以此保持我國人口資源環境關係更加協調，超大規模市場優勢更加鞏固，綜合國力進一步穩步提升。

在實行計劃生育政策時期，人口工作著眼於"管"和"限"，較多採用的是行政手段。以促進生育率向適度水平回升為取向的人口工作，在出台了一系列優化生育政策的"放"的舉措之後，需要更加注重引導和激勵。這要求政府、社會、家庭之間形成激勵相容、治理協同和推動同步的局面。推動建設生育友好型社會，就是以應對老齡化、少子化為戰略重點，從全人群、全生命週期著眼和入手，以系統統籌、激勵引導的方法，健全人口發展支持和服務體系，促進家庭生育意願與社會適度生育率最大限度的相容。從完善生育支持政策體系和激勵機制的任務要求來看，《決定》按照全人群、全生命週期的覆蓋要求及順序，圍繞降低"三育"成本，部署了一系列重大舉措。一是建立生育補貼制度，在目前各地普遍做法的基礎上，整合各種補貼形式，逐步提高補貼水平，並且與生育保險覆蓋範圍的擴大協同推進，形成廣泛覆蓋的家庭育兒支持基本制度，提高生育、養育、教育成本公共化水平。二是提高基本生育和兒童醫療公共服務水平，提升生育全程基本醫療保健服務能力，擴大輔助生殖技術服務資源，完善母嬰健康、生殖健康和兒童健康服務體系。三是完善生育休假制度，包括制定產假、育兒假、陪護假、哺乳假法規和管理辦法，創造育兒友好的就業和社會環境。四是加大個稅抵扣力度，具體辦法可以從提高抵扣的照護嬰幼兒年齡和提高抵扣比例兩方面發力。五是加強普惠育幼服務體系建設，增加普惠性服務的戰略性投入，加大對家庭嬰幼兒照護支持和早期發展指導，完善家庭育兒支持服務體系，推動統籌配置0—6歲育幼服務資源，支持用人單位辦託、社區嵌入式託育、幼兒園託育服務、家庭託育點等多種模式發展。

四、完善發展養老事業和產業政策機制

《決定》強調，積極應對人口老齡化，完善發展養老事業和養老產業

政策機制。2023 年，我國 65 歲及以上人口在總人口中的比重提高，這既是少子化即長期處於低生育水平的結果，也是人口預期壽命提高的結果。2023 年，我國人口平均預期壽命已達 78.6 歲，顯著高於世界銀行定義的中等偏上收入國家平均水平，十分接近高收入國家或經濟合作與發展組織國家平均水平。我國的健康預期壽命也明顯改善。可見，我國的人口老齡化趨勢總體上符合各國現代化和人口發展的一般規律，並在一些方面超前於同等發達程度的其他國家。在特殊性方面，既包括諸如"未富先老"帶來的諸多挑戰，也包括超大規模老年人口具有的人力資源優勢和巨大市場潛力。《決定》的重大部署，就是從完善發展養老事業和養老產業政策機制著力，應對挑戰和抓住機遇，努力提高老年人生活品質。

從完善發展養老產業政策機制角度來看。2023 年我國 65 歲及以上人口規模接近 2.2 億。這個老年人和大齡勞動者群體，既是我國規模龐大人力資源的一支重要生力軍，也應該成為需求效應顯著的一個消費群體。發展銀髮經濟、增進老年人福祉就是為達到這一要求作出的戰略安排。銀髮經濟著眼於為老年人提供所需產品和服務，具有涉及面廣、產業鏈長、業態多元和潛力巨大的特點，既是解決急難愁盼民生需求的關鍵領域，也通過挖掘老年人消費潛力擴大內需，支撐經濟長期增長。需要同時用力的方面是創造適合老年人的多樣化、個性化就業崗位。2023 年我國老年人口撫養比達到 22.5%，比十年前提高了 9.4 個百分點，這既導致勞動力供給減少，也造成養老金持續發放的壓力。應該看到，部分已達到退休年齡的人口既有繼續工作的體能體魄，也有延遲退休的願望。按照自願、彈性原則，穩妥有序推進漸進式延遲法定退休年齡改革，有助於更充分挖掘大齡勞動者的人力資本和勞動力潛力，同時提高養老金發放的長期可持續性。鑒於銀髮經濟和涉老產業的性質，應該更好協調市場機制和產業政策作用，同步發揮需求引導供給和供給創造需求的作用。

從完善發展養老事業政策機制角度來看。遵循盡力而為和量力而行的原則滿足老年人的基本養老服務需求，是人口高質量發展同人民高品質生活緊密結合的關鍵任務。優化基本養老服務供給應該從完善政策和機制著力，激勵全社會參與的積極性，動員各方面的存量和增量資源。一是通過政策鼓勵和市場激勵，培育社區養老服務機構，努力提高機構養老覆蓋率。二是健全公辦養老機構運行機制，提高服務水平、效率和能力。三是鼓勵和引導企業等社會力量積極參與，以及推進互助性養老服務。同時要看到，我國發展不平衡的國情特點也表現在養老服務方面。根據第七次全國人口普查數據，按照常住地統計，我國 65 歲及以上老年人中 32.5% 居住在城市，20.1% 居住在縣城，47.4% 居住在農村，區域差異和城鄉差異也影響老年人福祉水平。因此，基本養老及相關服務的供給，要對困難老年人進行傾斜，加快補齊農村養老服務短板，改善對孤寡、殘障失能等特殊困難老年人的服務，推動社會適老化改造，加快建立長期護理保險制度。

深化生態文明體制改革

孫金龍

　　黨的二十屆三中全會通過的《中共中央關於進一步全面深化改革、推進中國式現代化的決定》（以下簡稱《決定》），對新時代新征程深化生態文明體制改革作出重大部署，充分體現了以習近平同志為核心的黨中央對生態文明建設的高度重視和戰略謀劃，彰顯了生態文明制度體系在中國特色社會主義制度和國家治理體系中的重要地位。我們要堅持以習近平新時代中國特色社會主義思想特別是習近平生態文明思想為指導，準確把握新時代新征程深化生態文明體制改革的重大意義和目標任務，堅決抓好貫徹落實，全面推進美麗中國建設，加快推進人與自然和諧共生的現代化。

一、新時代生態文明體制改革取得顯著成效

　　黨的十八大以來，以習近平同志為核心的黨中央把生態文明建設作為關係中華民族永續發展的根本大計，統籌加強生態文明頂層設計和制度體系建設，開展一系列開創性工作、推進一系列變革性實踐、取得一系列突破性進展、形成一系列標誌性成果，生態文明領域國家治理體系和治理能力現代化水平明顯提升。

　　（一）生態文明制度體系實現系統性重塑。堅持全方位佈局、系統化構建、多層次推進，用最嚴格制度最嚴密法治保護生態環境。生態文明載入黨章和憲法，制定修訂環境保護法及 30 餘部生態環境法律法規，黨中央、國務院印發實施《關於加快推進生態文明建設的意見》、《生態文明體

制改革總體方案》及幾十項具體改革方案，逐步建立起自然資源資產產權制度、國土空間開發保護制度、空間規劃體系、資源總量管理和全面節約制度、資源有償使用和生態補償制度、環境治理體系、環境治理和生態保護市場體系、生態文明績效評價考核和責任追究制度等基礎制度，中國特色社會主義生態環境保護法律體系和生態文明"四樑八柱"性質的制度體系基本形成。

（二）生態文明建設責任得到全面壓緊壓實。牢牢牽住責任制這個"牛鼻子"，建立實施生態文明建設目標評價考核、污染防治攻堅戰成效考核、領導幹部自然資源資產離任審計、河湖長制、林長制、生態環境損害責任終身追究、生態環境損害賠償等制度，嚴格落實生態環境保護"黨政同責"、"一崗雙責"和"管發展必須管環保、管生產必須管環保、管行業必須管環保"要求，黨委領導、政府主導、企業主體、社會組織和公眾共同參與的責任體系更加嚴密健全，全黨全國推進生態文明建設的自覺性主動性不斷增強。特別是習近平總書記親自謀劃、親自部署、親自推動的中央生態環境保護督察制度，成為夯實生態文明建設政治責任的重大制度創新和改革舉措。

（三）自然資源和生態環境管理體制改革取得重大突破。按照優化協同高效的原則，整合優化機構職能，組建自然資源部，統一行使全民所有自然資源資產所有者職責，統一行使所有國土空間用途管制和生態保護修復職責；組建生態環境部，整合分散在各相關部門的生態環境保護職責，統一行使生態和城鄉各類污染排放監管與行政執法職責。實施省以下生態環境機構監測監察執法垂直管理制度改革和生態環境保護綜合執法改革，優化流域海域生態環境監管和行政執法職能配置，生態環境監測監察執法的獨立性、統一性、權威性和有效性不斷加強。

（四）生態環境治理體系改革持續深化。生態環境保護工作實現以抓污染物總量減排為主向以改善生態環境質量為核心轉變，完成國家生態環境質量監測事權上收，完成固定污染源排污許可全覆蓋，全面禁止“洋垃圾”入境。科學劃定生態保護紅綫，設立首批國家公園。建立自然資源統一確權登記制度，深入推進“多規合一”改革。深入落實全面節約戰略，實行最嚴格耕地保護制度、節約用地制度、水資源管理制度。開徵環境保護稅，建立綠色金融體系，推行排污權交易，建成全球規模最大的碳排放權交易市場。

這一系列改革舉措的實施，有力推動污染防治攻堅向縱深推進，綠色低碳高質量發展邁出堅實步伐，生態文明建設取得舉世矚目的巨大成就，生態環境保護發生歷史性、轉折性、全局性變化，人民群眾生態環境獲得感幸福感安全感不斷增強，成為新時代黨和國家事業取得歷史性成就、發生歷史性變革的重要組成部分。

二、 深刻認識新時代新征程深化生態文明體制改革的重大意義

中國式現代化是人與自然和諧共生的現代化。建設美麗中國是全面建設社會主義現代化國家的重要目標，是實現中華民族偉大復興中國夢的重要內容。新時代新征程深化生態文明體制改革，完善生態文明制度體系，加快完善落實綠水青山就是金山銀山理念的體制機制，對於全面推進美麗中國建設、築牢中華民族偉大復興生態根基具有重大意義。

（一）深化生態文明體制改革是以美麗中國建設全面推進人與自然和諧共生現代化的根本動力。習近平總書記強調：“建設生態文明，重在建章立制”。與發達國家基本解決環境污染問題後轉入強化碳排放控制階段不同，我國生態文明建設同時面臨實現生態環境根本好轉和碳達峰碳中和兩大戰略任務，協同推進降碳、減污、擴綠、增長，全面推進美麗中國建設任務依然艱巨。新時代新征程上，必須進一步深化生態文明體制改革，增強改革系統性、整體性、協同性，精準發力、協同發力、持續發力，著

力破解突出矛盾和問題,構建與美麗中國建設相適應的體制機制,加快形成以實現人與自然和諧共生現代化為導向的美麗中國建設新格局。

(二)深化生態文明體制改革是以高水平保護支撐高質量發展的必然要求。習近平總書記強調:"綠色發展是高質量發展的底色,新質生產力本身就是綠色生產力。"當前,我國經濟社會發展已進入加快綠色化、低碳化的高質量發展階段,統籌高質量發展和高水平保護任重道遠,經濟社會發展綠色轉型內生動力不足,產業結構高耗能、高碳排放特徵依然明顯,資源環境約束趨緊的狀況仍將持續。新時代新征程上,必須進一步深化生態文明體制改革,以更大的改革決心和更實的改革舉措,堅決破除影響高水平保護、制約高質量發展的體制機制障礙,加快推動發展方式綠色低碳轉型,構建綠色低碳循環發展經濟體系,以高水平保護培育綠色生產力、支撐高質量發展。

(三)深化生態文明體制改革是以生態環境根本好轉增進人民群眾福祉的重要保障。習近平總書記強調:"良好生態環境是最公平的公共產品,是最普惠的民生福祉。"生態文明建設是關係黨的使命宗旨的重大政治問題,是關係民生福祉的重大社會問題。隨著我國社會主要矛盾發生變化,必須更加重視回應人民群眾日益增長的優美生態環境需要。新時代新征程上,必須進一步深化生態文明體制改革,強化生態文明制度執行力和剛性約束,進一步壓緊壓實生態環境保護責任,持續提升生態環境治理現代化水平,著力推動生態環境持續改善、全面改善和根本好轉,讓美麗中國建設成果更多更公平惠及全體人民。

(四)深化生態文明體制改革是以引領全球環境與氣候治理構建地球生命共同體的迫切需要。習近平總書記強調:"面對生態環境挑戰,人類是一榮俱榮、一損俱損的命運共同體"。當今世界百年未有之大變局加速演進,全球環境治理的複雜性、嚴峻性、不確定性上升,政治化趨勢明顯增強,我國參與全球環境與氣候治理面臨新任務新挑戰。新時代新征程上，必須進一步深化生態文明體制改革，增強我國碳達峰碳中和工作、應對氣候變化戰略、生態環境戰略、國際和外交戰略協同性，堅決維護我國發展利益，持續提升我國在全球環境與氣候治理中的話語權和影響力，引領推動全球可持續發展，共建清潔美麗世界。

三、 全面落實深化生態文明體制改革目標任務舉措

《決定》明確將聚焦建設美麗中國、促進人與自然和諧共生作為進一步全面深化改革總目標的重要方面，部署了深化生態文明體制改革的重點任務和重大舉措。我們要錨定美麗中國建設目標，不折不扣落實深化生態文明體制改革各項任務，為全面推進美麗中國建設、加快推進人與自然和諧共生的現代化注入強勁動力、提供有力保障。

（一）完善生態文明基礎體制。生態文明建設是長期而複雜的系統工程，必須堅持和加強黨的全面領導，強化生態環境保護督察，扎實開展美麗中國建設成效考核，制定實施地方黨政領導幹部生態環境保護責任制規定，夯實美麗中國建設政治責任。實施分區域、差異化、精準管控的生態環境管理制度，健全生態環境監測和評價制度。建立健全國土空間用途管制和規劃許可制度，健全自然資源資產產權制度和管理制度體系，完善全民所有自然資源資產所有權委託代理機制，建立生態環境保護、自然資源保護利用和資產保值增值等責任考核監督制度，引導、規範和約束各類開發、利用自然資源的行為。完善國家生態安全工作協調機制，提升國家生態安全風險研判評估、監測預警、應急應對和處置能力。編纂生態環境法典，統籌推進生態環境、資源能源、應對氣候變化等領域法律法規制定修訂，強化美麗中國建設法治保障。

（二）健全生態環境治理體系。高品質生態環境是美麗中國的重要標誌，必須推進生態環境治理責任體系、監管體系、市場體系、法律法規政

策體系建設，加快推動生態環境質量改善從量變到質變。推進美麗中國先行區建設，開展多領域多層次創新試點示範。完善精準治污、科學治污、依法治污制度機制，以更高標準深入打好藍天、碧水、淨土保衛戰。落實以排污許可制為核心的固定污染源監管制度，推動實現固定污染源排污許可全要素、全聯動、全週期管理。建立新污染物協同治理和環境風險管控體系，大力推進多污染物協同減排。深入推進排污權有償使用和交易制度建設，深化環境信息依法披露制度改革，構建環境信用監管體系，強化企業生態環境主體責任落實。推動重要流域構建上下游貫通一體的生態環境治理體系，進行整體保護、系統修復、綜合治理。

尊重自然、順應自然、保護自然，是全面建設社會主義現代化國家的內在要求，必須加大生態保護修復力度，著力提升生態系統多樣性、穩定性、持續性。落實生態保護紅綫管理制度，健全山水林田湖草沙一體化保護和系統治理機制，建設多元化生態保護修復投入機制。健全海洋資源開發保護制度。加強生態保護修復監管制度建設。強化生物多樣性保護工作協調機制，實施生物多樣性保護重大工程，全面推進以國家公園為主體的自然保護地體系建設。落實水資源剛性約束制度，全面推行水資源費改稅，促進水資源可持續利用。健全生態產品價值實現機制，拓寬綠水青山轉化金山銀山的路徑。深化自然資源有償使用制度改革。推進生態綜合補償，健全橫向生態保護補償機制，統籌推進生態環境損害賠償，讓保護修復者獲得合理回報，讓破壞者付出相應代價。

（三）健全綠色低碳發展機制。生態環境問題歸根結底是發展方式問題，從根本上解決生態環境問題，必須推動經濟社會發展綠色化、低碳化。實施支持綠色低碳發展的財稅、金融、投資、價格政策和標準體系，發展綠色低碳產業，健全綠色消費激勵機制，促進綠色低碳循環發展經濟體系建設。優化政府綠色採購政策，完善綠色稅制，激發綠色低碳發展內生動力和市場活力。完善資源總量管理和全面節約制度，健全廢棄物循環利用體系，轉變資源利用方式、提高資源利用效率。健全煤炭清潔高效利用機制。加快規劃建設新型能源體系，完善新能源消納和調控政策措施。積極穩妥推進碳達峰碳中和，完善適應氣候變化工作體系。建立能耗雙控向碳排放雙控全面轉型新機制，構建碳排放統計核算體系、產品碳標識認證制度、產品碳足跡管理體系，健全碳市場交易制度、溫室氣體自願減排交易制度。

健全社會治理體系

閆　柏

　　黨的二十屆三中全會通過的《中共中央關於進一步全面深化改革、推進中國式現代化的決定》（以下簡稱《決定》），對健全社會治理體系作出專門部署。這是從完善共建共治共享的社會治理制度、推進國家安全體系和能力現代化的戰略高度提出的一項重大任務。我們要堅持以習近平新時代中國特色社會主義思想為指導，準確把握健全社會治理體系的重要意義、重點任務和工作要求，全面提升社會治理現代化水平，夯實國家長治久安的堅實基礎。

一、深刻認識健全社會治理體系的重要意義

　　黨的十八大以來，在以習近平同志為核心的黨中央堅強領導下，我國社會治理體系不斷完善，社會安全穩定形勢持續向好，書寫了經濟快速發展和社會長期穩定"兩大奇跡"新篇章。《決定》在總結實踐經驗的基礎上，適應新的形勢任務，就健全社會治理體系作出新的安排部署，對於加快推進社會治理現代化，以中國式現代化推進強國建設、民族復興偉業具有重要意義。

　　（一）健全社會治理體系，是推進國家治理體系和治理能力現代化的必然要求。推進社會治理現代化，是完善和發展中國特色社會主義制度、推進國家治理體系和治理能力現代化的重要內容。黨的十八大以來，我們黨在加強和改進社會治理的實踐中，對社會治理規律的認識不斷深化，黨的十八屆三中全會提出加快形成科學有效的社會治理體制，黨的十九大提

出打造共建共治共享的社會治理格局，黨的二十大和黨的二十屆三中全會進一步將社會治理體系放到推進國家安全體系和能力現代化的戰略中部署。我們要深入學習貫徹黨中央重大決策部署，加強和創新社會治理，進一步健全黨委領導、政府負責、民主協商、社會協同、公眾參與、法治保障、科技支撐的社會治理體系，提高社會治理效能，以社會治理現代化助推國家治理體系和治理能力現代化。

（二）健全社會治理體系，是滿足人民美好生活需要的必然要求。習近平總書記指出，創新社會治理，要以最廣大人民根本利益為根本坐標。隨著時代發展和社會進步，人民對美好生活的嚮往更加強烈，對民主、法治、公平、正義、安全、環境等方面的要求日益增長，對我們在正義維護、權利救濟、安全保障、服務供給等方面的能力和水平提出了新的期盼。只有健全社會治理體系，把實現人民對美好生活的嚮往作為出發點和落腳點，著力保障和改善民生，著力解決人民急難愁盼問題，使社會治理過程人民參與、成效人民評判、成果人民共享，才能讓人民群眾獲得感幸福感安全感更加充實、更有保障、更可持續。

（三）健全社會治理體系，是防範化解重大風險的必然要求。當前，我國經濟回升向好，高質量發展扎實推進，發展面臨的有利條件多於不利條件，但仍然面臨發展中的困難、前進中的問題、成長中的煩惱，需要應對的風險挑戰、解決的矛盾問題比以往更加嚴峻複雜。只有健全社會治理體系，堅持標本兼治、關口前移，完善風險防控機制，建立健全風險研判機制、決策風險評估機制、風險防控協同機制、風險防控責任機制，最大限度減少風險隱患，才能更好維護社會大局穩定。

二、扎實抓好健全社會治理體系重點任務的落實

《決定》堅持目標導向、問題導向，聚焦制度完善、機制創新、效能

提升，對健全社會治理體系的重點任務作出了具體部署。我們要扎實抓好各項重點任務落實，加快推進社會治理現代化，著力建設更高水平平安中國。

（一）提升社會矛盾糾紛預防化解能力。中國特色社會主義進入新時代，對正確處理人民內部矛盾提出了新任務新要求。要堅持和發展新時代"楓橋經驗"，立足預防、立足調解、立足法治、立足基層，做到預防在前、調解優先、運用法治、就地解決，確保"小事不出村、大事不出鎮、矛盾不上交"。要大力弘揚"四下基層"的優良作風，聚焦家庭、婚戀、鄰里、債務糾紛等重點方面，滾動開展排查化解，及時將各類矛盾糾紛化解在基層、解決在萌芽狀態。要推進信訪工作法治化，落實《信訪工作條例》，推動提升預防、受理、辦理、監督追責、維護秩序法治化水平，形成"受理部門負責程序推進、辦理部門負責實質解決"的工作局面，確保人民群眾的每一項訴求都有人辦理、每一項訴求都依法推進。要健全社會心理服務體系和危機干預機制，加強社區、校園等心理諮詢室、社會工作室建設，壯大專業心理矯治隊伍，積極開展心理健康宣傳教育和社會心理服務，培育自尊自信、理性平和、積極向上的社會心態。要健全發揮家庭家教家風建設在基層治理中作用的機制。

（二）強化社會治安整體防控。社會治安綜合治理是社會治理的重要內容，是解決影響我國社會治安深層次問題、建設更高水平平安中國的根本途徑。要完善社會治安整體防控體系，把專項治理和系統治理、依法治理、綜合治理、源頭治理結合起來，深入推進社會治安綜合治理。要全面貫徹落實《中華人民共和國反有組織犯罪法》，健全掃黑除惡常態化機制，長期鬥爭、依法打擊、標本兼治、精準督導，有效防範整治行業領域、農村"村霸"、網絡等涉黑惡突出問題，從根本上遏制黑惡勢力滋生蔓延。要緊盯社會治安突出問題，依法嚴懲群眾反映強烈的黃賭毒、食藥環、盜搶騙和針對婦女兒童、留守老人的突出違法犯罪。要深入研究新形勢下犯罪活動規律特點，著力提升打擊電信網絡詐騙、跨境賭博、侵犯公民個人信息等新型犯罪和跨國跨境跨區域犯罪能力，切實保護人民人身權、財產權、人格權。要立足於教育、挽救、預防，加強專門學校和專門教育工作，落實教育矯治措施，最大限度預防和減少未成年人犯罪。要落實刑滿釋放人員安置幫教措施，加強心理疏導、就業指導，幫助他們提升回歸社會的能力。要加強精神障礙患者服務管理，健全源頭防範機制，完善政府、社會、家庭三位一體的服務管理體系，對確有肇事肇禍傾向的依法落實強制醫療措施，嚴防發生個人極端事件。

（三）完善社會治理體制機制。健全社會治理體系，必須把完善體制機制放在更加突出的位置，善於把黨的領導優勢轉化為社會治理效能，充分調動一切積極因素，確保社會既充滿生機活力又保持安定有序。要加強社會工作者隊伍建設，進一步完善培養、評價、使用、激勵機制，提升社會工作專業人才參與社會治理的能力水平。要建立系統完備、科學規範、協同高效的志願服務制度和工作體系，充分發揮志願者在提供服務、反映訴求、化解矛盾等方面的獨特優勢。要進一步理順行業協會商會黨建工作管理體制，推動行業協會商會深化改革和轉型發展，引導行業協會商會在社會治理中發揮積極作用。要健全社會組織管理制度，完善社會組織培育扶持機制，加強社會組織規範管理，擴大社會組織有序參與，不斷提升服務質效和社會公信力。要提高市域社會治理能力，整合市域資源力量，強化市民熱綫等公共服務平台功能，健全“高效辦成一件事”重點事項清單管理機制和常態化推進機制，努力為群眾提供“網上辦、馬上辦、一次辦”的高效服務。要建立全國統一的人口管理制度，統籌深化戶籍制度改革和基本公共服務供給制度改革，加快農業轉移人口市民化，更好地滿足人民群眾融入城市的期盼。要健全鄉鎮（街道）職責和權力、資源相匹配制度，建立健全基層權責清單，完善“街鄉吹哨、部門報到”等做法，完善鄉鎮（街道）政法委員統籌綜治中心、人民法庭、公安派出所、司法所工作機制，加強鄉鎮（街道）服務管理能力。

三、準確把握健全社會治理體系的基本要求

　　黨的十八大以來，以習近平同志為核心的黨中央就加快推進社會治理現代化提出了一系列新理念新思想新戰略，明確了社會治理的路徑目標、理念原則、根本取向、方法手段、著力重點，為我們加快推進社會治理現代化提供了科學指南。我們要深刻理解、準確把握、堅決落實這些基本要求，確保新時代新征程社會治理工作始終沿著正確方向前進。

　　（一）堅持黨的領導。中國共產黨領導是中國特色社會主義最本質的特徵，是中國特色社會主義制度的最大優勢，也是推進社會治理現代化的根本保證。要加快健全黨組織領導的自治、法治、德治相結合的城鄉基層治理體系，把黨的領導貫徹到社會治理全過程，提高黨的政治領導力、思想引領力、群眾組織力、社會號召力，真正把黨的理論優勢、政治優勢、組織優勢、制度優勢、密切聯繫群眾優勢轉化為社會治理的強大效能。各級黨委和政府要將社會治理工作納入重要議事日程，定期分析研判形勢，研究解決重點難點問題。各級黨委政法委要充分發揮牽頭抓總、統籌協調、督辦落實作用，推動形成問題聯治、工作聯動、平安聯創的良好局面。基層黨組織要發揮戰鬥堡壘作用，構建起區域統籌、條塊協同、共建共享的工作新格局。

　　（二）堅持以人民為中心。不斷滿足人民對美好生活的嚮往，是健全社會治理體系、實現社會治理現代化的價值歸屬。要牢固樹立以人民為中心的發展思想，把人民群眾利益放在工作首位，推動聽民聲察民情常態化，著力解決人民群眾最關心、最直接、最現實的利益問題，持續提高公共服務均衡化、優質化水平，讓人民群眾成為社會治理的最大受益者。要暢通人民群眾參與社會治理的制度化渠道，創新組織群眾、發動群眾機制，依靠群眾解決群眾身邊的矛盾問題，讓人民群眾成為社會治理的最廣泛參與者。要以群眾滿意為根本標尺，建立完善科學合理、操作性強的社

會治理績效考評指標體系，加大群眾意見在社會治理績效考評中的權重，真正把評判"表決器"交到群眾手中，讓人民群眾成為社會治理的最終評判者。

（三）堅持運用法治思維和法治方式。法治是社會治理的最有效方式，是社會治理現代化的重要標誌。要把法治要求落實到社會治理各層次、各領域，發揮好法治對社會治理的規範和保障作用。要推進科學立法，用足用好地方立法權，找準立法切口，制定接地氣、有特色、真管用的社會治理法律法規，以良法保障善治。要推進嚴格執法，加大關係群眾切身利益的重點領域執法力度，規範執法自由裁量權，提高執法質量、效率和公信力。要推進公正司法，強化對司法活動的制約監督，提高服判息訴率和群眾滿意度，讓人民群眾切實感受到公平正義就在身邊。要推進全民守法，建設覆蓋城鄉的法律服務體系，推動實施公民法治素養提升行動，落實"誰執法誰普法"普法責任制，增強全民法治觀念，形成辦事依法、遇事找法、解決問題用法、化解矛盾靠法的良好氛圍。各級領導幹部要自覺帶頭尊法學法守法用法，善於運用法治思維和法治方式化解矛盾、維護穩定、推進社會治理。

（四）堅持夯實基層基礎。社會治理工作最堅實的力量支撐在基層，最突出的矛盾和問題也在基層，必須把抓基層打基礎作為長遠之計、固本之策。要樹立大抓基層、大抓基礎的政策導向，推動社會治理和服務重心向基層下移，把更多資源、服務、管理下沉到基層。要健全社區管理和服務機制，完善網格化管理、精細化服務、信息化支撐的基層治理平台，推進基層綜治中心規範化建設，做到權責明晰、運轉順暢、方便群眾。要加強基層幹部隊伍建設，增強基層幹部掌握情況、化解矛盾、服務群眾本領，推動社會治理各項措施落實到位。

健全社會工作體制機制

吳漢聖

社會工作是黨的工作的重要組成部分。做好新時代黨的社會工作，對於走好黨的群眾路綫，把廣大人民群眾團結凝聚在黨的周圍，充分激發人民群眾的積極性、主動性、創造性，促進社會領域各類組織健康發展，激發和增強社會活力，彙聚全社會推進改革發展的智慧和力量，具有十分重要的意義。黨的二十屆三中全會通過的《中共中央關於進一步全面深化改革、推進中國式現代化的決定》（以下簡稱《決定》）對社會工作領域改革發展提出明確要求，作出"健全社會工作體制機制"等一系列部署，為新時代社會工作高質量發展指明了前進方向。我們要深入學習領會、堅決貫徹落實，更好地把黨的領導和中國特色社會主義制度優勢轉化為社會工作效能，為推進強國建設、民族復興偉業提供更加有利的社會環境。

一、 黨的十八大以來社會工作領域改革發展取得歷史性成就

黨的十八大以來，以習近平同志為核心的黨中央從黨和國家事業發展戰略和全局高度，大力推進理念創新、制度創新、實踐創新，推動社會工作實現歷史性變革、系統性重塑、整體性重構，進一步夯實黨的執政基礎和國家治理根基，開創了"中國之治"新局面。

（一）黨的社會工作理論創新發展。習近平總書記圍繞新時代為什麼要加強社會工作、怎樣加強社會工作等重大理論和實踐問題，提出一系列新思想新觀點新論斷，深化了對黨的社會工作的規律性認識。在根本原則

上，強調以黨的領導統攬全局，確保社會在深刻變革中既生機勃勃又井然有序；在價值取向上，強調堅持人民至上，堅持民生為大，以促進社會公平正義、增進人民福祉為出發點和落腳點；在發展方向上，強調堅定不移走中國特色社會主義社會治理之路；在重點任務上，強調構建黨組織領導的共建共治共享的城鄉基層治理格局，擴大黨在新興領域的號召力和凝聚力，加強預防和化解社會矛盾機制建設，健全社會參與機制；在方法路徑上，強調堅持自治、法治、德治相結合，提高社會治理社會化、法治化、智能化、專業化水平；在基礎保障上，強調堅持大抓基層的鮮明導向，推動各類資源向基層下沉，統籌考慮基層幹部隊伍建設，充實基層一線力量，等等。習近平總書記關於社會工作的重要論述是習近平新時代中國特色社會主義思想的重要組成部分，是黨的社會工作取得重大成就的根本保證，也是新時代推動社會工作高質量發展的根本遵循和行動指南。

（二）黨對社會工作的領導全面加強。黨的十八屆三中全會提出創新社會治理體制的重大命題。黨的十九大提出打造共建共治共享的社會治理格局。黨的二十大在經濟、政治、文化、社會、生態文明和黨的建設等戰略部署中都明確了社會工作有關任務。黨的二十屆二中全會決定組建中央社會工作部，作為黨中央職能部門，省、市、縣級黨委組建社會工作部門，這是黨的社會工作領導體系的重大改革。社會工作的制度機制不斷健全，中央層面制定出台《中國共產黨農村工作條例》、《信訪工作條例》和《關於加強基層治理體系和治理能力現代化建設的意見》、《關於加強社區工作者隊伍建設的意見》、《關於健全新時代志願服務體系的意見》等，建立健全黨建引領基層治理、基層組織建設、信訪工作聯席會議等協調機制，有力加強了黨對社會領域相關工作的統籌。

（三）社會工作重點領域改革縱深推進。以黨建引領基層治理，出台一系列針對性舉措，著力破解基層治理 "小馬拉大車" 突出問題，大幅精簡會議文件，規範和減少督查檢查、評選評比等，切實為基層減負賦能，鄉鎮（街道）和村（社區）黨組織領導基層治理能力不斷提高。推動領導幹部接訪下訪，有力維護群眾合法權益。黨在社會工作領域組織體系不斷健全，混合所有制企業、非公有制企業和新經濟組織、新社會組織、新就業群體黨建工作持續加強，行業協會商會深化改革、轉型發展平穩推進，有力促進了社會領域各類組織健康發展。

（四）社會工作在黨和國家事業中的作用有效彰顯。社會工作在擴大社會參與、協調社會利益、防範社會風險、化解社會矛盾、維護社會穩定中發揮了重要作用。社會治理格局不斷健全，共建共治共享理念深入人心，人人有責、人人盡責、人人享有，形成政府治理同社會調節、居民自治良性互動的良好局面。在黨組織領導和黨員示範帶動下，60 多萬個基層群眾性自治組織、大量社會組織、廣大社會工作者活躍在各個領域，為經濟社會高質量發展貢獻力量。社會工作成效在脫貧攻堅、疫情防控、搶險救災等大戰大考中得到充分展現，彰顯了中國特色社會主義社會治理的獨特優勢和蓬勃生機。

二、 健全社會工作體制機制，是進一步全面深化改革、推進中國式現代化的題中應有之義

當前，我國正處在以中國式現代化全面推進強國建設、民族復興偉業的關鍵時期，社會工作面臨許多新情況新任務。隨著經濟社會快速發展，社會結構發生深刻變化，特別是城市規模快速擴展和農村地區"空心化"等，給社會工作帶來新的問題；群眾對美好生活期待更高，思想認識、價值取向、道德觀念日益多元，給社會工作帶來新的挑戰；新經濟組織、新社會組織、新就業群體大量湧現，給社會工作提出新的課題；互聯網和新技術普及應用，社會交往方式、行為方式、思維方式發生深刻變化，給社

會工作提出新的要求。所有這些，都迫切需要通過全面深化改革加以破解，其中首要的是從健全體制機制上著力。

（一）健全社會工作體制機制，是堅持和加強黨對社會工作全面領導的必然要求。黨的二十大強調，要把黨的領導落實到黨和國家事業各領域各方面各環節。謀劃和推進社會工作，首要的一條就是發揮黨總攬全局、協調各方的領導核心作用。這就要求我們必須從體制機制上作出安排，確保黨的理論和路綫方針政策全面貫徹落實到社會工作各領域，把黨的理論優勢、政治優勢、組織優勢、制度優勢、密切聯繫群眾優勢轉化為經濟社會發展優勢。

（二）健全社會工作體制機制，是推進國家治理體系和治理能力現代化的戰略舉措。社會治理現代化是國家治理體系和治理能力現代化的重要內容。健全社會工作體制機制，對於推動新時代社會工作高質量發展具有重要意義。推進社會治理現代化，必須著力破解深層次體制機制障礙，從根本上為社會發展進步夯實基礎。這就要求我們著力構建系統完備、科學規範、運行有效的制度體系，進一步提升社會治理現代化水平。

（三）健全社會工作體制機制，是增強社會工作整體效能的重要支撐。社會工作是系統工程，需要各級各方共同參與、合力推動。只有不斷健全制度機制，才能明晰各方權責關係，實現資源整合、力量融合。這就要求我們認真總結實踐經驗，建立起上下貫通、統一歸口、責任明晰、有機銜接的領導體制、工作體系和運行機制，推動各級各方增進協同配合，促進社會工作高效統籌協調。

（四）健全社會工作體制機制，是激發和增強社會活力的內在需要。中國式現代化是全體人民的共同事業，必須堅持全體人民共同參與，把各方面積極性調動起來。推動社會領域各類組織健康發展，做好各類群體凝聚服務，對於激發社會活力具有重要意義。這就要求我們健全社會工作體制機制，加強對各類組織、各類群體的引領服務，讓全社會創造活力競相迸發，讓全體人民聰明才智充分湧流，彙聚起強國建設、民族復興的磅礴力量。

三、 認真落實健全社會工作體制機制的重點任務，以改革創新精神推動新時代社會工作高質量發展

健全社會工作體制機制，加強新時代社會工作，必須堅持以習近平新時代中國特色社會主義思想為指導，深入學習貫徹習近平總書記關於社會工作的重要論述，深入貫徹落實黨的二十大和二十屆二中、三中全會精神，堅持黨管社會工作，堅定不移走中國特色社會主義社會治理之路，堅持以人民為中心，堅持自治、法治、德治相結合，構建黨委統一領導，社會工作部門統籌協調，各部門各單位各負其責、協同配合，全社會共同參與、共同享有、共同發展的工作格局。要解放思想、深化改革、精準施策，聚焦社會工作重點領域，健全體制機制，不斷推動新時代社會工作高質量發展。

（一）健全彙集民智、化解民憂的體制機制。《決定》強調："健全吸納民意、彙集民智工作機制"，"推進信訪工作法治化"。我們要發揮社會主義民主政治優勢，構建黨委社會工作部門指導、各方積極參與的人民建議徵集工作機制，廣泛聽取人民群眾意見建議，為進一步全面深化改革、推進中國式現代化凝聚智慧和力量。堅持和發展新時代"楓橋經驗"，深化信訪制度改革，推進預防、受理、辦理、監督追責、維護秩序法治化，用好用足信訪工作"晴雨表"，真實把握群眾的所思所想所憂所盼，把工作做到群眾心坎上。認真落實黨中央決策部署，完善黨委社會工作部門統一領導信訪部門的制度機制，把統一領導的要求規範化、具體化。繼續用好信訪工作聯席會議機制，加強部門工作協同，共同推動有關任務落實。

（二）健全黨建引領基層治理的體制機制。《決定》強調："健全黨組

織領導的自治、法治、德治相結合的城鄉基層治理體系，完善共建共治共享的社會治理制度”，“加強黨建引領基層治理”。黨的二十大黨章規定：“街道、鄉、鎮黨的基層委員會和村、社區黨組織，統一領導本地區基層各類組織和各項工作，加強基層社會治理”。這為以黨建引領基層治理提供了黨內法規依據。中央黨的建設工作領導小組專門設立黨建引領基層治理協調機制，由中央組織部牽頭，中央社會工作部負責具體協調工作。各地要建立健全相應的協調機制，加強黨委社會工作部門與組織、宣傳、政法和民政、農業農村等部門的工作協同，對涉及村民委員會、居民委員會工作中需要以政府名義出面的，政府有關部門要協助做好相關工作。健全鄉鎮（街道）職責和權力、資源相匹配制度，加強鄉鎮（街道）服務管理力量，制定鄉鎮（街道）履行職責事項清單，推廣“街鄉吹哨、部門報到”等做法，健全為基層減負長效機制，認真落實破解基層治理“小馬拉大車”突出問題的政策舉措，嚴格控制面向基層的督查、檢查、考核總量，著力清理基層組織“濫掛牌”問題，推動資源、服務、管理等下沉基層，為基層幹部幹事創業營造良好環境。

（三）健全深化行業協會商會改革的體制機制。《決定》強調：“深化行業協會商會改革。”行業協會商會特別是全國性行業協會商會，是我國經濟建設和社會發展的重要力量。要加強黨對行業協會商會的全面領導，健全黨的組織體系和群團組織體系，構建以黨內監督為主導、各類監督貫通協調的監督體系。充分發揮行業協會商會改革發展部際聯席會議作用，研究深化改革的有關問題，積極提出工作建議。健全行業協會商會內部管理制度，促進規範管理、健康發展。明確脫鈎行業協會商會主要行業管理部門，切實履行行業監管和業務指導職責；發揮有關部門職能優勢，提升綜合監管效能。抓好行業協會商會黨的工作和改革發展，更好地服務國家、服務社會、服務群眾、服務行業。

（四）健全增強黨在新興領域號召力凝聚力影響力的體制機制。《決定》

強調：＂探索加強新經濟組織、新社會組織、新就業群體黨的建設有效途徑。＂＂三新＂是經濟社會發展的重要主體，也是基層黨建的重要陣地。要理順黨建工作管理體制，優化地方黨委＂兩新＂工委工作機制，構建黨委組織部門統籌協調、社會工作部門歸口指導、行業管理部門各負其責、街道社區（園區）屬地管理的工作格局。創新黨建工作理念方法，把思想政治引領與凝聚服務結合起來，完善相關領域群眾利益協調機制，引領正確發展方向，維護各方合法權益。

（五）健全加強社會工作者隊伍和志願服務體系建設的體制機制。《決定》強調：＂加強社會工作者隊伍建設，推動志願服務體系建設。＂要加大專業教育培養力度，完善社會工作者職業資格制度，建好用好社區工作者、社會工作專業人才、志願者等隊伍。推進職業體系建設，健全教育培訓、管理監督、激勵保障等制度機制，打造政治堅定、素質優良、敬業奉獻、結構合理、群眾滿意的社區工作者隊伍。健全黨委組織部門牽頭抓總、社會工作部門負責並組織實施、相關部門密切配合的社會工作專業人才隊伍建設工作機制，加強重點領域社會工作專業人才的培養使用。健全適應新時代要求、具有中國特色的志願服務體系，構建黨委統一領導、社會工作部門牽頭、相關部門和群團組織分工合作、具體推動的志願服務領導體制和工作機制，發揮各類社會組織的積極作用，大力弘揚志願精神，建設素質過硬、數量充足的志願隊伍，聚焦鄉村全面振興、美麗中國建設、共建＂一帶一路＂等重大任務，引導廣大人民群眾貢獻智慧力量、共同創造美好生活。

深化跨軍地改革

鍾　新

　　黨的二十屆三中全會通過的《中共中央關於進一步全面深化改革、推進中國式現代化的決定》（以下簡稱《決定》）提出，要深化跨軍地改革。這是以習近平同志為核心的黨中央統籌發展和安全、富國和強軍，著眼加快國防和軍隊現代化作出的戰略部署，是鞏固拓展國防和軍隊改革成果、開創改革強軍新局面的重大舉措。各方面要深入學習領會黨中央的戰略考量，把握深化跨軍地改革的重要意義和實踐要求，高標準完成各項改革任務。

一、新時代跨軍地改革取得重大成就

　　黨的十八大以來，我們黨著眼實現黨在新時代的強軍目標，把深化國防和軍隊改革納入全面深化改革總盤子，領導開展新中國成立以來最為廣泛、最為深刻的國防和軍隊改革。在這場偉大變革中，黨中央把跨軍地改革作為一項重要內容，加強頂層設計、跨域統籌、協調推進，取得一系列重要理論成果、制度成果、實踐成果。

　　（一）完善統籌經濟建設和國防建設的領導管理體系。著眼形成一體化國家戰略體系和能力，構建統籌經濟建設和國防建設的領導管理體制，重塑組織管理體系、工作運行體系、政策制度體系，推動經濟建設和國防建設協調發展、平衡發展、兼容發展。構建國防發展領域總攬全局、協調各方的黨的領導體系，加強黨中央對國防發展特別是國防科技和武器裝備建設的集中統一領導，充分發揮我國制度優勢和新型舉國體制優勢推進國防建設。

（二）構建退役軍人服務保障體系。著眼維護軍人軍屬合法權益，讓軍人成為全社會尊崇的職業，建立集中統一、職責清晰的退役軍人管理保障體制，組建退役軍人事務部，在縣級以上成立退役軍人事務工作領導機構和行政機構，建成從國家到村（社區）六級退役軍人服務中心，出台《中華人民共和國退役軍人保障法》，制定安置就業、優撫褒揚、服務保障等方面配套政策，形成縱向聯動、橫向協同、全國一盤棋的退役軍人工作格局。

（三）調整武警部隊領導指揮體制和力量結構。按照軍是軍、警是警、民是民的原則，調整武警部隊歸中央軍委建制，由黨中央、中央軍委集中統一領導，進一步強化黨對全國武裝力量的絕對領導。整體移交武警黃金、森林、水電部隊至國家有關職能部門並改編為非現役專業隊伍，不再將公安邊防、消防、警衛部隊列武警部隊序列並全部退出現役，組建海警總隊。通過調整改革，武警部隊職能更加聚焦，領導指揮體制和力量體系得到優化。

（四）調整國防動員體制和空中交通管理體制。實施國防動員體制改革，科學配置黨政軍系統國防動員職能，優化重組國家和省、市、縣四級國防動員委員會，調整設立相關辦事機構，建立國防動員指揮運用軍地協調機制，形成在黨領導下軍地各司其職、密切協同的國防動員新格局。實施空管體制改革，在中央和地方層面成立相關領導機構和辦事機構，加快優化國家空中交通管理系統。此外，還實施預備役部隊調整改革，在軍隊保障社會化、軍民科技協同創新等方面推出一系列改革舉措，取得扎實成效。

（五）全面停止軍隊有償服務、重塑軍隊資產管理秩序。著眼保持人民軍隊性質和本色，促進部隊聚焦備戰打仗主業，全面停止軍隊各級機關、部隊及所屬事業單位開展的有償服務活動，軍隊不從事經營活動的目標基本實現，取得顯著政治效應、軍事效應和經濟社會效應。創新軍隊資產管理模式，探索走開軍隊資產集中統管、軍地資產置換路子，推動軍隊資產資源集約化利用、市場化運營、專業化發展。

二、 認清深化跨軍地改革的重要意義

改革永遠在路上。在以中國式現代化全面推進強國建設、民族復興偉業的新征程上，面對複雜鬥爭形勢和激烈軍事競爭，需要以更加堅定的決心意志持續深化國防和軍隊改革，不斷完善人民軍隊領導管理體制機制、聯合作戰體系，深化跨軍地改革，提高捍衛國家主權、安全、發展利益戰略能力。對深化跨軍地改革的重要意義，可以從三個方面來認識。

（一）這是推進國家治理體系和治理能力現代化的重要內容。堅持和完善中國特色社會主義制度，到 2035 年基本實現國家治理體系和治理能力現代化，是我們黨的戰略任務和重要目標。經過這一輪國防和軍隊改革，國防領域一些體制機制和政策制度問題得到有力破解，為國防建設注入了強勁動力、提供了有力保障。同時，隨著國家安全形勢變化和強國強軍實踐發展，國防建設遇到不少新情況，一些矛盾問題逐步顯現，主要集中在軍地交叉部位、銜接關口和協調環節。《決定》把經濟、政治、文化、社會、生態文明、軍事、外事等各領域改革作為整體來謀劃和推進，把深化跨軍地改革作為持續深化國防和軍隊改革的一個重點，就是要破解深層次體制機制障礙和結構性矛盾，使國防建設相關制度更加科學、更加完善，同國家治理相適應、相協調。

（二）這是促進國防實力和經濟實力同步提升的戰略抓手。科學擺布經濟建設和國防建設的關係，是推進中國式現代化必須正確處理的重大課題。當前，世界科技革命、產業革命、軍事革命加速發展，國家戰略競爭力、社會生產力、軍隊戰鬥力的耦合關聯更為緊密，特別是太空、網絡空間、人工智能等新興領域技術同源、產業同根、路徑同步，為提升國防實力和經濟實力提供了重要機遇。鞏固提高一體化國家戰略體系和能力，需要以更加有力的制度安排和保障，促進國防建設深度融入經濟社會發展，推動新質生產力同新質戰鬥力高效融合、雙向拉動。深化跨軍地改革，就

是要持續調整相關體制、優化工作機制，加強戰略規劃統籌、政策制度銜接、資源要素共享，推進各領域特別是新興領域戰略佈局一體融合、戰略資源一體整合、戰略力量一體運用。

（三）這是推動國防和軍隊高質量發展的內在要求。習主席指出，加快國防和軍隊現代化，必須把高質量發展放在首位。現在，國防和軍隊建設正處在提質增效的關鍵階段，實現建軍一百年奮鬥目標、加快國防和軍隊現代化，需要堅持全局統籌、系統抓建、體系治理，協調推進各領域治理、全鏈路治理、各層級治理、跨軍地治理，以高水平治理推動高質量發展。全面加強軍事治理是我們黨治軍理念和方式的一場深刻變革，改革是全面加強軍事治理的重要推動力。深化跨軍地改革，就是要貫徹治理的理念，進一步完善相關組織體系和運行制度，理順關係、釐清職能、暢通鏈路，加強跨軍地、跨領域統籌，形成各司其職、緊密協作、規範有序的跨軍地工作格局，提高跨軍地治理能力，提高軍事系統運行效能和國防資源使用效益。

三、 把握深化跨軍地改革的重大舉措

《決定》對深化跨軍地改革作出明確部署，安排了當前和今後一個時期重點改革任務，需要各級準確理解把握、全面貫徹落實，尤其要關注以下三個方面重大舉措。

（一）健全一體化國家戰略體系和能力建設工作機制。鞏固提高一體化國家戰略體系和能力，是應對複雜安全威脅、贏得國家發展優勢的戰略之舉。在黨中央堅強領導下，構建一體化國家戰略體系和能力取得重大進展，體制、機制、政策全面重塑，重點區域、重點領域、新興領域協調發展邁出扎實步伐。下一步，重點是優化相關工作機制，提高跨軍地統籌協調水平。完善涉軍決策議事協調體制機制，健全國防建設軍事需求提報和

軍地對接機制，完善軍隊標準化工作統籌機制，促進國家綜合實力快速高效轉化為先進戰鬥力。

（二）優化國防科技工業體系和佈局。強大的國防科技工業是國防和軍隊現代化的重要依託，是提升新質戰鬥力的基礎。黨的十八大以來，我國國防科技工業整體實力和核心競爭力顯著提升，但基礎還不夠厚實，研發生產、持續供給、自主可控、平戰轉換等能力同國家安全戰略需要還不相適應。應深化國防科技工業體制改革，完善建設管理運行機制，改進武器裝備採購制度，暢通從作戰需求生成到武器裝備供給的鏈路，構建武器裝備現代化管理體系。進一步優化國防科技工業佈局，健全競爭擇優、正向激勵機制，加強軍工核心能力建設，構建健壯強韌的國防科技工業體系。

（三）優化邊海防領導管理體制機制。根據國家安全環境的發展變化，我國邊海防領導管理體制大體經歷了新中國成立後軍隊為主管理、上世紀70年代軍地分工管理、80年代在中央邊防工作領導小組協調下軍地分工協作等階段，1991年設立國家邊防委員會，2005年更名為國家邊海防委員會。這一體制沿用至今，在有力維護國家邊海防安全的同時，也面臨邊海防工作組織體系不夠完備、軍地事權不夠明晰、法規制度不夠完善等問題。下一步，重在加強黨中央對邊海防的集中統一領導，優化邊海防領導管理體制機制，完善黨政軍警民合力治邊機制，提升強邊固防綜合能力，為建設強大穩固的現代邊海防提供有力保障。

四、 合力抓好深化跨軍地改革任務落實

習主席指出，改革有破有立，得其法則事半功倍，不得法則事倍功半甚至產生負作用。跨軍地改革涵蓋領域廣、涉及部門多，必須加強政治引領和組織領導，以釘釘子精神抓改革落實。

（一）**堅持問題導向**。堅持問題導向是改革的鮮明特徵，也是改革的重要經驗。深化跨軍地改革，就是要奔著問題去，盯著問題改，向解決深層次矛盾問題發力。推進每一項改革任務，都應當找準制約國防和軍隊現代化的問題根源和關鍵，扭住主要矛盾和矛盾的主要方面，體制上有弊端的破舊立新，機制上有短板的固強補短，政策上有障礙的打通堵點，利益上有壁壘的聚力突破，切實增強改革的針對性實效性。

（二）**堅持體系推進**。跨軍地改革牽涉軍地多個方面，關聯發展和安全諸多因素，需要強化統籌兼顧，增強改革的系統性、整體性、協同性。應當統籌抓好各項改革的研究論證、方案制定、組織實施，明確優先序，把握時度效，實現整體推進和重點突破相統一。推進跨軍地改革既要把握自身的特殊性，還要考慮與其他改革的關聯性，確保跨軍地改革與其他改革同向發力、同頻共振。

（三）**堅持積極穩妥**。一些跨軍地重大改革舉措牽一髮而動全身，需要堅持穩中求進工作總基調，既積極主動又扎實穩健，穩妥審慎地推動落實。注重先立後破，戰略上勇於進取，戰術上穩扎穩打，掌握好改革節奏，控制住改革風險。有的改革觸及複雜利益關係，既要強化進取意識、機遇意識、責任意識，勇於突破不適宜的利益格局，又要講求方法策略，妥善處理改革中遇到的矛盾問題。

（四）**堅持軍地聯動**。跨軍地改革越向縱深推進，遇到的硬骨頭會越多，越需要軍地各方面擔起應盡的責任，齊心協力攻克改革堵點、難點。各相關部門和單位應強化大局觀念，善於算大賬、總賬、長遠賬，做到局部服從全局、要素服從體系。加強軍地協商對接，主責單位主動作為，參與單位積極配合，按照職責分工抓好各項工作落實。注重調動和發揮各方面積極性、創造性，廣泛聽取意見建議，最大限度凝聚深化跨軍地改革的智慧和力量。

全面提高幹部現代化建設能力

謝春濤

全面建設社會主義現代化國家，全面推進中華民族偉大復興，關鍵在黨，關鍵在人，關鍵在於建設一支堪當重任的高素質幹部隊伍。黨的二十屆三中全會通過的《中共中央關於進一步全面深化改革、推進中國式現代化的決定》（以下簡稱《決定》）著眼全局和戰略，對提高幹部現代化建設能力作出重大部署，指出要"健全常態化培訓特別是基本培訓機制，強化專業訓練和實踐鍛煉，全面提高幹部現代化建設能力"。我們要認真學習、深刻領會，堅決貫徹落實以習近平同志為核心的黨中央決策部署，持續推動幹部隊伍能力建設取得新進展、新突破。

一、全面提高幹部現代化建設能力是事關全局的重大問題

能力是幹事的基礎，我們黨歷來重視和加強幹部能力提升。黨的十八大以來，習近平總書記把幹部能力建設放在管黨治黨、治國理政的突出位置來抓，圍繞為什麼提升能力、提升哪些能力、怎樣提升能力等作出一系列重要論述，深刻闡明幹部能力建設中具有方向性、根本性的重大問題，強調領導幹部學習不學習不僅僅是自己的事情，本領大小也不僅僅是自己的事情，而是關乎黨和國家事業發展的大事情。當前，世界百年未有之大變局加速演進，中華民族偉大復興進入關鍵時期，抓好幹部隊伍的能力提升比以往任何時候都更為重要、更為迫切。

我們黨取得新時代偉大成就的關鍵所在。進入新時代，順應現代化發

展潮流，習近平總書記號召"全黨來一個大學習"，要求全黨同志都要努力增強本領，一刻不停地增強本領。習近平總書記的諄諄教誨、深切厚望，極大鼓舞著黨員、幹部苦練內功、增長才幹。新時代以來，通過持續的理論武裝和嚴格的實踐鍛煉，各級幹部理想信念更加堅定、能力素質更加過硬，幹部隊伍煥發出新活力新氣象。廣大幹部在社會主義現代化建設各條戰綫上，在經濟建設、科技創新、脫貧攻堅、鄉村振興、疫情防控、抗洪救災等重大工作中，衝鋒在前、勇挑重擔，敢想敢為、善作善成，為黨和國家事業取得歷史性成就、發生歷史性變革作出了重要貢獻，為全面建設社會主義現代化國家提供了堅強隊伍保障。

實現新時代新征程黨的中心任務的迫切需要。黨的二十大確立了以中國式現代化全面推進強國建設、民族復興偉業的中心任務，開啟了全黨全國人民新的逐夢征程。展望前路，我們需要應對的風險挑戰、解決的矛盾問題、戰勝的困難阻力，一點也不會比過去少，只會越來越錯綜複雜，解決起來也更考驗勇氣和智慧。軟肩膀挑不起硬擔子。如果知識不夠、眼界不寬、能力不強，久而久之就難以勝任領導改革開放和社會主義現代化建設的繁重任務。要深刻認識幹部能力需要不斷提升的重要性緊迫性，增強歷史自覺、把握職責定位，進一步提高幹部能力建設的針對性和實效性，使廣大幹部不斷增強識變之智、應變之方、求變之勇，推動全黨具備更加強大的執政能力和領導水平，確保中國式現代化劈波斬浪、行穩致遠。

建設忠誠乾淨擔當的高素質幹部隊伍的有力舉措。全面建設社會主義現代化國家，必須有一支政治過硬、適應新時代要求、具備現代化建設能力的幹部隊伍。從現狀看，幹部隊伍總體素質是好的，各級幹部的能力經過新時代偉大鬥爭淬煉得到實質性提升。同時要看到一些不容忽視的問題，比如有的政治敏銳性不夠、政治能力不強，有的不同程度存在能力不足、"本領恐慌"，有的缺乏主動擔當精神，等等，反映出幹部隊伍的高素質專業化不可能一蹴而就。打鐵必須自身硬。新時代新征程，要推動各級幹部把提升能力、增強本領作為終身課題，抓緊加油充電，主動學習適應，使自己的能力素質跟上黨中央要求、跟上時代前進步伐、跟上事業發展需要，在推進中國式現代化進程中奮發進取、建功立業。

二、 與時俱進全面提高幹部現代化建設能力

我們黨對幹部的一貫要求是德才兼備，同時根據不同歷史時期黨面臨的形勢任務提出各有側重的要求。黨的十八大以來，習近平總書記提出新時代好幹部標準，對提升幹部能力素質提出一系列新要求，包括增強"八種本領"、提高"七種能力"等等。2024年2月，習近平總書記為第六批全國幹部學習培訓教材作序，強調要全面提升與推進中國式現代化相適應的政治能力、領導能力、工作能力，為廣大幹部指明了新時代新征程上能力建設的時代內涵和實踐指向。

必須把提高政治能力放在首位。習近平總書記指出，在領導幹部的所有能力中，政治能力是第一位的。歷史和實踐證明，要把黨建設得堅強有力、鞏固黨的執政地位，必須有一大批政治過硬的黨員幹部。新時代幹部如何才能政治過硬？很重要的就是牢牢把握以中國式現代化全面推進強國建設、民族復興偉業這個中心任務，始終保持政治敏銳性，保持清醒頭腦和政治定力，時時處處從政治上想問題、作決策、辦事情。這就要求不斷提高政治判斷力，增強科學把握形勢變化、精準識別現象本質、清醒明辨行為是非、有效抵禦風險挑戰的能力；提高政治領悟力，對"國之大者"了然於胸，始終同黨中央保持高度一致；提高政治執行力，不折不扣貫徹落實黨中央決策部署，切實做到黨中央提倡的堅決響應，黨中央決定的堅決執行，黨中央禁止的堅決不做。政治能力是具體的，根本要體現到堅定擁護"兩個確立"、堅決做到"兩個維護"的實際行動上。要自覺加強政治歷練和政治訓練，使自己的政治能力同擔任的工作職責相匹配，做政治上的明白人。

　　必須綜合提高領導能力。中國式現代化是人類歷史上前所未有的大變革，需要深化規律性認識，增強引領現代化發展的領導能力。這是涉及全方位、系統性的要求，重點是各級領導幹部要對標習近平總書記強調的"七種能力"，推動整體素質來一次大提升。在提高政治能力、築牢忠誠根基的前提下，要不斷提高調查研究能力，了解和掌握真實情況，通過調研摸清現代化建設進程中的一系列卡點瓶頸，為解決各類問題和矛盾提供有力支撐；不斷提高科學決策能力，樹立戰略眼光，站在全局看問題、作決策，善於綜合分析、全面權衡、科學決斷；不斷提高改革攻堅能力，實現思想觀念、生產方式、利益格局的變革創新，聚焦全面建設社會主義現代化國家中的重大問題謀劃推進改革；不斷提高應急處突能力，準確識變、科學應變、主動求變，面對突發事件能夠心中有數、分類施策、精準拆彈；不斷提高群眾工作能力，走好新時代黨的群眾路綫，用群眾喜聞樂見、易於接受的方法開展工作，善於宣傳動員、組織發動群眾；不斷提高抓落實能力，做到不折不扣、雷厲風行、求真務實、敢作善為，有效破解難題，當好中國式現代化建設的堅定行動派、實幹家。

　　必須錘煉過硬工作能力。幹部能力當中，工作能力是履職盡責的基本功。從現代化建設全局出發，要錨定黨的二十大作出的重大部署，重點提升推動高質量發展本領、服務群眾本領、防範化解風險本領。高質量發展是全面建設社會主義現代化國家的首要任務，需要幹部完整、準確、全面貫徹新發展理念，以創新的思路和辦法加快構建新發展格局，因地制宜發展新質生產力。全心全意為人民服務是我們黨的根本宗旨，需要幹部踐行以人民為中心的發展思想，著力解決人民群眾急難愁盼問題，讓現代化建設成果更多更公平惠及全體人民。當前我國發展進入戰略機遇和風險挑戰並存、不確定難預料因素增多的時期，需要幹部增強憂患意識，堅持底綫思維，統籌發展和安全，及時預見、應對、處置重大風險。伴隨現代化建設進程，各方面工作越來越專業化、專門化、精細化，對幹部做好本職工作專業能力的要求也越來越高。習近平總書記多次強調要注重培養專業能力、專業精神，對不同領域、不同類型幹部的素質能力分別提出了明確要求。要自覺從中找差距、明方向、定目標，加強本領養成和提升，做到術業有專攻。

三、 推動幹部現代化建設能力提升常態化長效化

全面提高幹部現代化建設能力，重點在"全面"，關鍵在"提高"。提高現代化建設能力，是新時代幹部隊伍建設的重大任務。落實《決定》部署要求，要統籌謀劃、綜合施策，抓好各級幹部的教育培訓，不斷拓寬訓練和鍛煉的途徑。

健全基本培訓機制。能力不會自然而然產生。幹部能力提升既靠自身努力，也靠組織培養。習近平總書記強調，沒有全黨大學習，沒有幹部大培訓，就沒有事業大發展。《決定》指出，要"健全用黨的創新理論武裝全黨、教育人民、指導實踐工作體系"。我們要深刻領會其精神實質，大力加強幹部教育培訓，發揮好黨校（行政學院）幹部教育培訓主渠道主陣地作用，扎實開展基本培訓，堅持按需施訓、應訓盡訓，堅持分級分類、全面覆蓋，不斷擴大受益面，確保更多黨員、幹部得到全面系統的培訓。要緊緊圍繞幹部現代化建設能力明確培訓內容，堅持把深入學習貫徹習近平新時代中國特色社會主義思想作為主題主綫，以堅定理想信念宗旨為根本，以提高政治能力為關鍵，以增強推進中國式現代化建設本領為重點，教育引導廣大黨員、幹部深刻領會習近平新時代中國特色社會主義思想的科學體系、核心要義、實踐要求，把握好這一重要思想的世界觀、方法論和貫穿其中的立場觀點方法。培訓方式是決定培訓質量的重要因素。要進一步創新方式方法，把理論學習與現場教學、案例解析、經驗交流等結合起來，把綫上綫下、直播錄播結合起來，實現教育培訓質的有效提升和量的合理增長。能力提升非一日之功，培訓週期是推動培訓常態化長效化的必

要保證。要因應形勢變化和發展需求合理調整週期，確保幹部學習的連貫性和有效性。

有的放矢強化專業訓練。專業的人才能幹好專業的事。習近平總書記指出，無論是分析形勢還是作出決策，無論是破解發展難題還是解決涉及群眾利益的問題，都需要專業思維、專業素養、專業方法。要引導幹部主動加快知識更新、優化知識結構，自覺鑽研業務，把專業知識與專業能力、專業精神融為一體，做到知行合一。同時持續開展任職培訓和專業化培訓，以幹部履職必備的基本知識、基本能力為基礎，堅持幹什麼學什麼、缺什麼補什麼，注重加強新知識新技能學習培訓，幫助幹部不斷提升專業化水平。專業訓練重在實戰實訓。要突出需求導向，緊貼業務實操，靈活運用案例，圍繞黨中央重大決策部署和國家重大戰略需求，分層級分領域開展現代化產業體系、現代財政金融、鄉村全面振興、科技創新與新質生產力、應急管理與輿情處置、基層治理等專題培訓，促進幹部及時填知識空白、補素質短板、強能力弱項，成為本工作領域的行家裏手。

持之以恆加強實踐鍛煉。實踐是最好的磨刀石，也是最好的試金石。習近平總書記指出，所有實際能力的獲得都要靠實踐，廣大幹部要做起而行之的行動者。中國式現代化是前無古人的開創性事業，只能靠在幹中學、學中幹，正如在戰爭中學會戰爭、在游泳中學會游泳。要堅持理論聯繫實際，聚焦經濟建設這一中心工作和高質量發展這一首要任務，把火熱實踐作為培養鍛煉的最好課堂，有組織、有計劃地把幹部放到改革發展穩定主戰場、重大任務重大鬥爭最前沿、服務群眾第一線去磨礪，挑最重的擔子、啃最硬的骨頭、接燙手的山芋，多經受大風大浪考驗，多經受急事難事歷練，促使幹部加強鬥爭精神和鬥爭本領養成，增強防風險、迎挑戰、抗打壓能力。尤其要重視基層和艱苦地區鍛煉，堅持運用"四下基層"工作方法和制度，幫助幹部練就擔當作為的硬脊樑、鐵肩膀、真本事，成為可堪大用、能擔重任的棟樑之材。

著力剷除腐敗滋生的土壤和條件

張福海

　　黨的二十屆三中全會通過的《中共中央關於進一步全面深化改革、推進中國式現代化的決定》（以下簡稱《決定》），圍繞強國建設、民族復興偉業擘畫改革藍圖，強調深入推進黨風廉政建設和反腐敗鬥爭，對著力剷除腐敗滋生的土壤和條件作出重大部署。這是新征程上提高黨對進一步全面深化改革、推進中國式現代化的領導水平，以黨的自我革命引領社會革命的重大舉措。要切實把思想和行動統一到《決定》精神上來，堅持以改革精神著力剷除腐敗滋生的土壤和條件，確保黨永遠不變質、不變色、不變味，始終成為中國特色社會主義事業的堅強領導核心。

一、 深刻認識剷除腐敗滋生的土壤和條件的重大意義

　　進入新時代，以習近平同志為核心的黨中央把全面從嚴治黨納入"四個全面"戰略佈局，以"得罪千百人、不負十四億"的使命擔當開展史無前例的反腐敗鬥爭，一體推進不敢腐、不能腐、不想腐，消除了黨、國家、軍隊內部存在的嚴重隱患，推動反腐敗鬥爭取得壓倒性勝利並全面鞏固，為順利實現第一個百年奮鬥目標、向第二個百年奮鬥目標進軍提供了堅強保障。黨的二十大報告在總結反腐敗鬥爭歷史性成就的基礎上，深刻指出"剷除腐敗滋生土壤任務依然艱巨"，強調"只要存在腐敗問題產生的土壤和條件，反腐敗鬥爭就一刻不能停，必須永遠吹衝鋒號"。在二十屆中央紀委三次全會上，習近平總書記進一步指出："新征程反腐敗鬥爭，

必須在剷除腐敗問題產生的土壤和條件上持續發力、縱深推進。"這是我們黨從所處的歷史方位、肩負的歷史使命出發作出的戰略部署，具有重大現實意義和根本指導作用。

（一）這是服務保障中國式現代化的必然要求。黨領導的社會革命邁上新征程，黨的自我革命必須展現新氣象。推進中國式現代化是一項前無古人的開創性事業，需要實現更高質量、更有效率、更加公平、更可持續、更為安全的發展。腐敗污染政治生態，破壞公平正義，損害營商環境，侵害群眾利益，積累風險隱患，是實現中國式現代化的"攔路虎"、"絆腳石"。新時代新征程反腐敗鬥爭必須緊緊圍繞黨和國家中心任務，服務高質量發展，落實進一步全面深化改革部署，從源頭著力、向治本深化，努力營造風清氣正的政治生態和良好發展環境，為推進中國式現代化清淤除障、保駕護航。

（二）這是準確把握反腐敗鬥爭形勢的戰略抉擇。習近平總書記反復強調，反腐敗鬥爭取得壓倒性勝利並全面鞏固，但形勢依然嚴峻複雜。當前反腐敗鬥爭已經進入深水區，腐敗存量還未清底、增量仍有發生，說明腐敗滋生的土壤和條件尚未徹底根除。從政治層面看，"七個有之"問題仍不同程度存在，黨內政治生態還需持續淨化；從經濟層面看，"圍獵"者和"被圍獵"者的不當得利遠高於所付成本，利益誘惑巨大；從制度層面看，一些制度規範尚不完善，給權力設租尋租留下空間；從文化層面看，拉關係、走後門等錯誤思想觀念仍有市場，模糊是非邊界、侵蝕社會風氣；從責任層面看，有的黨組織管黨治黨政治責任履行不到位，有的領導幹部奉行好人主義、缺乏鬥爭精神，對出現的問題放任自流，等等。如果這些土壤和條件不剷除，腐敗將會陷入查不勝查的境地。新時代新征程反腐敗鬥爭必須對症下藥、精準施治、多措並舉，不斷提高腐敗成本、減少腐敗機會、消除腐敗動機，向著根本解決腐敗問題的目標不斷前進。

（三）這是乘勢而上打贏反腐敗鬥爭攻堅戰持久戰的關鍵舉措。經過黨的十八大後大刀闊斧、披荊斬棘，黨的十九大後一刻不停、堅定穩妥，黨的二十大後持續發力、縱深推進，我們黨帶領人民成功走出一條中國特色反腐敗之路，推動反腐敗鬥爭站到新的更高起點上。黨對反腐敗鬥爭的規律性認識越來越深入，對腐敗問題的研判更加準確、界定更加清晰；反腐敗手段越來越豐富，藉助大數據等信息化技術，揪出了一批隱藏很深的腐敗分子；反腐敗方式越來越科學，堅持個案查處和系統整治有機結合，反腐敗戰果不斷擴大，為進一步深化源頭治理奠定了堅實基礎。新時代新征程反腐敗鬥爭必須在剷除腐敗滋生的土壤和條件上下更大氣力，堅定不移割除毒瘤、清除毒源、肅清流毒，從根本上鞏固來之不易的勝利成果，通過不懈努力換來海晏河清、朗朗乾坤。

二、準確把握剷除腐敗滋生的土壤和條件的重要原則

《決定》把剷除腐敗滋生的土壤和條件作為推進黨的自我革命的重要內容，要求不斷推進黨的自我淨化、自我完善、自我革新、自我提高。要以習近平新時代中國特色社會主義思想為指導，深入貫徹習近平總書記關於黨的自我革命的重要思想，落實"九個以"的實踐要求，總結運用新時代全面從嚴治黨寶貴經驗，深化標本兼治、系統施治，不斷增強治理腐敗效能。

（一）堅持黨中央集中統一領導。剷除腐敗滋生的土壤和條件是一項艱巨複雜的系統工程，只有在黨中央集中統一領導下才能有力有效推進。要深刻領悟"兩個確立"的決定性意義，增強"四個意識"、堅定"四個自信"、做到"兩個維護"，完善黨中央領導反腐敗工作的體制機制，落實各級黨組織全面從嚴治黨政治責任，使反腐敗工作在決策部署指揮、資源力量整合、措施手段運用上更加協同高效。

（二）堅持不敢腐、不能腐、不想腐一體推進。一體推進"三不腐"是反腐敗鬥爭的基本方針和全面從嚴治黨的重要方略。"不敢"是前提，重在形成無禁區、全覆蓋、零容忍的強大震懾；"不能"是關鍵，重在強化對權力配置運行的剛性約束和有效監督；"不想"是根本，重在培養廉潔奉公、拒腐防變的思想自覺。要打通三者內在聯繫，同時發力、同向發力、綜合發力，推動"三不腐"有機統一、相互促進。

（三）堅持以改革精神防治腐敗。改革創新是完善治理體系、提高治理能力的動力所在，是剷除腐敗滋生的土壤和條件的重要法寶。要將防治腐敗措施與改革舉措同謀劃、同部署、同落實，完善配置科學、制約有效、監督有力的權力運行機制，壓縮權力任性行使的空間；推進反腐敗體制機制、方式方法創新，善用科技賦能，不斷提升防治腐敗能力和水平。

（四）堅持永遠在路上的執著堅定。腐敗是人類社會共有現象，根治腐敗是一個長期歷史過程。要始終亮明我們黨同腐敗水火不容的政治立場，堅定道不變、志不改的信心決心，把嚴的基調、嚴的措施、嚴的氛圍長期堅持下去，著力剷除腐敗滋生的土壤和條件，讓反復發作的老問題逐漸減少，讓新出現的問題難以蔓延，推動防範和治理腐敗問題常態化長效化。

三、 堅決落實剷除腐敗滋生的土壤和條件的重點任務

《決定》圍繞著力剷除腐敗滋生的土壤和條件，明確了當前和今後一個時期的重點任務和重要舉措。要深入貫徹《決定》部署，完善一體推進不敢腐、不能腐、不想腐工作機制，統籌抓好任務落實。

（一）健全黨領導反腐敗鬥爭的責任體系。《決定》指出，黨的領導是進一步全面深化改革、推進中國式現代化的根本保證。要健全黨中央集中

統一領導、各級黨委統籌指揮、紀委監委組織協調、職能部門高效協同、人民群眾參與支持的反腐敗工作體制機制，壓實各級黨委（黨組）全面從嚴治黨主體責任特別是"一把手"第一責任人責任，貫通落實相關職能部門監管職責，完善各負其責、統一協調的管黨治黨責任格局。把剷除腐敗滋生的土壤和條件有機融入黨的建設總體佈局，納入健全全面從嚴治黨體系部署推進，同黨的政治建設、思想建設、組織建設、作風建設、紀律建設和制度建設貫通協同起來，充分發揮政治監督、思想教育、組織管理、作風整治、紀律執行、制度完善在防治腐敗中的重要作用，打好反腐敗鬥爭總體戰。

（二）始終保持高壓懲治震懾力度。面對依然嚴峻複雜的形勢，反腐敗絕對不能回頭、不能鬆懈、不能慈悲。要健全政治監督具體化、精準化、常態化機制，嚴明政治紀律和政治規矩，及時發現、著力解決"七個有之"問題，對在黨內搞政治團夥、小圈子、利益集團的人決不手軟，堅決消除政治隱患。緊盯重點問題、重點領域、重點對象，把嚴懲政商勾連的腐敗作為攻堅戰重中之重，深化整治金融、國企、能源、煙草、醫藥、基建工程和招投標等權力集中、資金密集、資源富集領域的腐敗。豐富防治新型腐敗和隱性腐敗的有效辦法，建立腐敗預警懲治聯動機制，強化快速反應、聯合處置。統籌國際國內兩個戰場，健全追逃防逃追贓機制，持續開展"天網行動"，加強"一帶一路"廉潔建設，集中整治跨境腐敗問題，決不讓腐敗分子逍遙法外。推動反腐敗鬥爭向基層延伸、向群眾身邊延伸，懲治群眾身邊的"蠅貪蟻腐"，讓群眾有更多獲得感。

（三）健全不正之風和腐敗問題同查同治機制。不正之風和腐敗問題互為表裏、同根同源。不正之風滋生掩藏腐敗，腐敗行為助長加劇不正之風甚至催生新的作風問題。要深刻把握不正之風和腐敗問題相互交織的規律，鍥而不捨落實中央八項規定精神，堅持正風反腐一起抓，既"由風查腐"，防止"以風蓋腐"，深挖不正之風背後的權錢交易、權權交易等腐敗問題；又"由腐糾風"，細查腐敗背後的享樂奢靡等作風問題。深化受賄行賄一起查，完善對重點行賄人的聯合懲戒機制，堅決查處那些老是拉幹部下水、危害一方的行賄人，加大對行賄所獲不正當利益的追繳和糾正力度；堅持受騙行騙一起查，嚴懲政治騙子以及結交政治騙子的黨員幹部，剷除政治生態"污染源"。

（四）完善權力配置運行的制約和監督機制。腐敗的本質是權力濫用。要完善權力配置和運行制約機制，堅決反對特權思想和特權現象，抓住定政策、作決策、審批監管等關鍵權力，聚焦重點領域深化體制機制改革，加快新興領域治理機制建設，進一步堵塞制度漏洞，規範自由裁量權，減少設租尋租機會。落實黨統一領導、全面覆蓋、權威高效的總要求，完善黨和國家監督體系，以黨內監督為主導、專責監督為主幹、基層監督為支撐，促進各類監督貫通協調。持續深化紀檢監察體制改革，優化監督檢查和審查調查機構職能，完善垂直管理單位紀檢監察體制，推進向中管企業全面派駐紀檢監察組，健全巡視巡察工作體制機制，推進執紀執法和刑事司法有機銜接，深化基層監督體制機制改革。推進公權力大數據監督平台建設，運用信息化手段及時發現共性問題，加強預警糾治，以公開透明防止權力濫用。緊盯"關鍵少數"，健全加強對"一把手"和領導班子監督配套制度，增強監督針對性有效性。

（五）完善黨內法規制度體系和反腐敗法律體系。有效防止腐敗滋生，必須堅持防綫前移，強化紀法約束。要完善黨內法規，建立經常性和集中性相結合的紀律教育機制，增強黨紀學習教育實效，推動黨員幹部把遵規守紀刻印在心。嚴格執行紀律，深化運用監督執紀"四種形態"，對違反黨紀的問題，發現一起堅決查處一起，既讓鐵紀"長牙"、發威，又讓幹部警醒、知止。善於用法治思維和法治方式防治腐敗，健全完善基礎性法規制度，持續推進反腐敗國家立法，與時俱進修改監察法，出台反跨境腐敗法。加強重點法規制度執行情況監督檢查，確保制度剛性運行。

（六）加強新時代廉潔文化建設。剷除腐敗滋生的土壤和條件，根本要讓廣大黨員幹部在內心深處自覺抵擋住腐敗誘惑。要健全理想信念教育和黨性教育長效機制，引導黨員幹部用黨的創新理論武裝頭腦，用理想信念強基固本，不斷提升黨性修養和思想境界，築牢拒腐防變的思想根基。深入挖掘優秀傳統廉潔文化豐富內涵，用優秀傳統文化正心明德。積極宣傳廉潔理念、廉潔典型，注重家庭家教家風建設。創新警示教育方式，深刻剖析典型案例，健全以案說德、以案說紀、以案說法、以案說責機制。以優良黨風政風引領社風民風，推動形成廉榮貪恥的社會氛圍。

以釘釘子精神抓好改革落實

唐方裕

黨的二十屆三中全會通過的《中共中央關於進一步全面深化改革、推進中國式現代化的決定》（以下簡稱《決定》）60 條中最後一條，專門強調"以釘釘子精神抓好改革落實"，要求"對黨中央進一步全面深化改革的決策部署，全黨必須求真務實抓落實、敢作善為抓落實，堅持上下協同、條塊結合，科學制定改革任務書、時間表、優先序，明確各項改革實施主體和責任，把重大改革落實情況納入監督檢查和巡視巡察內容，以實績實效和人民群眾滿意度檢驗改革"。貫徹落實好這一要求，需要深刻認識抓好改革落實的特殊重要性，明確抓好改革落實的重要關節點和著力點。

一、 抓落實對於進一步全面深化改革特別重要

抓落實對一切工作都十分重要，"一分部署、九分落實"是對事業發展和領導活動的重要規律性認識。決策和執行作為推進工作的基本環節，都很重要，為什麼我們經常強調"一分部署、九分落實"呢？其根本道理在於，抓落實作為作決策的後續工作，所花費的時間和精力、所需要的資源和條件、所涉及的戰線和領域、所直面的矛盾和問題，多數情況下比作決策更多一些。同時，再好的決策，如果執行不力、抓落實不到位，就見不到成效，或者達不到預定目標。

關於抓落實的重要性，古今中外都有很多名言警句。諸如"空談誤

國，實幹興邦"；"為政貴在行，以實則治，以文則不治"；"百言百當，不如擇趨而審行也"；"馳思於千里，不若跬步之必至"；"言之非難，行之為難"；"一個行動勝過一打綱領"；等等。這些名言警句，是實踐經驗的凝結，蘊含事物發展和治國理政的客觀規律，給人以恆久啟發和教益。

我們黨作為馬克思主義政黨，秉持言行一致、求真務實，一直把抓落實作為貫徹黨的政治路綫、思想路綫、組織路綫、群眾路綫的根本性要求，作為衡量黨員幹部黨性和作風的重要標準。毛澤東同志指出："什麼東西只有抓得很緊，毫不放鬆，才能抓住。抓而不緊，等於不抓。"習近平總書記反復強調："如果不沉下心來抓落實，再好的目標，再好的藍圖，也只是鏡中花、水中月。"黨的各個歷史時期，是不是抓好落實、貫徹執行黨的大政方針措施和方法是不是對頭，都在相當程度上影響事業的發展進步。新時代以來，我們黨團結帶領人民群眾攻克許多長期沒有解決的難題，辦成許多事關長遠的大事要事，推動黨和國家事業取得歷史性成就、發生歷史性變革，極為重要的一條就在於在黨中央正確決策下全黨上下全力以赴抓落實。

進一步全面深化改革攻堅克難的顯著特點，決定抓落實必須下更大功夫。黨的十八屆三中全會開啟的全面深化改革，一個重要標識就是敢於突進深水區，敢於啃硬骨頭，敢於涉險灘。進一步全面深化改革是黨的十八屆三中全會以來全面深化改革的實踐續篇，也是新征程推進中國式現代化的時代新篇，攻堅克難任務更重、特點更鮮明。這是因為，全面深化改革越是向縱深推進，觸及的利益矛盾越複雜尖銳，動奶酪遇到的干擾越多、阻力越大，硬骨頭越難啃。在這樣的形勢下，改革每前進一步都不容易，稍有鬆懈就可能半途而廢。只有在改革落實上下更大功夫，才能克服利益調整中的種種阻力，真正打破利益固化藩籬，用更多更好的現代化成果惠及最廣大人民，真正做到取信於民，同時贏得國際競爭和國際政治鬥爭主動權。《決定》強調"以釘釘子精神抓好改革落實"，道理正在於此。

二、 抓好改革落實需要清晰的思路、明確的責任、頑強的韌勁

進一步全面深化改革是一項系統工程，抓好改革落實應當有系統的思維、配套的舉措、持續的行動，採取正確的手段方式，精準把握時度效。

第一，準確理解每項改革舉措的指向和內涵。《決定》的各項改革舉措，都源於實踐、奔著問題去，是經過廣泛聽取意見、深入調查研究提出的，有明確的指向和要求。有的改革舉措雖然就一句話，但論證過程很不簡單，權衡利弊、統一認識做了大量工作。改革舉措要落實好，必先理解好，理解偏頗、誤解誤讀就會落實走樣。首先，應當站在推進中國式現代化的戰略全局高度，正確認識進一步全面深化改革的謀篇佈局，深入領會黨中央的深謀遠慮，深刻理解各項改革舉措的來龍去脈，弄清楚其在整體改革中承擔什麼角色、發揮什麼作用、要達到什麼目的，把握每項改革舉措的背景和定位，做到知其然又知其所以然。其次，應當從各領域改革進展和進一步深化改革需要解決的突出矛盾入手，搞清楚每項改革舉措針對的是什麼問題，創新的基點、關鍵點在哪裏，內容邊界、與其他相關改革舉措的關聯在哪裏，明確改革靶向，這樣才能有的放矢、精準發力、不偏不倚抓好改革落實。

第二，結合實際科學制定改革任務書、時間表、優先序。《決定》部署的改革任務，有綜合性的也有專項性的，有全國性的也有區域性的，有緊迫性的也有戰略性的，有規定性的也有探索性的，有難度特別大的也有難度相對小一些的，抓落實需要分清輕重緩急，善於"十個指頭彈鋼琴"，通過制定改革任務書、時間表、優先序，把《決定》的"大寫意"轉化為"工筆畫"、"施工圖"。就中央層面來說，中央全面深化改革委員會將對重大改革進行統籌部署，加強對地方和部門實施改革的指導督促。就各地區各部門來說，應當牢固樹立全國一盤棋思想，全面把握黨中央和習近平總書記對本地區本領域發展的戰略定位和指示要求，根據《決定》精神對

自身承擔的改革任務進行系統梳理，結合實際制定改革實施方案，既加強政策措施銜接，又創造性開展工作。在任務書上，對中央改革方案中路徑明確的規定動作，應當不折不扣做全做實；對中央改革方案中的原則性要求，應當因地制宜細化實化；對中央改革方案中沒有明確規定但自身有迫切需要的改革空白點，可以有序試點、積極探索。在時間表上，應當按照到 2029 年新中國成立 80 週年完成本輪改革任務的總要求，根據輕重緩急確定各項改革任務的起止時限，一個節點一個節點推進，跑錶計時，到點驗收。在優先序上，是先易後難、循序漸進，還是抓大帶小、綱舉目張，應當依具體情況而定，不必強求一律。根據需要，可以優先從最急迫的事項改起，從老百姓最期盼的領域改起，從社會各界最能夠達成共識的環節改起；也可以集中優勢兵力，優先落實牽一髮而動全身、落一子而滿盤活的重要改革舉措。制定改革任務書、時間表、優先序，應當發揚民主、廣納善言，讓改革方案和舉措儘可能周全、科學，能最大限度凝聚改革共識、激發改革活力，確保改革經得起實踐、人民、歷史的檢驗。

第三，明確各項改革實施主體和責任。抓好改革落實，關鍵在於抓好改革責任落實。根據《決定》精神，黨中央領導改革的總體設計、統籌協調、整體推進；各級黨委（黨組）負責落實黨中央決策部署，謀劃推進本地區本部門改革，鼓勵結合實際開拓創新，創造可複製、可推廣的新鮮經驗。具體到一個地方、一個部門，落實各項改革舉措總是有牽頭單位、參與單位、責任事項、責任人，這要逐一釐清，做到事責對應、各就其位。牽頭單位應當對牽頭的改革舉措主動制定實施方案，精心組織、全程負責、一抓到底，不能推諉責任。參與單位應當積極參與、主動配合，幫助出點子、謀實招，認真抓好分工事項的落實，不能敷衍應付。責任事項應當清晰完整，便於操作和檢查，不能模糊不清。責任人應當勇於擔當、親力親為，整合好資源力量，把握好進度質量，反饋好重要信息，總結好經驗做法，不能當甩手掌櫃。跨領域跨部門、某一單位難以牽頭落實的改革舉措，應當由黨委、政府直接組織實施，"一竿子插到底"、抓深抓透，防止出現 "九龍治水" 現象。需要上下聯動、左右協同、條塊結合實施的改革舉措，應當由上級黨委明確牽頭單位，建立統一指揮、統籌協調、高效聯動的工作機制，保證政策取向一致、實施過程合力、改革成效互促。改革是全黨的事。廣大黨員幹部特別是各級領導幹部應當以實際行動支持、參與、推動改革，做改革的促進派、實幹家，不當改革的旁觀者、空談家。黨政主要負責同志應當率先垂範，重要改革親自部署，重大方案親自把關，關鍵環節親自協調，棘手問題親自解決。廣大基層黨組織應當成為組織實施改革的堅強戰鬥堡壘。

第四，完善改革督察和評價制度。督察和評價，都是抓好改革落實的重要手段。經過這些年探索，改革督察和評價都建立了工作制度、探索了有效經驗，應當在堅持中不斷完善。**改革督察，重在抓住要害和拓展深度**。改革推進到哪裏，督察就跟進到哪裏。重點瞄準對經濟社會發展影響大、改革落實難度大、與人民群眾切身利益關係大的問題，既開展專項督察又開展全面督察、綜合督察，在督任務、督進度、督成效的同時察認識、察責任、察作風，在發現問題、解決問題上下功夫。**改革評價，重在把握標準**。評價內容和指標的設計，聚焦實績實效和人民群眾滿意度，重點看是否不折不扣貫徹黨中央決策部署，是否有力促進經濟社會發展，是否給人民群眾帶來實實在在的獲得感。根據不同地區和領域的特點，可以對改革情況進行差異化考核評價。改革是 "國之大者"，《決定》提出把重大改革落實情況納入監督檢查和巡視巡察內容，目的是從政治監督的角度檢視改革責任單位和責任人執行黨中央改革決策部署的情況，對失責行為進行問責，這很有必要，應當認真落實。

第五，**持續用力、久久為功推進改革落實**。進一步全面深化改革絕非一蹴而就、一日之功，不能指望畢其功於一役。抓好改革落實，應當深刻認識改革的複雜性、艱巨性，堅持正確方向，增強前進定力，不畏浮雲遮望眼，不因困難而退縮。應當拿出抓鐵有痕、踏石留印的勁頭，敢字當頭、不怕艱難，勇往直前、直搗黃龍，不達目的不罷休。應當發揚釘釘子精神，緊盯目標、心無旁騖，鍥而不捨、堅韌不拔，一錘一錘敲，積小勝為大勝。應當追求"功成不必在我、功成必定有我"的境界，一茬接著一茬幹，一張藍圖繪到底。抓改革也是一門學問，有自身的規律。應當引導黨員幹部在改革中學習改革、實施改革、駕馭改革，同時正確對待改革中的失誤，保護敢闖敢試的積極性。

三、注重防止和糾正抓改革落實中的不良現象

抓好改革落實，需要立規則規範、工作標準，也需要開負面清單，防止和糾正不良現象。這些年，在以習近平同志為核心的黨中央堅強領導下，各級黨委結合整治形式主義、官僚主義，發現和糾正了一些抓改革落實中的不良現象，對推動改革事業持續健康發展起到了重要作用。據有關方面分析梳理，這些不良現象主要有：

消極畏難。缺乏鬥爭意志、擔當精神，害怕得罪人，不敢也不願觸碰深層次矛盾，對吹糠見米的改革搶著做、濃墨重彩，對動真格、難度大的改革繞道走、輕描淡寫。

無的放矢。改革措施與發展目標錯位，與解決矛盾問題脫節，甚至把改革本身當目的，為改革而改革。看似想了不少招，使了很大勁，結果空耗資源、無功勞碌，甚至南轅北轍。

貪圖虛功。熱衷於喊口號、造聲勢、擺花架，盲目追求改革舉措、方案、文件的數量，把說的當做了，把做了當做成了，沒有多少實績就大肆宣傳、到處邀功。忽視群眾感受，盲目跟風做大，抓改革不計成本、難以為繼，甚至留下亂攤子、埋下新隱患。

本位主義。胸無大局，只考慮本地區本部門利益，對改革任務搞選擇

性落實，甚至不惜損害全局利益制定和執行自己的"土政策"，導致改革變形走樣，把好經念歪。

簡單草率。不管條件急於求成，將長期目標短期化實施，把"持久戰"打成"突擊戰"，結果欲速不達。對整體任務簡單分解，硬下指標，搞"一刀切"、"一鬨而上"，導致打亂仗。

推諉扯皮。逃避責任，上推下卸，一有問題就"甩鍋"。本是"改革執行者"，卻變身為"改革監督者"。瀟灑只能是自己的，麻煩永遠是別人的。推諉扯皮的結果是相互掣肘或無人負責，導致改革停滯甚至倒退。

虎頭蛇尾。落實改革任務開始勁頭十足，不到兩個回合就偃旗息鼓，搞成"半拉子工程"。抓一陣子鬆一陣子，熱一陣子冷一陣子，將改革做成"夾生飯"。忽視改革"最後一公里"，導致工作前功盡棄。

這些不良現象，雖然只是在一些地方和部門個別存在，但直接影響改革成效，挫傷幹部群眾的改革積極性，甚至敗壞黨風政風，必須高度重視，在進一步全面深化改革中堅決防止和糾正。應當針對這些不良現象產生的癥結，從增強黨性、改進作風、提高能力入手，加強對黨員幹部的教育引導，同時健全抓改革落實機制，用好改革指揮棒，及時獎優罰劣、糾正偏差。特別是各級領導幹部應當樹立正確政績觀，顧全大局、實事求是，雷厲風行抓改革，一身正氣抓改革，求真務實抓改革，持之以恆抓改革，堅決不搞形式主義、官僚主義，堅決不搞那些讓人民群眾反感生怨的"外圍改革"、"表皮改革"、"文件改革"、"甩鍋改革"、"半拉子改革"、"勞民傷財改革"。如是，進一步全面深化改革必將大成，推進中國式現代化必將大成。

名詞解釋

1. 增信制度

增信制度是指以擔保、保險、信用衍生工具、結構化金融產品或法律、法規、政策以及行業自律規範文件明確的其他有效形式，為提升融資主體債務信用等級、增強債務履約保障水平、提高融資可得性、降低融資成本，幫助債權人分散、轉移信用風險的一種專業性金融服務安排。

2. 首發經濟

首發經濟是指企業發佈新產品，推出新業態、新模式、新服務、新技術，開設首店等經濟活動的總稱，涵蓋了企業從產品或服務的首次發佈、首次展出到首次落地開設門店、首次設立研發中心，再到設立企業總部的鏈式發展全過程。首發經濟具有時尚、品質、新潮等特徵，是符合消費升級趨勢和高質量發展要求的一種經濟形態，是一個地區商業活力、消費實力、創新能力、國際競爭力、品牌形象和開放度的重要體現。

3. 懲罰性賠償

懲罰性賠償是指在民事法律關係的損害賠償中，超過實際損失數額範圍的額外賠償。根據我國民法典的規定，懲罰性賠償主要適用於侵權案件，如知識產權侵權、產品缺陷侵權、環境污染侵權等，一般要求侵權人有主觀惡意、故意或者欺詐，實施了不法行為並造成嚴重後果等條件。我國食品安全法等法律對懲罰性賠償作了特別規定。完善懲罰性賠償制度，進一步明確適用規則，適度擴大適用範圍和增加賠償數額，有利於鼓勵市場主體運用法律武器維護合法權益，有利於懲罰侵權人並警示他人，更好維護市場秩序與公平競爭。

4. 未來產業

未來產業是由前沿技術驅動，當前處於孕育萌發階段或產業化初期，具有顯著戰略性、引領性、顛覆性和不確定性的前瞻性新興產業。未來產業代表著新一輪科技革命和產業變革方向，是經濟增長的最活躍力量，有望培育發展成先導性支柱產業，是形成新質生產力的重要陣地。世界主要國家都在抓緊佈局，發展未來產業，搶佔發展制高點。我國重點圍繞未來製造、未來信息、未來材料、未來能源、未來空間和未來健康等方向，大力發展人工智能、類腦智能、量子科技、原子級製造、生物製造、人形機器人、低空經濟、氫能等未來產業，這是牢牢把握未來發展主動權的戰略選擇。

5. 數智技術

數智技術是數字化和智能化的有機融合，可以理解為"數字化＋智能化"，是在數字化基礎上融合應用機器學習、人工智能等智能技術的過程。數智化是新型工業化的鮮明特徵，是形成新質生產力的重要途徑。通過"人工智能＋工業製造"、"人工智能＋生成設計"等推進智能工廠、未來工廠、"燈塔工廠"建設，推動實現製造業數智化，是製造業轉型升級的重要方向。

6. 天使投資

天使投資是指投資者對具有前沿技術或創新理念、產品或商業模式尚未得到驗證、仍處於種子期但具有較大發展潛力的小型初創企業或創新項目進行的早期投資，通常為該企業或項目接受的第一筆外部股權投資。這個階段的企業或項目往往尚處於萌芽期，甚至只有一個原型產品或商業計劃，還遠沒有穩定的收入來源或成熟的產品。這些投資者之所以被稱為"天使"，是因為他們在企業或項目最初期的時候提供資金支持，往往需要承擔較高的風險，而且通常還會在戰略、管理等方面為企業或項目成長賦能。天使投資是創新生態系統的重要組成部分，在推動創新創業創造方面發揮著獨特作用，是顛覆性、原創性技術產業早期發展的重要融資安排。

7. 耐心資本

耐心資本是一種專注於長期投資的資本形式，不以追求短期收益為首要目標，而更重視長期回報的項目或投資活動，通常不受市場短期波動干擾，是對資本回報有較長期限展望且對風險有較高承受力的資本。從全球實踐看，耐心資本主要來源於政府投資基金、養老基金（包括社保基金、企業年金、個人養老金）、保險資本等，是私募創投基金、公募基金等引入中長期資金的重要來源，能夠為投資項目、資本市場提供長期穩定的資金支持，是科技創新和產業創新的關鍵要素保障，是發展新質生產力的重要條件和推動力。

8. 職普融通

職普融通是指職業教育、普通教育通過教學資源共享、培養成果互認、發展路徑互通等方式，推動人才培養模式改革，為學生成長成才提供多樣化路徑選擇，為推進中國式現代化提供高素質複合型技術技能人才。

9. 免費教育

免費教育是指教育不收取學生（兒童）學費、雜費以及保育教育費。免費教育的經費由中央和地方財政按照教育領域財政事權和支出責任分擔。目前,我國對九年義務教育實行免費,同時國家逐步分類推進中等職業教育免除學雜費,免除普通高中建檔立卡等家庭經濟困難學生學雜費,在提高教育普及水平、促進教育公平、推動基本公共教育服務均等化等方面發揮了重要作用。探索逐步擴大免費教育範圍,有利於進一步提高教育普及程度、提高人力資源開發水平,進一步縮小教育的城鄉、區域、校際、群體差距,進一步減輕家庭教育負擔,充分保障適齡兒童少年受教育機會,增進民生福祉,推進共同富裕。

10. 專門教育

專門教育是國民教育體系的組成部分,是對有嚴重不良行為的未成年人進行教育和矯治的重要保護處分措施。專門教育針對未成年人身心發展特點,對專門學校學生系統深入地開展思想道德教育、法治教育、藝術體育教育、科學文化教育、職業技術教育、心理健康教育、生命教育等,幫助他們樹立正確的世界觀人生觀價值觀,培育法治意識和規則意識,明確基本的行為底綫,糾正心理和行為偏差。加強專門學校建設和專門教育工作,是預防和減少青少年違法犯罪的現實要求,是促進青少年整體健康成長的底綫保障,關係家庭幸福安寧,也關係社會和諧穩定、國家長治久安。專門學校的建設和管理、專門教育的形式和內容,應依據教育法、義務教育法、未成年人保護法、預防未成年人犯罪法等法律法規實施。

11. 科技倫理

科技倫理是指在科學研究和技術開發等科技活動中,科技工作者及其共同體需要遵循的價值理念和行為規範,是促進科技向善、增進人類福祉、推動科技事業健康發展的重要保障。

12. 專精特新

專精特新是專業化、精細化、特色化、創新能力強的簡稱。"專"，即專業化，強調順應產業分工，聚焦細分領域，心無旁鶩、堅守主業、深耕細作。"精"，即精細化，強調企業管理精細精益、產品服務精緻精良、技術工藝精益求精。"特"，即特色化，強調技術、工藝和產品等有自身獨特優勢，掌握"獨門絕技"。"新"，即創新能力強，強調以創新為企業生存和發展的根本，持續開展組織創新、技術創新、市場創新，加大創新投入，提升創新能力。專精特新中小企業以專注鑄專長，以配套強產業，以創新贏市場，是提升產業鏈供應鏈韌性和競爭力的關鍵環節，是解決關鍵核心技術"卡脖子"問題的重要力量，是發展新質生產力、構建新發展格局的有力支撐。

13. 概念驗證

概念驗證是指從技術、市場、產業等維度，對科技成果進行驗證，旨在驗證技術可行性並判斷商業價值、評估市場潛力，是吸引社會資本推動科技成果形成產品、邁向市場化產業化應用階段的重要環節。

14. 國家宏觀資產負債表

國家宏觀資產負債表是綜合反映一個國家或地區在特定時間點上擁有的資產、負債總量及結構的統計表，包括政府、住戶、非金融企業、金融機構等各部門機構所擁有的資產與負債的規模和結構。國家宏觀資產負債表可以衡量一國多年經濟增長所形成的財富積累，用以從存量視角分析國家經濟的變化趨勢和健康狀況。

15. 預期管理

預期管理是宏觀經濟治理的重要內容，指政府部門通過政策解讀、信息公開、新聞發佈等方式，加強與公眾的信息溝通，有效引導、協調和穩定社會預期，使政策在某種程度上可被預見和理解，以實現政策效果最大化，確保政策的實施能夠達到預期效果。預期管理對於穩定市場、提高政策效果具有重要意義，通過有效的預期管理，可以引導市場參與者的行為，減少市場波動，提高政策的執行效率和效果。

16. 勞動性所得

勞動性所得是指經過勞動創造了價值和使用價值而取得的所得，包含物質性和非物質性的勞動產品。勞動性所得不同於資本性所得，其取得的條件是必須經過勞動，從勞動中取得，不勞動則無所得。

17. 人民幣離岸市場

根據國際貨幣基金組織定義，離岸市場一般指在貨幣發行國之外，開展該國貨幣資金融通活動的區域，也可位於貨幣發行國國內具備與國際接軌的法律、會計、金融監管等制度條件的特殊區域。相應地，人民幣離岸市場是指在中國司法管轄之外，開展人民幣存貸款、匯兌和結算，以及人民幣計價的股票、債券、衍生品等金融產品發行和交易的區域。目前人民幣離岸市場主要包括中國香港、新加坡、英國倫敦等地。

18. 基本農作物

基本農作物是指為了滿足人們基本生產生活需要而大面積栽培的農作物。在國家層面，基本農作物主要包括糧食、油料、棉花、糖料、蔬菜、飼草飼料等基礎性、戰略性農作物品種。具體到各地區，根據資源稟賦、氣候條件、種植制度、區位條件等因素，基本農作物還包括具備種植歷史、產業優勢以及生產生活必備的區域性品種。由於基本農作物直接關係生存安全、國家安全，需要在耕地資源利用上予以優先保障。

19. 生成式人工智能

生成式人工智能是人工智能的一個分支，是基於算法、模型、規則生成文本、圖片、聲音、視頻、代碼等內容的技術。這種技術能夠針對用戶需求，依託事先訓練好的多模態基礎大模型等，利用用戶輸入的相關資料，生成具有一定邏輯性和連貫性的內容。與傳統人工智能不同，生成式人工智能不僅能夠對輸入數據進行處理，更能學習和模擬事物內在規律，自主創造出新的內容。

20. 新就業形態

新就業形態是指伴隨著互聯網技術應用和數字經濟發展而出現的工作模式，如依託互聯網平台就業的網約配送員、網約車駕駛員、互聯網營銷師等。新就業形態具有勞動關係靈活、工作內容多樣、工作方式彈性、創業機會互聯等特點，對於擴大就業容量、調節勞動力市場具有重要作用，同時也對提升就業質量、加強勞動者權益保障提出新要求，既應該鼓勵發展，也需要對其進行規範。

21. 緊密型醫聯體

緊密型醫聯體是指通過建立一定區域內部分醫療機構之間分工協作機制、雙向轉診機制和激勵約束相容的利益共享機制，推動人員、技術、服務、管理協同共享，提升基層能力，建設責任、管理、服務、利益的共同體，實現相關醫療機構間醫療服務和管理的一體化運作，促進醫療資源共享共用，提高資源配置和利用效率，保障運行發展可持續，為人民群眾就近就便提供更加公平可及、多層次、系統連續的醫療衛生服務。

22. 生育友好型社會

生育友好型社會是指社會各方面尊重生育、支持生育的良好社會狀態。政府通過提供覆蓋全人群、全生命週期人口服務,完善和落實生育支持政策措施,廣泛動員群眾參與,在全社會形成有利於生育的婚嫁模式、文化和輿論氛圍、激勵機制、服務體系、市場條件等,旨在以良好的政策、社會、市場和家庭環境,降低生育養育教育成本,引導年輕人樹立積極的婚戀觀、生育觀、家庭觀,適齡婚育,夫妻共擔育兒責任,建設文明幸福家庭,形成願意生、生得出、生得起、養得好的良性循環,努力保持適度生育水平和人口規模。

23. 嵌入式託育

嵌入式託育是指通過在社區(小區)的公共空間嵌入功能性設施,提供家門口的託育服務,形式包括為嬰幼兒提供全日託、半日託、計時託、臨時託等多種形式的照護服務。嵌入式託育堅持公益性與市場化相結合,注重發揮市場主體作用,以政府主導、社會參與、市場協同的模式運行。

24. 銀髮經濟

銀髮經濟是向老年人提供產品或服務,以及為老齡階段做準備等一系列經濟活動的總和。其中既包括滿足老年人就餐、就醫、照護、文體等事業範疇的公共服務,又涵蓋滿足老齡群體和備老人群多層次、多樣化產品和服務需求的各類市場經濟活動,比如發展老年用品、智慧健康養老、康復輔助器具、抗衰老、養老金融產品、老年旅遊服務、適老化改造等潛力產業。發展銀髮經濟是積極應對人口老齡化,培育經濟發展新動能,提高人民生活品質的重要舉措和必然要求。

25. 碳足跡

碳足跡是指特定對象在一定時間內直接或間接導致的溫室氣體排放量和清除量之和,以二氧化碳當量表示。特定對象可以是個體、組織、國家、產品等。碳足跡可以用來反映人類活動對環境的影響，為實現溫室氣體減排提供參考。近年來，一些國家的政府正在嘗試將碳足跡管理作為應對氣候變化的政策工具，其中產品碳足跡應用最為廣泛。加快構建我國碳足跡管理體系，有利於促進形成綠色低碳供應鏈和生產生活方式，增進碳足跡工作國際交流互信，助力實現碳達峰碳中和目標。

26. 軍品設計回報

軍品設計是對軍品設計單位配合用戶開展需求論證、關鍵技術開發與驗證、型號設計與跟產服務等活動的統稱。軍品設計回報是對軍品設計、製造單位之間利潤分配的一種調控方式。當前，參與軍品設計、製造的單位利潤分配不夠均衡，軍品設計單位的科研智力投入、知識產權收益等難以得到充足保障，影響設計單位創新內生動力。建立軍品設計回報機制，主要是通過明確不同類型軍品設計的知識產權歸屬，調整知識產權使用費、跟產技術服務費取費比例，完善售後服務費保障模式等舉措，進一步優化軍品定價機制，使軍品設計單位能夠獲得適當成本補償，推動其提升高質量、可持續發展水平。

27. 基本培訓

基本培訓是指在幹部教育培訓中具有基礎性、主體性、牽引性的培訓任務，是教育培訓機構尤其是黨校最重要的、必須要完成的培訓任務，是貫徹落實習近平總書記關於幹部教育培訓重要論述和黨中央關於幹部教育培訓決策部署的重要舉措，是實現全員培訓、全面覆蓋、全週期實施的關鍵之舉。基本培訓是一項系統工程，著力點是明確培訓對象、培訓內容、培訓方式、培訓學制、培訓週期等關鍵要素，推動形成多要素融合、多環節貫通、多主體協同的培訓新格局，實現幹部教育培訓宏觀質量和微觀質量相統一、共提升。基本培訓的對象，就是各級黨政領導幹部、公務員、國有企業領導人員、事業單位領導人員、年輕幹部、理論宣傳骨幹、高層次人才、基層幹部、黨員等。基本培訓的內容，就是以深入學習貫徹習近平新時代中國特色社會主義思想為主題主綫，以黨的理論教育、黨性教育和履職能力培訓為重點，注重知識培訓。基本培訓的方式，就是堅持集中學習，有條件的要進行集中住校培訓，嚴格學員管理；用好現代信息技術，運用綫上綫下相融合、直播錄播相結合的方式，推動好課程、好資源向基層延伸覆蓋。基本培訓的學制，就是立足幹部教育培訓目標和對象的實際情況，科學設置培訓班次的時長。基本培訓的週期，就是根據黨中央統一部署，按照黨代會召開的週期，一般每五年制定實施一輪全國幹部教育培訓規劃。同時，根據形勢任務需要和具體情況作出彈性安排，確保幹部學習的整體性、連貫性和有效性。基本培訓的要求主要適用於各級黨校，其他幹部教育培訓機構可參照執行。

責任編輯　　李　斌　王　珺

書籍設計　　鄔賜男

書籍排版　　何秋雲

書　　名　　《中共中央關於進一步全面深化改革、推進中國式現代化的決定》
　　　　　　輔導讀本

著　　者　　本書編寫組

出　　版　　三聯書店（香港）有限公司

　　　　　　香港北角英皇道 499 號北角工業大廈 20 樓

　　　　　　Joint Publishing (H.K.) Co., Ltd.

　　　　　　20/F., North Point Industrial Building,

　　　　　　499 King's Road, North Point, Hong Kong

香港發行　　香港聯合書刊物流有限公司

　　　　　　香港新界荃灣德士古道 220-248 號 16 樓

印　　刷　　中華商務彩色印刷有限公司

　　　　　　香港新界大埔汀麗路 36 號 14 字樓

版　　次　　2024 年 8 月香港第 1 版第 1 次印刷

規　　格　　16 開（170 mm × 240 mm）368 面

國際書號　　ISBN 978-962-04-5539-1

　　　　　　© 2024 Joint Publishing (H.K.) Co., Ltd.

　　　　　　Published in Hong Kong, China